BUSINESS SPANISH DICTIONARY

second edition

English-Spanish/Spanish-English

Inglés-Español/Español-Inglés

General Editor
PH Collin

Spanish Editor
Lourdes Melcion

BLOOMSBURY

A BLOOMSBURY REFERENCE BOOK

Originally published by Peter Collin Publishing

Second edition published 2003
First edition published 1995

Bloomsbury Publishing Plc
38 Soho Square
London W1D 3HB

© Copyright P. H. Collin 1995
This edition © Bloomsbury Publishing 2003

All rights reserved. No part of this publication may be reproduced in any form or by any means without the permission of the publishers.

British Library Cataloguing in Publications Data

A Catalogue record for this book is available from the British Library

ISBN 0 7475 6631 3

Text computer typeset by Bloomsbury
Printed and bound in Italy by Legoprint

Preface

This pocket dictionary is designed for any business person, business student or traveller who needs to deal with the language of business. It contains over 5,000 essential business terms in Spanish and English with clear and accurate translations.

Abbreviations

adj	adjective
adv	adverb
f	feminine
fpl	feminine plural
m	masculine
mf	masculine or feminine
mpl	masculine plural
n	noun
v	verb

Prefacio

Este diccionario tiene como objetivo facilitar la comunicación a toda persona que se relacione o viaje por asuntos de negocios. Contiene más de 5.000 términos básicos de negocios con sus correspondientes traducciones.

Abreviaturas

adj	adjetivo
adv	adverbio
f	femenino
fpl	femenino plural
m	masculino
mf	masculino o femenino
mpl	masculino plural
n	nombre
v	verbo

Contents

English-Spanish dictionary	1
Spanish-English dictionary	101
Business correspondence	195

Índice

Diccionario Inglés-Español	1
Diccionario Español-Inglés	101
La correspondencia comercial	195

English-Spanish
Inglés-Español

Aa

A1 de primera clase
abandon abandonar *o* renunciar a
abandon an action desistir de una acción
abatement disminución (f)
abroad (en el) extranjero (m)
absence ausencia (f)
absent ausente
absolute monopoly monopolio (m) absoluto
abundance abundancia (f)
accelerated depreciation amortización (f) acelerada
accept (v) aceptar
accept a bill aceptar una letra
accept delivery of a shipment aceptar la entrega de mercancías
accept liability for something aceptar la responsabilidad de algo
acceptable aceptable *o* admisible
acceptance aceptación (f)
acceptance of an offer aceptación (f) de una oferta
acceptance sampling muestreo (m) de aceptación
access (n) acceso (m)
accessible accesible
accommodation address dirección (f) postal
accommodation bill pagaré (m) *o* efecto (m) de favor
according to según
account cuenta
account executive ejecutivo (m) de cuentas
account for justificar *o* responder de
account in credit cuenta (f) con saldo positivo *o* cuenta acreedora
account on stop cuenta (f) bloqueada
account: on account a cuenta
accountant contable (mf)
accounting contabilidad (f)
accounts department departamento (m) de contabilidad
accounts payable cuentas (fpl) a pagar *o* por pagar
accounts receivable cuentas (fpl) a cobrar *o* por cobrar
accrual acumulación (f)
accrual of interest acumulación (f) de interés
accrue acumularse *o* devengar
accrued interest interés (m) acumulado
accumulate acumular *o* acumularse
accurate exacto, -ta *o* correcto, -ta
accusation (n) acusación (f)
accuse (v) acusar
acknowledge receipt of a letter acusar recibo de una carta
acknowledgement acuse (m) de recibo
acquire adquirir
acquisition adquisición (f)
across-the-board general
act (v) actuar
act (v) [do something] tomar medidas
act of God fuerza (f) mayor
acting interino, -na *o* en funciones
acting manager director (m) en funciones
action acción (f)
action [lawsuit] acción (f) legal
action for damages demanda (f) por daños y perjuicios
active (adj) activo, -va
activity (n) actividad (f)
actual real *o* efectivo, -va
actuals cifras (fpl) reales
actuarial tables tablas (fpl) actuariales *o* tablas de mortalidad
actuary actuario, -ria

ad valorem ad valorem
ad valorem tax impuesto (m) ad valorem
add añadir
add on 10% for service añadir el 10% por el servicio
add up a column of figures sumar una columna de cifras
addition suma (f) *o* adición (f)
additional adicional *o* suplementario, -ria
additional charges cargos (mpl) adicionales
additional premium sobreprima (f)
address (n) dirección (f) *o* señas (fpl)
address (v) dirigir
address a letter *or* a parcel poner las señas *o* la dirección
address label etiqueta (f) (de señas)
address list lista (f) de direcciones
addressee destinatario, -ria
adequate adecuado, -da
adjourn aplazar *o* diferir
adjourn a meeting aplazar una reunión
adjudicate in a dispute arbitrar un litigio
adjudication adjudicación (f)
adjudication tribunal tribunal (m) de justicia
adjudicator árbitro (mf) *o* juez (mf)
adjust ajustar *o* reajustar
adjustment ajuste (m) *o* reajuste (m)
administration administración (f)
administrative administrativo, -va
administrative body *or* authority órgano (m) administrativo
administrative expenses gastos (mpl) administrativos
admission entrada (f) *o* ingreso (m)
admission charge precio (m) de entrada
admit admitir

advance (n) [loan] anticipo (m)
advance (n) [progress] avance (m)
advance (v) [lend] anticipar
advance (v) [progress] avanzar
advanced (adj) anticipado, -a *o* adelantado, -a
advance booking reserva (f) anticipada
advance on account anticipo (m) a cuenta
advance payment pago (m) anticipado
advertise anunciar *o* publicar
advertise a new product anunciar un nuevo producto
advertise a vacancy anunciar una vacante
advertisement anuncio (m)
advertiser anunciante (mf)
advertising publicidad (f)
advertising agency agencia (f) de publicidad
advertising budget presupuesto (m) de publicidad
advertising campaign campaña (f) publicitaria
advertising manager jefe (m) de publicidad
advertising rates tarifas (fpl) publicitarias
advertising space espacio (m) publicitario
advice note nota (f) de aviso
advise [suggest] aconsejar
advise [tell what happened] informar
advise against desaconsejar *o* disuadir
adviser *or* advisor asesor, -ra *o* consejero, -ra
affidavit acta (f) notarial
affiliated afiliado, -da *o* filial
affiliation (n) afiliación (f)
affirmative afirmativo, -va
afford permitirse un gasto *o* tener tiempo
after-sales service servicio (m) posventa *o* de post-venta

after-tax profit beneficios (mpl) netos de impuestos
agency agencia (f)
agenda orden (m) del día
agent [in an agency] agente (mf)
agent [representative] representante (mf)
AGM (= annual general meeting) junta general anual
agree [accept] aceptar
agree [approve] acordar
agree [be same as] corresponder *o* coincidir
agree to do something aceptar hacer algo
agree with [be same as] corresponder *o* coincidir con
agree with [of same opinion] estar de acuerdo
agreed acordado, -da *o* convenido, -da
agreed price precio (m) acordado *o* precio convenido
agreement convenio (m) *o* acuerdo (m) *o* contrato (m) *o* pacto (m)
agricultural agrícola *o* agropecuario, -ria *o* agrario, -ria
aim (n) objetivo (m) *o* propósito (m)
aim (v) proponerse *o* aspirar a
air aire (m)
air freight flete (m) aéreo *o* carga (f) aérea
air freight charges *or* rates tarifas de carga aérea
air letter aerograma (m)
air terminal terminal (f) de aeropuerto
airfreight (v) enviar por carga aérea
airline línea (f) aérea
airmail (n) correo (m) aéreo
airmail (v) enviar por correo aéreo
airmail sticker etiqueta (f) de correo aéreo
airport aeropuerto (m)
airport bus autobús (m) del aeropuerto
airport tax tasas (fpl) de aeropuerto
airport terminal terminal (f) del aeropuerto
airtight packaging embalaje (m) hermético
all expenses paid todos los gastos pagados
all-in todo incluido
all-in price precio (m) todo incluido
all-risks policy póliza (f) a todo riesgo
allocate asignar
allocation of funds provisión (f) de fondos
allow permitir
allow [accept] aceptar
allow [give] conceder *o* dar
allow for dejar un margen *o* tener en cuenta
allow 10% for carriage dejar un margen del 10% para el porte
allowance for depreciation cuota (f) de depreciación
alphabetical order orden (m) alfabético
alter modificar
alteration modificación (f)
alternative (adj) alternativo, -va
alternative (n) alternativa (f)
amend enmendar
amendment enmienda (f)
American (adj) americano, -na *o* estadounidense
American (n) americano, -na *o* estadounidense (mf)
amortization amortización (f)
amortize amortizar
amount [of money] importe (m) *o* cantidad (f)
amount owing importe (m) debido
amount paid importe (m) pagado
amount to ascender a
analyse *or* analyze analizar
analyse the market potential analizar las posibilidades del mercado
analysis análisis (m)

annexe anexo (m)
announce anunciar *o* comunicar
announcement anuncio (m) *o* declaración (f)
annual anual
annual accounts cuentas (fpl) anuales
annual general meeting (AGM) junta general anual
annual report informe (m) anual
annually anualmente
answer (n) contestación (f) *o* respuesta (f)
answer (v) contestar *o* responder
answer a letter contestar una carta
answer the telephone contestar el teléfono
answering machine contestador (m) automático
answering service servicio (m) de contestación
antedate antedatar
anticipate anticipar *o* prever
apartment apartamento (m)
apologize disculparse *o* presentar excusas *o* pedir perdón
apology disculpa (f) *o* excusa (f)
appeal (n) [against a decision] apelación (f)
appeal (n) [attraction] atractivo (m) *o* interés (m)
appeal (v) [against a decision] apelar
appeal to (v) [attract] atraer *o* interesar
appear parecer
appendix apéndice (m)
applicant for a job candidato, -ta a un puesto de trabajo
application aplicación (f)
application [request] solicitud (f)
application [for a job] solicitud (f) de trabajo
application form impreso (m) *o* formulario (m) de solicitud
apply (v) aplicar
apply for [ask for] solicitar

apply for a job solicitar un trabajo
apply in writing solicitar por escrito
apply to [affect] referirse a
appoint nombrar
appointment [job] empleo (m)
appointment [meeting] cita (f) *o* compromiso (m)
appointment [to a job] nombramiento (m)
appointments book agenda (f)
appointments vacant ofertas (fpl) de trabajo
appreciate [how good something is] apreciar *o* valorar
appreciate [increase in value] subir (en valor)
appreciation [how good something is] apreciación (f) *o* aprecio (m) *o* valoración (f)
appreciation [in value] aumento (m) *o* subida (f)
apprentice aprendiz, -za
appropriate (adj) apropiado, -da
appropriate (v) [funds] asignar *o* consignar
approval aprobación (f)
approval: on approval a prueba
approve the terms of a contract aprobar los términos de un contrato
approximate aproximado, -da
approximately aproximadamente
arbitrate arbitrar
arbitrate in a dispute arbitrar un litigo *o* en una disputa
arbitration arbitraje (m)
arbitration board *or* arbitration tribunal comisión (f) *o* tribunal (m) de arbitraje
arbitrator árbitro (mf)
area área (f)
area [of town] distrito (m) *o* zona (f)
area [region] región (f) *o* zona (f)
area [subject] campo (m)
area code código (m) postal *o* territorial
area manager director, -ra regional

argument discusión (f) o argumento (m)
arrange [meeting] organizar
arrange [set out] ordenar o disponer o acomodar
arrangement acuerdo (m) o acomodo (m) o arreglo (m)
arrangement [system] plan (m)
arrears atrasos (mpl)
arrival llegada (f)
arrivals llegadas (fpl)
arrive llegar
article artículo (m)
article [clause] cláusula (f)
articles of association estatutos (mpl) o escritura (f) de constitución
articulated lorry or **articulated vehicle** camión (m) con remolque
as per advice según nota de expedición
as per invoice según factura
as per sample según muestra
asap (= as soon as possible) lo antes posible
ask [inquire] preguntar
ask [request] pedir
ask for solicitar o pedir
ask for a refund exigir el reembolso
ask for further details or **particulars** pedir más detalles
assembly asamblea (f) o reunión (f)
assembly [putting together] montaje (m)
assembly line cadena (f) de montaje
assess valorar o evaluar
assess damages fijar los daños
assessment valoración (f)
assessment of damages valoración (f) de daños
asset activo (m)
asset value valor (m) de activo
assets and liabilities activo (m) y pasivo (m)
assign asignar

assign a right to someone adjudicar un derecho a alguien
assignee cesionario, -ria
assignment asignación (f)
assignment [work] tarea (f)
assignor cedente (mf)
assist asistir o ayudar
assistance asistencia (f) o ayuda (f)
assistant ayudante (mf) o auxiliar (mf)
assistant manager subdirector, -ra
assisted: computer-assisted asistido por ordenador
associate (adj) asociado, -da o afiliado, -da
associate (n) socio, -cia
associate company compañía (f) afiliada
association asociación (f)
assurance seguro (m) (de vida)
assurance company compañía (f) de seguros
assurance policy póliza (f) de seguros
assure someone's life asegurar la vida de alguien
attach adjuntar o sujetar
attachment (n) [email] adjunto (m)
attack atacar
attend [meeting] asistir
attended asistido, -da
attend to ocuparse de
attention atención (f)
attorney apoderado, -da o procurador, -ra
attract atraer
attraction atractivo (m)
attractive salary salario (m) interesante
auction (n) subasta (f)
auction (v) subastar
auction rooms sala (f) de subastas
audit (n) auditoría (f) o intervención (f) o revisión (f) de cuentas
audit (v) auditar o intervenir

audit the accounts revisar las cuentas
auditing auditoría (f)
auditor auditor, -ra *o* censor, -ra *o* interventor, -ra
authenticate autentificar *o* legalizar
authority autoridad (f)
authorization autorización (f)
authorize autorizar
authorize payment autorizar el pago
authorized autorizado, -da
availability disponibilidad (f)
available disponible *o* asequible
available capital capital (m) disponible
average (adj) medio, -dia *o* mediano, -na
average (n) promedio (m)
average (n) [insurance] avería (f)
average (v) calcular el promedio
average price precio (m) medio *o* precio corriente
avoid evitar
await instructions esperar instrucciones
award (n) premio (m)
award (v) conceder *o* adjudicar *o* otorgar
award a contract to someone adjudicar un contrato a alguien

Bb

back (n) dorso (m) *o* reverso (m)
back orders pedidos (mpl) pendientes
back payment pago (m) atrasado
back tax impuesto (m) atrasado
back up (v) respaldar *o* apoyar
back up (v) [computer file] archivar *o* guardar
backdate antedatar
backer garante (m)
backhander soborno (m)
backing respaldo (m) *o* apoyo (m) financiero
backlog acumulación (f) de trabajo atrasado
backup (adj) [computer] de reserva
backup copy copia (f) de reserva *o* de seguridad
backwardation margen (m) de cobertura
bad buy mala compra (f)
bad debt deuda (f) morosa *o* incobrable
bag saco (m) *o* bolsa (f)
bail someone out obtener la libertad de alguien bajo fianza
balance (n) equilibrio (m)
balance (n) [accounts] balance (m) *o* saldo (m)
balance (v) equilibrar
balance (v) [accounts] cuadrar *o* saldar
balance brought down *or* brought forward saldo (m)
balance carried down *or* carrried forward saldo (m) a cuenta nueva
balance due to us saldo (m) a (nuestro) favor
balance of payments balanza (f) de pagos
balance of trade balanza (f) comercial
balance sheet balance (m) general *o* de situación
ban (n) prohibición (f)
ban (v) prohibir
bank (n) banco (m)
bank (v) ingresar *o* depositar
bank account cuenta (f) bancaria
bank balance estado (m) de cuenta

bank base rate tipo (m) base de interés bancario
bank bill (GB) letra (f) bancaria o giro (m) bancario
bank bill (US) billete (m) de banco
bank book libreta (f) de ahorros
bank borrowings préstamos (mpl) bancarios
bank charges gastos (mpl) bancarios
bank credit crédito (m) bancario
bank deposits depósitos (mpl) bancarios
bank draft giro (m) bancario
bank holiday fiesta (f) oficial
bank loan préstamo (m) bancario
bank manager director, -ra de banco
bank mandate orden (f) de pago
bank statement extracto (m) de cuentas
bank transfer transferencia (f) bancaria
bankable paper efecto (m) negociable
banker banquero, -ra
banker's draft giro (m) bancario
banker's order orden (f) de domiciliación (bancaria)
banking banca (f)
banking hours horario (m) bancario
banknote billete (m) (de banco)
bankrupt (adj) en bancarrota o en quiebra o insolvente
bankrupt (n) quebrado (m)
bankrupt (v) arruinar
bankruptcy quiebra (f) o insolvencia (f) o bancarrota (f)
bar chart gráfico (m) de barras
bar code código (m) de barras
bargain (n) [cheaper than usual] ganga (f)
bargain (n) [deal] trato (m) o negocio (m)
bargain (n) [Stock Exchange] venta (f) en la bolsa
bargain (v) negociar o regatear

bargain offer oferta (f) de ocasión
bargain price precio (m) de ocasión o precio irrisorio
bargaining negociación (f)
bargaining position postura (f) negociadora
bargaining power poder (m) de negociación
barrier barrera (f)
barter (n) trueque (m)
barter (v) trocar
bartering trueque (m) o cambio (m) en especie
base (n) base (f)
base (v) basar
base (v) [in a place] radicar o establecer
base year año (m) base
basic (adj) básico, -ca
basic (adj) [most important] fundamental
basic discount descuento (m) básico
basic tax impuesto (m) básico
basis base (f)
batch (n) [of orders] serie (f) o remesa (f) o partida (f)
batch (n) [of products] lote (m)
batch (v) agrupar
batch number número (m) de lote
batch processing procesamiento (m) por lotes
bear (n) [Stock Exchange] bajista (mf)
bear (v) [carry] llevar
bear (v) [interest] devengar o rendir
bear (v) [pay for] pagar (costes)
bear market mercado (m) bajista
bearer portador, -ra
bearer bond título (m) al portador
begin empezar o comenzar
beginning comienzo (m)
behalf: on behalf of en nombre de
belong to pertenecer
below abajo

benchmark punto (m) de referencia
beneficiary beneficiario, -ria
benefit (n) beneficio (m) *o* subsidio (m)
benefit from (v) beneficiarse de
berth (n) amarradero (m)
berth (v) atracar
best (adj) lo mejor
best (n) (el, la) mejor
best-selling car coche en gran demanda
bid (n) oferta (f)
bid (n) [at an auction] oferta (f) *o* puja (f)
bidder postor (m) *o* licitador (m)
bidding ofertas (fpl) *o* subasta (f) *o* licitación (f)
big (adj) grande
bilateral (adj) bilateral
bill (n) (US) billete (m)
bill (n) [draft] letra (f)
bill (n) [in a restaurant] cuenta (f)
bill (n) [in Parliament] proyecto (m) de ley
bill (n) [invoice] factura (f)
bill (v) facturar
bill of exchange letra (f) de cambio
bill of lading conocimiento (m) de embarque
bill of sale contrato (m) de venta
billing facturación (f)
billion mil millones (mpl)
bills for collection letras (fpl) por cobrar
bills payable letras (fpl) a pagar
bills receivable letras (fpl) a cobrar
binding obligatorio, -ria *o* vinculante
black economy economía (f) sumergida
black list (n) lista (f) negra
black market mercado (m) negro
blacklist (v) poner en la lista negra
blame (n) culpa (f)
blame (v) culpar *o* echar la culpa

blank (adj) en blanco
blank (n) blanco (m) *o* espacio (m) en blanco
blank cheque cheque (m) en blanco
blister pack embalaje (m) de plástico tipo burbuja
block (n) [building] manzana (f)
block (n) [of shares] paquete (m)
block (v) bloquear
block booking reserva (f) en bloque
blocked currency moneda (f) bloqueada
blue chip acción (f) de primera categoría
blue-chip investments inversiones (fpl) en valores seguros
board (n) [group of people] consejo (m) (de administración)
board (v) abordar *o* embarcarse
board meeting reunión (f) del consejo de administración
board of directors junta (f) directiva
board: on board a bordo
boarding card *or* **boarding pass** tarjeta (f) de embarque
boardroom sala (f) de juntas
bona fide de buena fe
bond (n) bono (m) *o* título (m)
bonded warehouse depósito (m) aduanero
bonus prima (f) *o* bonificación (f)
bonus issue emisión (f) gratuita
book (n) libro (m)
book (v) reservar
book sales ventas (fpl) registradas
book value valor (m) contable
booking reserva (f)
booking clerk taquillero, -ra
booking office taquilla (f) *o* despacho (m) de billetes
bookkeeper contable (mf)
bookkeeping contabilidad (f)
boom (n) auge (m) *o* 'boom' (m)
boom (v) prosperar *o* aumentar

boom industry industria (f) próspera *o* en pleno auge
booming próspero, -ra *o* floreciente
boost (n) estímulo (m) *o* impulso (m)
boost (v) estimular *o* impulsar
border frontera (f)
borrow pedir *o* tomar prestado
borrower prestatario, -ria
borrowing préstamo (m)
borrowing power capacidad (f) de endeudamiento
boss (informal) jefe, -fa *o* amo (m)
bottleneck atasco (m) *o* embotellamiento (m)
bottom fondo (m)
bottom line saldo (m) final *o* total
bought ledger libro (m) mayor de compras
bought ledger clerk encargado (m) del libro de compras
bounce [cheque] devolver por falta de fondos
box number número de apartado de correos
boxed set juego completo en caja de presentación
boycott (n) boicot (m)
boycott (v) boicotear
bracket (n) [tax] categoría (f) *o* clase (f)
bracket together agrupar
brake (n) freno (m)
branch (n) sucursal (f) *o* rama (f)
branch manager director (m) de sucursal
branch office sucursal (f)
brand marca (f)
brand image imagen (f) de marca
brand loyalty fidelidad (f) a la marca
brand name marca (f) *o* nombre (m) comercial
brand new completamente nuevo, -va
breach of contract violación (f) de contrato
breach of warranty violación (f) de garantía
break (n) descanso (m)
break (v) [contract] infringir *o* incumplir
break an agreement romper un acuerdo
break down (v) [itemize] desglosar *o* detallar
break down (v) [machine] estropearse *o* averiarse
break down (v) [talks] romperse
break even (v) cubrir gastos
break off negotiations romper las negociaciones
break the law infringir la ley
breakages roturas (fpl) *o* desperfectos (mpl)
breakdown (n) [items] desglose (m)
breakdown (n) [machine] avería (f)
breakdown (n) [talks] ruptura (f) *o* interrupción (f)
breakeven point punto (m) muerto
bribe (n) soborno (m)
bribe (v) sobornar
brief (v) informar *o* dar instrucciones
briefcase cartera (f) *o* maletín (m)
bring traer
bring a civil action constituirse parte civil
bring in producir
bring out lanzar al mercado
British británico, -ca *o* inglés, -esa
brochure folleto (m) publicitario
broke (informal) sin dinero *o* arruinado, -da
broker agente (mf) *o* intermediario, -ria
brokerage *or* **broker's commission** corretaje (m) *o* comisión (f)
brown paper papel (m) de estraza
bubble pack embalaje (m) de plástico tipo burbuja
budget (n) presupuesto (m)

budget (n) [government] presupuesto (m) del Estado
budget (v) presupuestar
budget account [in bank] cuenta (f) presupuestaria
budgetary presupuestario, -ria
budgetary control control (m) presupuestario
budgetary policy política (f) presupuestaria
budgeting preparación (f) de presupuestos
build construir
building society sociedad (f) hipotecaria *o* de crédito hipotecario
built-in incorporado, -da
bulk volumen (m)
bulk buying compra (f) a granel
bulk shipments envíos (mpl) a granel
bulky voluminoso, -sa
bull [Stock Exchange] alcista (mf)
bull market mercado (m) alcista
bulletin boletín (m)
bullion oro (m) *o* plata (f) en lingotes
bureau de change agencia (f) de cambio
bureaucracy burocracia (f)
bus autobús (m)
business negocios (mpl)
business [company] empresa (f) *o* negocio (m)
business [discussion] asunto (m)
business address dirección (f) comercial
business call visita (f) de negocios
business card tarjeta (f)
business centre centro (m) comercial
business class clase (f) preferente (en aviones)
business equipment equipos (mpl) de oficina
business hours horas (fpl) de oficina
business letter carta (f) comercial
business lunch almuerzo (m) de negocios
business premises local (m) comercial
business school escuela (f) empresarial
business strategy estrategia (f) comercial
business transaction transacción (f) *o* trámite (m)
business trip viaje (m) de negocios
business: on business por asuntos de negocios
businessman hombre (m) de negocios
businesswoman mujer (f) de negocios
busy ocupado, -da
buy (v) comprar *o* adquirir
buy back volver a comprar *o* rescatar
buy for cash comprar en efectivo *o* al contado
buy forward comprar a futuros
buyer [for a store] encargado, -da de compras
buyer [person] comprador, -ra
buyer's market mercado (m) de compradores
buying compra (f)
buying department departamento (m) de compras
by-product subproducto (m) *o* producto (m) derivado

Cc

cable address dirección (f) telegráfica
calculate calcular
calculation cálculo (m)
calculator calculadora (f)
calendar month mes (m) civil
calendar year año (m) civil
call (n) [for money] demanda (f) de pago
call (n) [phone] llamada (f)
call (n) [Stock Exchange] demanda (f) o petición (f) de pago (de acciones)
call (n) [visit] visita (f)
call (v) [meeting] convocar (una reunión)
call (v) [phone] llamar (por teléfono)
call off a deal suspender o anular un acuerdo
call on (visit) visitar
call rate frecuencia (f) de visitas de un representante
callable bond obligación (f) redimible
campaign campaña (f)
cancel cancelar o suspender o anular
cancel a cheque anular un cheque
cancel a contract rescindir o anular un contrato
cancellation cancelación (f) o anulación (f)
cancellation clause cláusula (f) de rescisión
cancellation [of an appointment] cancelación (f) de una cita
cancelled cancelado, -da
candidate candidato, -ta o aspirante (mf)
canvass solicitar votos
canvasser persona (f) que busca clientes o solicita votos
canvassing búsqueda (f) de clientes o solicitación (f) de votos
canvassing techniques técnicas (fpl) de sondeo
capable capaz o competente
capable of capaz de
capacity capacidad (f)
capacity [ability] aptitud (f)
capacity [output] rendimiento (m)
capacity utilization empleo (m) de la capacidad
capital capital (m)
capital [heritage] patrimonio (m)
capital account cuenta (f) de capital
capital assets bienes (mpl) de capital
capital equipment bienes (mpl) de equipo
capital expenditure gastos (mpl) de capital
capital gains plusvalía (f)
capital gains tax impuesto (m) sobre las plusvalías
capital goods bienes (mpl) de capital
capital loss pérdidas (fpl) de capital o minusvalías (fpl)
capital-intensive industry industria con alto coeficiente de capital
capitalist (n) capitalista (mf)
capitalization capitalización (f)
capitalization of reserves capitalización (f) de las reservas
capitalize capitalizar
capitalize on aprovechar
captive market mercado (m) cautivo
capture acaparar
carbon copy copia (f) carbón
carbon paper papel (m) carbón
carbonless sin papel carbón
card [business card] tarjeta (f)

card [material] cartulina (f)
card [membership] carnet (m)
card [postcard] postal (f) *o* tarjeta (f) postal
card index (n) fichero (m)
card-index (v) pasar información a un fichero
card-index file fichero (m) de tarjetas
card-indexing paso (m) de información a un fichero
cardboard cartón (m)
cardboard box caja (f) de cartón
card phone teléfono (m) de tarjeta
care of (c/o) para entregar a
cargo carga (f)
cargo ship barco (m) de carga
carnet [document] carnet (m)
carriage porte (m) *o* transporte (m)
carriage forward porte (m) debido
carriage free franco de porte
carriage paid porte (m) pagado *o* franco a domicilio
carrier empresa (f) de transportes *o* transportista (mf)
carrier [vehicle] vehículo (m) de transporte
carry llevar *o* transportar
carry [a motion] aprobar
carry [have in stock] tener en existencia
carry [yield] producir
carry forward pasar a cuenta nueva
carry on a business llevar un negocio
carry out [fulfil] cumplir
carry over a balance pasar a cuenta nueva
cartel cartel (m)
carton cartón (m)
carton [box] caja (f) de cartón
case (n) [box] caja (f)
case (n) [suitcase] maleta (f)
case (v) [put in boxes] poner en una caja *o* embalar
cash (adv) en efectivo *o* al contado

cash (n) [money] dinero (m) efectivo
cash a cheque cobrar un cheque
cash account cuenta (f) de caja
cash advance anticipo (m) de caja a cuenta
cash and carry autoservicio (m) mayorista
cash balance saldo (m) de caja
cash book libro (m) de caja
cash card tarjeta (f) de cajero automático *o* tarjeta de dinero
cash deal transacción (f) en efectivo
cash deposit imposición (f) en efectivo
cash desk caja (f)
cash discount descuento (m) por pago al contado
cash dispenser cajero (m) automático
cash float fondo (m) de caja
cash flow flujo (m) de caja *o* 'cash flow' (m)
cash flow statement estado (m) de flujo de caja
cash in hand efectivo (m) en caja
cash offer oferta (f) en metálico
cash on delivery (c.o.d.) cobro (m) a la entrega *o* contra reembolso
cash payment pago (m) en efectivo
cash price precio (m) al contado
cash purchase compra (f) al contado
cash register caja (f) registradora
cash reserves reservas (fpl) de caja
cash sale venta (f) al contado
cash terms pago (m) al contado
cash transaction operación (f) al contado
cash voucher vale (m) de caja
cashable cobrable
cashier cajero, -ra
cashier's check (US) cheque (m) de administración
casting vote voto (m) de calidad

casual work trabajo (m) eventual
casual worker trabajador, -ra eventual *o* temporero, -ra
catalogue catálogo (m)
catalogue price precio (m) de catálogo
category categoría (f)
cater for abastecer
caveat emptor por cuenta y riesgo del comprador
ceiling techo (m) *o* límite (m)
ceiling price precio (m) tope *o* precio máximo autorizado
cellular telephone teléfono (m) celular *o* móvil
central central
central bank banco (m) central
central purchasing centralización (f) de las compras
centralization centralización (f)
centralize centralizar
centre centro (m)
CEO (= chief executive officer) jefe (m) ejecutivo *o* director (m) general
certificate certificado (m)
certificate of approval certificado (m) de aprobación
certificate of deposit certificado (m) de depósito
certificate of guarantee certificado (m) de garantía
certificate of origin certificado (m) de origen
certificate of registration certificado (m) de registro
certificated titulado, -da *o* diplomado,-da
certificated bankrupt quebrado (m) rehabilitado
certified accountant censor jurado de cuentas
certified cheque cheque (m) conformado
certified copy compulsa (f) *o* copia (f) auténtica *o* certificada
certify certificar
cession cesión (f)

chain cadena (f)
chain store tienda (f) de una cadena *o* sucursal (f)
chairman presidente, -ta
chairman and managing director presidente y director gerente
Chamber of Commerce Cámara (f) de Comercio
change (n) cambio (m)
change (n) [cash] dinero (m) suelto *o* moneda (f) suelta
change (n) [in a shop] vuelta (f)
change (v) cambiar
change hands cambiar de dueño
change machine máquina (f) de cambio
channel (n) canal (m)
channel (v) dirigir *o* encauzar
channels of distribution canales (mpl) de distribución
charge (n) coste (m) *o* precio (m) *o* cargo (m)
charge (n) [in court] acusación (f) *o* cargo (m)
charge (n) [on account] débito (m)
charge (v) cargar
charge (v) [in court] acusar
charge (v) [price] cobrar
charge a purchase cargar una compra en cuenta
charge account cuenta (f) abierta *o* cuenta de crédito
charge card tarjeta (f) de crédito
chargeable (to) a cargo de
charges forward gastos (mpl) a cobrar a la entrega
chart (n) gráfico (m), gráfica (f)
charter (n) flete (m) *o* alquiler (m)
charter (v) fletar *o* alquilar
charter an aircraft fletar un avión
charter flight vuelo (m) chárter
charter plane avión (m) chárter
charterer fletador, -ra
chase perseguir
chase [an order] apremiar
cheap barato, -ta
cheap labour mano de obra barata

cheap money dinero (m) *o* crédito (m) barato
cheap rate tarifa (f) reducida
check (n) [examination] control (m) *o* comprobación (f)
check (n) [stop] freno (m)
check (v) [examine] comprobar *o* cotejar
check (v) [stop] parar *o* contener
check in [at airport] facturar el equipaje
check in [at hotel] registrarse
check-in (counter) [at airport] mostrador (m) de facturación
check-in time horario (m) de presentación en el aeropuerto
check out [of hotel] pagar la cuenta y marcharse
checkout [in supermarket] caja (f)
check sample muestra (f) de inspección
cheque cheque (m)
cheque (guarantee) card tarjeta (f) de crédito
cheque account cuenta (f) corriente
cheque book talonario (m) de cheques
cheque number número (m) de cheque
cheque stub matriz (f) de un talonario
cheque to bearer cheque (m) al portador
chief (adj) principal *o* jefe
chief clerk jefe (m) de oficina
chief executive jefe (m) ejecutivo
choice (adj) escogido, -da *o* selecto, -ta
choice (n) [choosing] elección (f) *o* selección (f)
choice (n) [items to choose from] surtido (m)
choice (n) [thing chosen] preferencia (f)
choose elegir
Christmas bonus paga (f) extraordinaria de Navidad

chronic crónico, -ca *o* endémico, -ca
chronological order orden (m) cronológico
c.i.f. (= cost, insurance and freight) cif (coste, seguro y flete)
circular (n) or circular letter circular (f)
circular letter of credit carta (f) de crédito general
circulation circulación (f) *o* difusión (f)
circulation [newspaper] tirada (f)
city centre centro (m) de la ciudad
civil law derecho (m) civil
civil servant funcionario, -ria
claim (n) reclamación (f) *o* demanda (f) *o* reivindicación (f)
claim (v) exigir *o* reclamar *o* reivindicar
claim (v) [suggest] alegar *o* pretender
claimant demandante (mf)
claims department departamento (m) de reclamaciones
claims manager director, -ra de reclamaciones
clarify (v) aclarar *o* clarificar
class (n) clase (f) *o* categoría (f)
classification clasificación (f)
classified ads or advertisements anuncios (mpl) por palabras
classified directory directorio (m) comercial
classify clasificar
clause cláusula (f)
clawback devolución (f) (de impuestos)
clear (adj) claro, -ra
clear (v) aclarar *o* clarificar
clear (v) [stock] liquidar existencias
clear a cheque tramitar el pago de un cheque
clear a debt liquidar una deuda
clear profit ganancia (f) neta
clearance certificate certificado (m) de aduana

clearance of a cheque tramitación (f) del pago de un cheque
clearing [paying] liquidación (f) *o* pago (m) de una deuda
clearing bank banco (m) comercial
clerical de oficina
clerical error error (m) de copia *o* error de oficina
clerical staff personal (m) de oficina
clerical work trabajo (m) de oficina
clerk oficinista (mf) *o* empleado, -da de oficina
client cliente (mf)
clientele clientela (f)
climb subir *o* aumentar
clinch cerrar un trato
clipping service servicio (m) de recortes de prensa
close (n) [end] cierre (m)
close (v) [after work] cerrar
close a bank account cerrar una cuenta bancaria
close a meeting clausurar *o* levantar una sesión
close an account cerrar una cuenta
close down cerrar
close to cercano, -na *o* próximo, -ma
closed cerrado, -da
closed circuit TV circuito cerrado
closed market mercado (m) cerrado
closing (adj) final *o* al cierre
closing (n) cierre (m)
closing balance saldo (m) final
closing bid oferta (f) final
closing date fecha (f) tope *o* fecha límite
closing price precio (m) al cierre
closing stock existencias (fpl) finales
closing time hora (f) de cierre
closing-down sale liquidación (f) total por cierre

closure clausura (f) *o* cierre (m)
c/o (= care of) para entregar a
co-creditor coacreedor, -ra
co-director codirector, -ra
co-insurance coaseguro (m)
co-operate cooperar
co-operation cooperación (f)
co-operative (adj) cooperativo, -va
co-operative (n) cooperativa (f)
co-opt someone nombrar por coopción
co-owner copropietario, -ria
co-ownership copropiedad (f)
COD *or* **c.o.d. (= cash on delivery)** cobro a la entrega *o* contra reembolso
code código (m)
code of practice normas (fpl) de conducta
coding codificación (f)
coin moneda (f)
cold call visita (f) comercial sin cita previa
cold start empezar un negocio a cero
cold storage almacenaje (m) frigorífico
cold store almacén (m) frigorífico
collaborate colaborar
collaboration colaboración (f)
collapse (n) hundimiento (m) *o* derrumbamiento (m)
collapse (v) hundirse *o* derrumbarse
collateral (adj) colateral
collateral (n) garantía (f)
collect (v) [fetch] recoger
collect (v) [money] cobrar
collect a debt cobrar una deuda
collect call (US) llamada (f) a cobro revertido
collection recogida (f)
collection [of money] cobro (m)
collection charges *or* **collection rates** cobro (m) por recogida
collective colectivo, -va

collective ownership propiedad (f) colectiva
collective wage agreement convenio (m) salarial colectivo
collector cobrador, -ra *o* recaudador, -ra
commerce comercio (m)
commercial (adj) comercial
commercial (n) [TV] emisión (f) publicitaria *o* anuncio (m)
commercial attaché agregado, -da comercial
commercial college escuela (f) superior de comercio
commercial course curso (m) comercial
commercial directory guía (f) comercial
commercial district distrito (m) comercial
commercial failure quiebra (f) comercial
commercial law derecho (m) mercantil
commercial traveller representante (mf)
commercial undertaking empresa (f) comercial
commercialization comercialización (f)
commercialize comercializar
commission [committee] comisión (f) *o* comité (m)
commission [money] comisión (f)
commission agent comisionista (mf)
commission rep representante (mf) a comisión
commit [crime] cometer
commit funds to a project asignar fondos a un proyecto
commitments compromisos (mpl)
commodity mercancía (f)
commodity exchange lonja (f) *o* bolsa (f) de contratación *o* de comercio
commodity futures materias primas cotizadas en el mercado de futuros
commodity market lonja (f) *o* bolsa (f) de contratación
common [frequent] corriente *o* frecuente
common [to more than one] común *o* público, -ca
common carrier empresa (f) de transporte público
Common Market Mercado Común Europeo
common ownership propiedad (f) colectiva
common pricing fijación (f) colectiva de precios
communicate comunicar *o* comunicarse
communication comunicación (f)
communication [message] comunicado (m)
communications comunicaciones (fpl)
community comunidad (f)
commute [exchange] conmutar
commute [travel] viajar diariamente al trabajo
commuter viajero diario *o* viajera diaria
companies' register registro (m) de compañías
company compañía (f) *o* sociedad (f)
company director director, -ra de una empresa
company law ley (f) de sociedades anómimas
company secretary secretario, -ria de una empresa
comparability posibilidad (f) de comparación
comparable comparable
compare comparar *o* cotejar
compare with comparar con
comparison comparación (f)
compensate compensar *o* indemnizar *o* resarcir

compensation compensación (f)
compensation for damage indemnización (f) por daños y perjuicios
compete (with) competir (con)
competent competente
competing (adj) competitivo, -va
competing firms empresas (fpl) rivales
competing products productos (mpl) en competencia
competition competencia (f)
competitive competitivo, -va
competitive price precio (m) competitivo
competitive pricing fijación (f) de precios competitivos
competitive products productos (mpl) competitivos
competitively priced con precio competitivo
competitiveness competitividad (f)
competitor competidor, -ra
complain (about) quejarse
complaint queja (f)
complaints department oficina (f) de reclamaciones
complementary complementario, -ria
complete (adj) completo, -ta
complete (v) completar *o* acabar
completion finalización (f)
completion date fecha (f) de cumplimiento
completion of a contract firma (f) de un contrato
compliance conformidad (f) *o* acuerdo (m)
complimentary de favor
complimentary ticket entrada (f) de favor
compliments slip saluda (m) *o* tarjeta (f) de saludo
comply with obedecer
composition [with creditors] acomodamiento (m)

compound interest interés (m) compuesto
comprehensive completo, -ta *o* global
comprehensive insurance seguro (m) a todo riesgo
compromise (n) compromiso (m) *o* acuerdo (m)
compromise (v) transigir
compulsory obligatorio, -ria
compulsory liquidation liquidación (f) forzosa
compulsory purchase expropiación (f) forzosa
computer ordenador (m)
computer bureau oficina (f) de informática
computer department departamento (m) de informática
computer error error (m) de ordenador
computer file archivo (m) *o* fichero (m)
computer language lenguaje (m) informático *o* de ordenador
computer listing listado (m) de ordenador
computer printer impresora (f)
computer printout copia (f) impresa (de ordenador)
computer program programa (m) de ordenador
computer programmer programador, -ra de ordenadores
computer programming programación (f) de ordenador
computer services servicios (mpl) de informática
computer system sistema (m) informático
computer terminal terminal (m) de ordenador
computer time tiempo (m) invertido por el ordenador
computer-readable legible por ordenador
computer-readable codes códigos (mpl) legibles por ordenador

computerize informatizar
computerized informatizado, -da *o* informático, -ca
concealment of assets encubrimiento (m) de activos
concern (n) [business] negocio (m) *o* empresa (f)
concern (n) [worry] preocupación (f) *o* inquietud (f)
concern (v) [deal with] concernir
concession [reduction] desgravación (f)
concession [right] concesión (f) *o* agencia (f) exclusiva
concessionaire concesionario, -ria
conciliation conciliación (f)
conclude [agreement] concluir
conclusion conclusión (f)
condition condición (f)
condition: on condition that a condición de que
conditional condicional
conditions of employment condiciones (fpl) de empleo
conditions of sale condiciones (fpl) de venta
conduct negotiations llevar negociaciones
conference [large] congreso (m)
conference [small] asamblea (f) *o* conferencia (f)
conference phone teléfono (m) de conferencias
conference room sala (f) de conferencias
confess confesar
confidence confianza (f)
confidential confidencial
confidential report informe (m) confidencial
confidentiality confidencialidad (f)
confirm confirmar
confirm a booking confirmar una reserva
confirm someone in a job confirmar a alguien en su puesto de trabajo
confirmation confirmación (f)

conflict of interest conflicto (m) de intereses
conglomerate conglomerado (m)
congress congreso (m)
connect conectar *o* relacionar
connecting flight vuelo (m) de correspondencia
connection vínculo (m) *o* relación (f) *o* enchufe (m)
consider considerar
consign consignar
consignee consignatario, -ria
consignment [sending] consignación (f) *o* envío (m) *o* expedición (f)
consignment [things sent] envío (m) *o* remesa (f)
consignment note nota (f) de expedición *o* nota de envío
consignor remitente (mf) *o* consignador, -ra
consist of constar de
consolidate consolidar
consolidate [shipments] agrupar
consolidated consolidado, -da
consolidated shipment envío (m) agrupado de mercancías
consolidation agrupación (f)
consortium consorcio (m)
constant constante *o* invariable *o* continuo, -nua
consult consultar
consultancy asesoría (f)
consultancy firm asesoría (f) *o* consultoría (f)
consultant asesor, -ra *o* consejero, -ra
consulting engineer técnico (m) asesor *o* técnica (f) asesora
consumables bienes (mpl) de consumo
consumer consumidor, -ra
consumer credit crédito (m) al consumidor
consumer durables bienes (mpl) de consumo duraderos
consumer goods bienes (mpl) de consumo

consumer panel equipo (m) de consumidores
consumer price index índice (m) de precios al consumo (IPC)
consumer protection protección (f) al consumidor
consumer research investigación (f) sobre el consumo
consumer spending gastos (mpl) del consumidor *o* de consumo
consumption consumo (m)
contact (n) contacto (m)
contact: useful contact enchufe (m)
contact (v) contactar
contain contener
container [box, tin] recipiente (m) *o* envase (m)
container [for shipping] contenedor (m)
container port puerto (m) de contenedores
container ship buque (m) de contenedores *o* portacontenedores
container terminal terminal (f) de contenedores
containerization contenerización (f)
containerization [shipping] transporte (m) en contenedores
containerize poner en contenedores
containerize [ship in containers] transportar en contenedores
content significado (m)
contents contenido (m)
contested takeover oferta (f) de adquisición disputada *o* rebatida
contingency eventualidad (f) *o* contingencia (f)
contingency fund fondo (m) para imprevistos
contingency plan plan (m) de emergencia
continual continuo, -nua
continually continuamente
continuation continuación (f)
continue continuar *o* proseguir

continuous continuo, -nua
continuous feed alimentación (f) continua
continuous stationery papel (m) continuo
contra account cuenta (f) compensada
contra an entry anotar una contrapartida *o* un contraasiento
contra entry contrapartida (f) *o* contraasiento (m)
contract (n) contrato (m)
contract (v) contratar
contract law derecho (m) de contratos *o* de obligaciones
contract note contrato (m) de Bolsa
contract of employment contrato (m) de empleo
contract work trabajo (m) a contrata
contracting party parte (f) contratante
contractor contratista (mf)
contractual contractual
contractual liability responsabilidad (f) contractual
contractually según *o* por contrato
contrary contrario, -ria
contrast (n) contraste (m)
contribute contribuir *o* cotizar
contribution contribución (f) *o* colaboración (f)
contribution of capital contribución (f) de capital
contributor contribuyente (mf)
control (n) [check] control (m)
control (n) [power] control (m) *o* mando (m)
control (v) controlar
control a business controlar *o* dirigir un negocio
control key tecla (f) de control
control systems sistemas (mpl) de control
controlled economy economía (f) dirigida

controller [who checks] inspector, -ra
controller (US) contable (mf) jefe
controlling (adj) dominante
convene convocar
convenient cómodo, -da *o* conveniente
conversion conversión (f)
conversion of funds apropiación (f) indebida de fondos
conversion price *or* **conversion rate** precio (m) de conversión *o* tasa (f) de conversión
convert convertir
convertibility convertibilidad (f)
convertible currency moneda (f) convertible
convertible loan stock valores (mpl) convertibles en acciones
conveyance transmisión (f) del título de propiedad
conveyancer notario, -ria especialista en escrituras de trapaso
conveyancing transmisión (f) de títulos de propiedad
cooling off period (after purchase) periodo (m) de reflexión
cooperative society sociedad (f) cooperativa
copartner socio, -cia
copartnership coparticipación (f)
cope arreglárselas *o* hacer frente (a)
copier fotocopiadora (f)
copy (n) copia (f)
copy (n) [book, newspaper] ejemplar (m) *o* número (m)
copy (v) copiar
copying machine multicopista (f)
corner (n) [inside angle] rincón (m)
corner (n) [outside angle] esquina (f)
corner (n) [monopoly] monopolio
corner shop tienda (f) de barrio *o* de la esquina
corner the market acaparar el mercado
corporate image imagen (f) pública de una empresa
corporate name razón (f) social
corporate plan plan (m) de trabajo de una empresa
corporate planning planificación (f) empresarial
corporate profits beneficios (mpl) de la empresa
corporation corporación (f) *o* sociedad (f) mercantil
corporation tax impuesto (m) de sociedades
correct (adj) correcto, -ta
correct (v) corregir *o* rectificar
correction corrección (f) *o* rectificación (f)
correspond with someone escribir a alguien
correspond with something corresponder a algo
correspondence correspondencia (f)
correspondent [journalist] corresponsal (mf)
correspondent [who writes letters] correspondiente (mf)
cost (n) costo (m) *o* coste (m)
cost (v) costar *o* valer
cost accountant contable (mf) de costes
cost accounting contabilidad (f) de costes
cost analysis análisis (m) de costes
cost centre centro (m) de costes
cost factor factor (m) del coste
cost of living coste (m) de vida
cost of sales coste (m) de ventas
cost plus costo (m) más honorarios *o* porcentaje (m) de comisión
cost price precio (m) de coste
cost, insurance and freight (c.i.f.) coste, seguro y flete *o* cif
cost-benefit analysis análisis (m) coste-beneficio

cost-cutting reducción (f) de costes
cost-effective rentable
cost-effectiveness rentabilidad (f)
cost-of-living allowance subsidio (m) de carestía de vida
cost-of-living bonus plus (m) de carestía de vida
cost-of-living increase aumento (m) de sueldo por coste de vida
cost-of-living index índice (m) del coste de vida
cost-push inflation inflación (f) de costes
costing cálculo (m) de costos
costly costoso, -sa
costs costas (fpl)
counsel abogado, -da
count (v) [add] contar *o* calcular
counter mostrador (m) *o* ventanilla (f)
counter staff personal (m) de atención al público
counter-claim (n) reconvención (f)
counter-claim (v) presentar una reconvención
counter-offer *or* **counterbid (n)** contraoferta (f)
counterfeit (adj) falso, -sa *o* falsificado, -da
counterfeit (v) falsificar dinero
counterfoil matriz (f) (de un talonario)
countermand revocar
countersign refrendar
country país (m)
country [not town] campo (m)
country of origin país (m) de origen
coupon cupón (m)
coupon ad cupón (m) de anuncio
courier [guide] guía (mf) de turismo
courier [messenger] mensajero, -ra
court tribunal (m) *o* juzgado (m)
court case proceso (m) *o* causa (f) *o* juicio (m)

covenant (n) pacto (m) *o* convenio (m)
covenant (v) pactar
cover (n) cubierta (f) *o* funda (f)
cover (n) [insurance] cobertura (f)
cover (v) cubrir
cover a risk cubrir un riesgo
cover charge [restaurant] (precio del) cubierto (m)
cover costs cubrir gastos
cover note póliza (f) provisional *o* nota (f) de cobertura
covering letter carta (f) adjunta *o* explicatoria
covering note carta (f) adjunta *o* explicatoria
crane grúa (f)
crash (n) [accident] choque (m) *o* colisión (f)
crash (n) [financial] 'crack' (m)
crash (v) chocar
crash (v) [fail] quebrar
crate (n) cajón (m)
crate (v) embalar
credit (n) crédito (m)
credit (v) abonar *o* acreditar
credit account cuenta (f) de crédito
credit agency agencia (f) de informes comerciales
credit balance haber (m) *o* saldo (m) acreedor *o* a favor
credit bank banco (m) de crédito
credit card tarjeta (f) de crédito
credit card sale venta (f) con tarjeta de crédito
credit ceiling techo (m) crediticio
credit column columna (f) del haber
credit control control (m) de crédito
credit entry abono (m)
credit facilities facilidades (fpl) de crédito
credit freeze congelación (f) de créditos
credit limit límite (m) de crédito

credit note nota (f) de abono *o* nota (f) de crédito
credit policy política (f) crediticia
credit rating clasificación (f) crediticia
credit side haber (m)
credit-worthy solvente
credit: on credit a crédito
creditor acreedor, -ra
cross a cheque cruzar un cheque
cross off *or* **cross out** tachar
cross rate tipo (m) de cambio cruzado
crossed cheque cheque (m) cruzado
crowd multitud (f)
cubic cúbico, -ca
cubic measure medida (f) de volumen *o* de capacidad
cum coupon con cupón de interés
cum dividend con dividendo
cumulative acumulativo, -va
cumulative interest interés (m) acumulativo
cumulative preference share acción (f) preferente acumulativa
currency moneda (f)
currency conversion conversión (f) de divisas
currency note billete (m) de banco
currency reserves reservas (fpl) de divisas
current actual *o* corriente
current account cuenta (f) corriente
current assets activo (m) circulante
current cost accounting contabilidad (f) de costes actuales
current liabilities pasivo (m) circulante *o* obligaciones (fpl) a corto plazo
current price precio (m) actual
current rate of exchange tipo (m) de cambio actual
current yield rendimiento (m) corriente

curriculum vitae (CV) curriculum (vitae) (m)
curve curva (f)
custom clientela (f)
custom-built *or* **custom-made** hecho a medida *o* a la orden
customer cliente (mf)
customer appeal atractivo (m) para los clientes
customer loyalty fidelidad (f) a un establecimiento
customer satisfaction satisfacción (f) del cliente
customer service department departamento (m) de atención al cliente
customs aduana (f)
Customs and Excise Aduanas y Arbitrios
customs barriers barreras (fpl) arancelarias
customs broker agente (mf) de aduanas
customs clearance despacho (m) aduanero *o* de aduanas
customs declaration declaración (f) de aduana
customs declaration form impreso (m) de declaración de aduana
customs duty derecho (m) de aduana
customs entry point puesto (m) aduanero
customs examination inspección (f) aduanera
customs formalities formalidades (fpl) aduaneras
customs officer *or* **customs official** aduanero, -ra *o* funcionario, -ria de aduanas
customs receipt recibo (m) de aduana
customs seal precinto (m) de aduana
customs tariff arancel (m) aduanero
customs union unión (f) aduanera
cut (n) recorte (m) *o* rebaja (f)

cut (v) recortar
cut down on expenses reducir gastos
cut price (n) precio (m) reducido
cut-price (adj) a precio reducido
cut-price goods mercancías (fpl) a precio reducido
cut-price petrol gasolina a precio reducido
cut-price store tienda (f) de rebajas
cut-throat competition competencia (f) encarnizada
CV (= curriculum vitae) curriculum (vitae) (m)
cycle ciclo (m)
cyclical cíclico, -a
cyclical factors factores (mpl) cíclicos

Dd

daily diario, -ria
daisy-wheel printer impresora (f) de rueda de margarita
damage (n) daño (m)
damage (v) dañar
damage survey inspección (f) de daños
damage to property daños (mpl) materiales
damaged dañado, -da *o* tarado, -da *o* deteriorado, -da
damages daños (mpl) y perjuicios
data datos (mpl)
data processing elaboración (f) *o* proceso (m) de datos
data retrieval recuperación (f) de datos
database base (f) de datos
date (n) fecha (f)
date (v) fechar
date of receipt fecha (f) de recepción
date stamp fechador (m)
dated [with date] con fecha de
dated [old] anticuado, -da
day día (m)
day [working day] jornada (f)
day shift turno (m) de día
day-to-day cotidiano, -na *o* diario, -ria
dead (adj) [person] muerto, -ta *o* fallecido, -da
dead account cuenta inactiva
dead loss siniestro (m) *o* pérdida (f) total
deadline fecha (f) tope *o* plazo (m) límite (m)
deadlock (n) punto (m) muerto
deadlock (v) estar en punto muerto
deadweight peso (m) muerto
deadweight cargo carga (f) por peso muerto
deadweight tonnage toneladas (fpl) de peso muerto
deal (n) transacción (f) *o* negocio (m) *o* trato (m)
deal in (v) comerciar (en) *o* negociar (en)
deal with an order servir un pedido
deal with someone tratar *o* comerciar con alguien
dealer comerciante (mf) *o* tratante (mf)
dealing [Stock Exchange] operaciones (fpl) en bolsa
dear caro, -ra
debate debate (m) *o* discusión (f)
debenture bono (m) *o* pagaré (m) de interés fijo
debenture holder obligacionista (mf)
debit (n) débito (m) *o* debe (m)

debit an account adeudar *o* cargar en cuenta
debit balance saldo (m) deudor
debit column columna (f) del debe
debit entry asiento (m) de débito *o* adeudo
debit note nota (f) de adeudo
debits and credits debe y haber
debt deuda (f)
debt collection cobro (m) de morosos
debt collection agency agencia (f) de cobro de morosos
debt collector cobrador (m) de morosos
debtor deudor, -ra *o* prestatario, -ria
debtor side debe (m)
debts due deudas (fpl) a pagar
decentralization descentralización (f)
decentralize descentralizar
decide decidir *o* optar
decide on a course of action optar por una línea de conducta
deciding decisivo, -va
deciding factor factor decisivo
decimal (n) decimal (m)
decimal point punto (m) decimal
decision decisión (f)
decision maker persona (f) que toma las decisiones
decision making toma (f) de decisiones
decision-making body órgano (m) decisorio
decision-making processes procesos (mpl) decisorios
deck cubierta (f)
deck cargo carga (f) en cubierta
declaration declaración (f)
declaration of bankruptcy declaración (f) de quiebra
declaration of income declaración (f) de renta
declare declarar *o* confesar
declare goods to customs declarar mercancías en la aduana
declare someone bankrupt declarar a alguien en quiebra
declared declarado, -da
declared value valor (m) declarado
decline (n) baja (f) *o* descenso (m)
decline (v) [fall] disminuir
decontrol liberalizar *o* suprimir controles
decrease (n) descenso (m) *o* reducción (f) *o* disminución (f)
decrease (v) disminuir *o* reducir
decrease in price bajada (f) de precio
decrease in value disminución (f) de valor
decreasing (adj) decreciente
deduct deducir *o* descontar
deductible deducible
deduction deducción (f)
deed título (m) *o* escritura (f)
deed of assignment escritura (f) de cesión
deed of covenant escritura (f) de convenio
deed of partnership escritura (f) de sociedad
deed of transfer escritura (f) de transferencia
default (n) incumplimiento (m)
default (v) incumplir
default on payments incumplir los pagos
defaulter deudor, -ra
defect defecto (m) *o* tara (f)
defective [faulty] defectuoso, -sa
defective [not valid] defectivo, -va
defence defensa (f) *o* protección (f)
defence counsel abogado (m) defensor
defend defender *o* proteger
defend a lawsuit defenderse en juicio
defendant demandado, -da *o* acusado, -da *o* parte demandada

defer aplazar *o* diferir
defer payment diferir el pago
deferment aplazamiento (m)
deferment of payment aplazamiento (m) de pago
deferred diferido, -da *o* aplazado, -da
deferred creditor acreedor (m) diferido
deferred payment pago (m) aplazado
deficit déficit (m)
deficit financing financiación (f) del déficit presupuestario
deflation deflación (f)
deflationary deflacionista
defray [costs] pagar *o* sufragar
defray someone's expenses costear los gastos de alguien
del credere prima (f) al comisionista
del credere agent agente (mf) del credere
delay (n) demora (f) *o* retraso (m)
delay (v) demorar *o* retrasar
delegate (n) delegado, -da
delegate (v) delegar
delegation delegación (f)
delete suprimir
deliver entregar *o* repartir
delivered price precio (m) de entrega
delivery entrega (f) *o* reparto (m)
delivery date fecha (f) de entrega
delivery note albarán (m)
delivery of goods reparto (m) de mercancías
delivery order orden (f) de expedición
delivery time plazo (m) de entrega
delivery van furgoneta (f) de reparto
deliveryman recadero (m)
demand (n) demanda (f)
demand (n) [for payment] reclamación (f) *o* requerimiento (m) de pago

demand (v) exigir *o* reclamar
demand deposit depósito (m) a la vista
demonstrate demostrar *o* mostrar (el funcionamiento de algo)
demonstration demostración (f) *o* prueba (f)
demonstration model modelo (m) de prueba
demonstrator exhibidor, -ra
demurrage gastos (mpl) de demora
department departamento (m) *o* sección (f)
department [in government] Departamento (m) de Estado *o* ministerio (m)
department [in shop] sección (de tienda)
department store grandes almacenes (mpl)
departmental departamental
departmental manager jefe, -fa de departamento *o* de sección
departure [going away] salida (f)
departure [new venture] novedad (f)
departure lounge sala (f) de embarque
departures salidas (fpl)
depend on depender de
depending on según
deposit (n) [in bank] depósito (m) *o* ingreso (m) *o* imposición (f)
deposit (n) [paid in advance] depósito *o* señal (f) *o* entrada (f)
deposit (v) depositar *o* ingresar
deposit account cuenta (f) de depósito *o* cuenta a plazo
deposit slip recibo (m) (de depósito)
depositor depositante (mf) *o* impositor, -ra
depository [place] almacén (m)
depot almacén (m) central *o* centro (m) de transporte
depreciate [amortize] amortizar *o* depreciar

depreciate [lose value] depreciarse *o* perder valor
depreciation [amortizing] amortización (f) *o* depreciación (f)
depreciation [loss of value] depreciación (f) *o* pérdida (f) de valor
depreciation rate coeficiente (m) *o* tasa (f) de amortización
depression depresión (f) *o* crisis (f) económica
dept (= department) dpto. (= departamento)
deputize for someone sustituir a alguien
deputy delegado, -da *o* adjunto, -ta *o* suplente (mf)
deputy manager subdirector, -ra *o* director, -ra adjunto, -ta
deputy managing director director, -ra general adjunto, -ta
deregulation liberalización (f) *o* desregulación (f)
describe describir *o* exponer
description descripción (f)
design (n) diseño (m)
design (v) diseñar *o* proyectar
design department departamento (m) de diseño
desk escritorio (m) *o* mesa (f) de despacho
desk diary agenda (f) de mesa (de despacho)
desk-top publishing (DTP) autoedición (f) *o* publicación (f) asistida por ordenador
despatch (= dispatch)
destination destino (m)
detail (n) detalle (m)
detail (v) detallar
detailed detallado, -da
detailed account cuenta (f) *o* factura (f) detallada
determine determinar
Deutschmark marco (m) alemán
devaluation devaluación (f) *o* desvalorización (f)
devalue devaluar *o* desvalorizar

develop [build] construir
develop [plan] desarrollar
developing country país (m) en vías de desarrollo
development desarrollo (m)
device aparato (m) *o* dispositivo (m) *o* estratagema (f)
diagram diagrama (m)
dial (v) marcar
dial a number marcar un número
dial direct marcar directamente
dialling acto (m) de marcar
dialling code prefijo (m)
dialling tone señal (f) de línea
diary agenda (f)
dictate dictar
dictating machine dictáfono (m)
dictation dictado (m)
differ diferir *o* ser distinto
difference diferencia (f)
differences in price diferencias (fpl) de precio
different distinto, -ta *o* diferente
differential (adj) diferencial
differential tariffs tarifas (fpl) diferenciadas
difficult difícil
difficulty dificultad (f)
digit dígito (m)
dilution of equity dilución (f) del capital
dimensions dimensiones (fpl)
direct (adj) directo, -ta
direct (adv) directamente
direct (v) dirigir
direct cost coste (m) directo
direct debit domiciliación (f) bancaria
direct mail venta (f) por correo
direct mailing envío (m) de publicidad por correo
direct selling venta (f) directa
direct tax impuesto (m) directo
direct taxation imposición (f) directa
direct-mail advertising publicidad (f) por correo

direction dirección (f)
directions for use instrucciones (fpl) *o* modo de empleo
directive directriz (f) *o* directiva (f) *o* instrucción (f)
director director, -ra *o* consejero, -ra
directory directorio (m)
disagreement desacuerdo (m)
disburse desembolsar
disbursement desembolso (m)
discharge (n) [of debt] pago (m) *o* descargo (m)
discharge (v) [employee] despedir
discharge a debt pagar una deuda
disclaimer renuncia (f) *o* abandono (m) de responsabilidad
disclose revelar *o* divulgar
disclose a piece of information revelar una información
disclosure divulgación (f) *o* revelación (f)
disclosure of confidential information revelación (f) de información confidencial
discontinue suspender *o* interrumpir
discount (n) descuento (m) *o* rebaja (f)
discount (v) descontar
discount house [bank] banco (m) de descuento
discount house [shop] tienda (f) de rebajas
discount price precio (m) de descuento
discount rate tipo (m) *o* tasa (f) de descuento
discount store tienda (f) de rebajas
discountable descontable
discounted cash flow (DCF) cash flow actualizado *o* flujo de caja descontado
discounter banco (m) de descuento
discredit (v) desacreditar
discrepancy discrepancia (f) *o* diferencia (f)

discuss discutir
discussion discusión (f) *o* debate (m)
dishonour deshonorar
dishonour a bill devolver una letra
disk disco (m)
disk drive disquetera (f)
diskette disquete (m) *o* diskette
dismiss an employee despedir a un empleado
dismissal despido (m)
dispatch (n) [goods sent] envío (m)
dispatch (n) [sending] despacho (m) *o* envío (m)
dispatch (v) enviar *o* consignar *o* despachar *o* expedir
dispatch department oficina (f) de expedición
dispatch note nota (f) de expedición *o* de envío
display (n) exposición (f) *o* exhibición (f)
display (v) exhibir *o* exponer
display case vitrina (f)
display material material (m) de exposición
display pack embalaje (m) de exposición
display stand *or* **display unit** estantería (f) *o* vitrina (f) de exposición
disposable desechable *o* de usar y tirar
disposal venta (f)
dispose of excess stock deshacerse de *o* vender las existencias sobrantes
dissolve disolver
dissolve a partnership disolver una sociedad
distress merchandise efectos (mpl) embargados (vendidos a bajo precio)
distress sale venta forzosa *o* remate (m)
distributable profit beneficios (mpl) distribuibles

distribute distribuir o repartir
distribution distribución (f) o reparto (m)
distribution channels canales (mpl) de distribución
distribution costs costes (mpl) de distribución
distribution manager jefe, -fa de distribución
distribution network red (f) de distribución
distributor distribuidor, -ra
distributorship distribución (f) exclusiva
district distrito (m)
diversification diversificación (f)
diversify diversificar
dividend dividendo (m)
dividend cover cobertura (f) del dividendo
dividend warrant cheque (f) en pago de dividendos
dividend yield rentabilidad (f) del dividendo
division [part of a company] sección (f) o departamento (m)
division [part of a group] división (f) o sucursal (f)
do hacer
do business with comerciar con
dock (n) muelle (m) o dique (m)
dock (v) [remove money] deducir o descontar del sueldo
dock (v) [ship] entrar en dársena o atracar
docket lista (f) del contenido de un paquete
doctor's certificate parte (m) de baja
document documento (m)
documentary documental
documentary evidence pruebas (fpl) documentales
documentary proof prueba (f) documentada
documentation documentación (f)
documents documentos (mpl)
dollar dólar (m)

dollar area zona (f) del dólar
dollar balance reserva (f) en dólares
dollar crisis crisis (f) del dólar
domestic interior o nacional
domestic market mercado (m) interior o nacional
domestic production producción (f) interior o nacional
domestic sales ventas (fpl) nacionales
domestic trade comercio (m) interior
domicile domicilio (m)
door puerta (f)
door-to-door de puerta en puerta o a domicilio
door-to-door salesman vendedor, -ra a domicilio
door-to-door selling venta (f) a domicilio
dossier expediente (m)
dot-matrix printer impresora (f) matricial
double (adj) doble
double (v) duplicar o duplicarse
double taxation doble imposición (f)
double taxation agreement acuerdo (m) de doble imposición
double-book reservar la misma plaza a dos personas
double-booking doble reserva (f)
down abajo
down payment entrada (f) o depósito (m) o pago (m) inicial
down time tiempo (m) muerto
down-market dirigido, -da a un mercado popular
downside factor factor (m) de riesgo (en una inversión)
downtown (adv) en el centro de la ciudad o hacia el centro
downtown (n) centro (m) de la ciudad
downturn descenso (m)
downward hacia abajo
dozen docena (f)

draft (n) [money] letra (f) *o* giro (m)
draft (n) [rough plan] borrador (m) *o* proyecto (m)
draft (v) hacer un borrador *o* redactar
draft a contract redactar un contrato
draft a letter redactar una carta
draft plan *or* **draft project** anteproyecto (m)
draw [a cheque] girar
draw [money] sacar
draw up preparar *o* redactar
draw up a contract preparar *o* redactar un contrato
drawee librado, -da
drawer librador, -ra
drawing account cuenta (f) corriente
drive (n) [energy] energía (f) *o* empuje (m)
drive (n) [part of machine] motor (m)
drive (v) [a car] conducir
driver conductor (m) *o* chófer (m)
drop (n) caída (f) *o* baja (f)
drop (v) descender *o* bajar *o* caer
drop in sales caída (f) de las ventas
due [awaited] que está por llegar
due [owing] debido, -da *o* vencido, -da
dues [orders] pedidos (mpl) por servir
dull átono, -na
duly [in time] oportunamente
duly [legally] debidamente
dummy producto (m) ficticio
dummy pack embalaje vacío *o* ficticio
dump bin caja (f) de artículos sueltos para la venta
dump goods on a market practicar el 'dumping'
dumping 'dumping' (m)
duplicate (n) duplicado (m) *o* copia (f)
duplicate (v) copiar *o* duplicar
duplicate an invoice copiar una factura
duplicate of a receipt duplicado (m) de una factura
duplicate receipt factura (f) por duplicado
duplication duplicación (f)
durable goods bienes (mpl) duraderos
duty [obligation] obligación (f)
duty [tax] impuestos (mpl) *o* arancel (m)
duty-free libre de impuestos
duty-free shop tienda (f) libre de impuestos
duty-paid goods mercancías (fpl) con impuestos aduaneros pagados

Ee

e. & o.e. (errors and omissions excepted) salvo error u omisión
early pronto *o* temprano
earmark funds for a project asignar fondos a un proyecto
earn (v) ganar
earn (v) [interest] devengar
earning capacity escala (f) de rendimiento
earnings ingresos (mpl)
earnings [profit] ganancias (fpl) *o* beneficios (mpl)
earnings per share *or* **earnings yield** dividendo (m) por acción
easy fácil
easy terms facilidades (fpl) de pago

e-commerce (n) comercio (m) electrónico
economic económico, -ca
economic cycle ciclo (m) económico
economic development desarrollo (m) económico
economic growth crecimiento (m) económico
economic indicators indicadores (mpl) económicos
economic model modelo (m) económico
economic planning planificación (f) económica
economic system sistema (m) económico
economic trends tendencias (fpl) económicas
economical económico, -ca
economics economía (f)
economies of scale economías (fpl) de escala
economist economista (mf)
economize economizar
economy economía (f)
economy [system] sistema (m) económico
economy class clase económica *o* clase turista
effect (n) efecto (m)
effect (v) efectuar
effective efectivo, -va
effective date fecha (f) de entrada en vigor
effective demand demanda (f) efectiva
effective yield rendimiento (m) efectivo
effectiveness eficiencia (f) *o* eficacia (f)
efficiency eficiencia (f) *o* eficacia (f)
efficient eficaz *o* eficiente
effort esfuerzo (m)
elasticity elasticidad (f)
elect elegir
election elección (f)

electronic mail correo (m) electrónico
electronic point of sale (EPOS) puntos (mpl) de venta electrónicos
elevator [goods] montacargas (m)
elevator [grain] elevador (m) de granos
email (n) *[message]* correo electrónico *o* e-mail
email (v) mandar por correo electrónico *o* mandar por e-mail
embargo (n) embargo (m) *o* prohibición (f)
embargo (v) embargar *o* prohibir
embark embarcar
embark on embarcarse en
embarkation embarque (m)
embarkation card tarjeta (f) de embarque
embezzle malversar *o* desfalcar
embezzlement malversación (f) *o* desfalco (m)
embezzler malversador, -ra *o* desfalcador, -ra
emergency emergencia (f) *o* urgencia (f)
emergency reserves reservas (fpl) para imprevistos
employ (v) emplear *o* dar empleo
employed [in job] empleado, -da
employed [used] en uso *o* utilizado, -da
employee empleado, -da
employer empresario, -ria
employment empleo (m) *o* ocupación (f)
employment agency *or*
employment bureau oficina (f) de colocación
empty (adj) vacío, -cía
empty (v) vaciar
EMS (= European Monetary System) SME (Sistema Monetario Europeo)
encash hacer efectivo *o* cobrar
encashment cobro (m) en metálico
enclose adjuntar *o* remitir adjunto
enclosure documento (m) adjunto

end (n) fin (m) *o* final (m)
end (v) terminar *o* finalizar
end of season sale rebajas (fpl) de fin de temporada
end product producto (m) final
end user usuario (m) final
endorse a cheque endosar un cheque
endorsee endosatario, -ria
endorsement [action] endoso (m)
endorsement [on insurance] suplemento (m) de póliza
endorser endosante (mf)
energy [electricity] energía (f)
energy [human] energía (f) *o* vigor (m)
energy-saving (adj) que ahorra energía
enforce hacer cumplir *o* ejecutar
enforcement ejecución (f)
engaged ocupado, -da
engaged [telephone] (línea) ocupada
engaged tone señal (f) de comunicar
English inglés, -esa
enquire (= inquire)
enquiry (= inquiry)
enter [go in] entrar en
enter [write in] inscribir
enter into [discussion] entablar
entering entrada (f) *o* inscripción (f)
enterprise empresa (f)
entitle autorizar
entitlement derecho (m)
entrance (n) entrada (f)
entrepot port puerto (m) distribuidor
entrepreneur empresario, -ria
entrepreneurial empresarial
entrust encargar *o* confiar
entry [going in] ingreso (m) *o* entrada (f)
entry [to market] acceso (m)
entry [writing] asiento (m) *o* anotación (f)

entry visa visado (m) de entrada
environmentally friendly (adj) ecológico
epos *or* **EPOS (= electronic point of sale)** puntos (mpl) de venta electrónicos
equal (adj) igual
equal (v) igualar *o* ser igual a
equality igualdad (f)
equalization equiparación (f)
equip equipar
equipment equipo (m)
equities títulos (mpl) *o* acciones (fpl) ordinarias
equity beneficios (mpl) *o* participación (f) de beneficios
equity capital capital (m) en acciones
erode erosionar *o* desgastar
erroneous erróneo, -nea
error error (m) *o* equivocación (f)
error rate coeficiente (m) de errores *o* tasa (f) de errores
errors and omissions excepted (e. & o.e.) salvo error u omisión
escalate escalar
escape clause cláusula (f) de excepción
escrow account cuenta (f) de garantía bloqueada
escudo [Portuguese currency] escudo (m)
essential esencial *o* imprescindible
establish establecer *o* consolidar
establishment [business] establecimiento (m)
establishment [staff] personal (m) *o* plantilla (f)
estimate (n) [calculation] estimación (f) *o* cálculo (m) *o* valoración (f)
estimate (n) [quote] presupuesto (m)
estimate (v) estimar *o* calcular *o* valorar
estimated estimado, -da
estimated figures cifras (fpl) estimadas

estimated sales ventas (fpl) estimadas
estimation estimación (f) *o* valoración (f)
EU (= European Union) UE (= Unión Europea)
Eurocheque eurocheque (m)
euro euro (m)
Eurocurrency eurodivisa (f)
Eurodollar eurodólar (m)
Euromarket euromercado (m)
European europeo, -a
European Investment Bank (EIB) Banco Europeo de Inversiones (BEI)
European Monetary System (EMS) Sistema Monetario Europeo (SME)
European Union (EU) Unión Europea (UE)
eurozone (n) zona (f) euro
evade evadir *o* eludir
evade tax evadir impuestos
evaluate evaluar *o* calcular
evaluate costs evaluar los costes
evaluation evaluación (f)
evasion evasión (f) *o* elusión (f)
ex coupon sin cupón de interés
ex dividend sin dividendo
ex-directory que no figura en la guía telefónica
exact exacto, -ta
exactly exactamente
examination [inspection] examen (m) *o* registro (m) *o* inspección (f)
examination [test] examen (m)
examine examinar
exceed exceder *o* sobrepasar *o* superar
excellent excelente
except excepto *o* salvo
exceptional excepcional
exceptional items partidas (fpl) excepcionales
excess exceso (m) *o* excedente (m)
excess baggage exceso (m) de equipaje
excess capacity exceso (m) de capacidad
excess profits beneficios (mpl) extraordinarios
excessive excesivo, -va
excessive costs costes (mpl) excesivos
exchange (n) cambio (m) *o* intercambio (m)
exchange (v) [currency] cambiar divisas *o* moneda extranjera
exchange (v) [one thing for another] canjear *o* intercambiar
exchange control control (m) de divisas
exchange rate tipo de cambio *o* tasa de cambio
exchangeable intercambiable *o* cambiable
Exchequer ministerio (m) de Hacienda
excise (v) [cut out] extirpar *o* suprimir
excise duty impuesto (m) sobre el consumo
Excise officer recaudador, -ra de impuestos
exclude excluir
excluding excepto *o* con excepción de
exclusion exclusión (f)
exclusion clause cláusula (f) de exclusión
exclusive agreement contrato (m) en exclusiva
exclusive of no incluido
exclusive of tax impuesto (m) no incluido
exclusivity exclusividad (f)
execute ejecutar *o* cumplir
execution ejecución (f) *o* cumplimiento (m)
executive (adj) ejecutivo, -va
executive (n) ejecutivo, -va
executive director director (m) ejecutivo
exempt (adj) exento, -ta
exempt (v) eximir

exempt from tax exento, -ta de impuestos
exemption exención (f)
exemption from tax exención fiscal
exercise (n) ejercicio (m)
exercise (v) ejercer
exercise an option ejercer derecho de opción
exercise of an option ejercicio (m) del derecho de opción
exhibit (v) exponer
exhibition exhibición (f) *o* exposición (f)
exhibition hall salón (m) *o* sala (f) de exposiciones
exhibitor expositor, -ra
expand ampliar *o* expandir
expansion expansión (f) *o* ampliación (f)
expenditure gasto (m) *o* desembolso (m)
expense gasto (m)
expense account cuenta (f) de gastos de representación
expenses gastos (mpl)
expensive caro, -ra *o* costoso, -sa
experienced experto, -ta *o* experimentado, -da
expertise pericia (f) *o* competencia (f)
expiration expiración (f) *o* terminación (f) *o* vencimiento (m)
expire caducar *o* expirar *o* vencer
expiry caducidad (f) *o* expiración (f) *o* vencimiento (m)
expiry date fecha (f) de caducidad
explain explicar
explanation explicación (f) *o* aclaración (f)
exploit explotar *o* aprovechar
explore explorar
export (n) exportación (f) *o* mercancía (f) exportada
export (v) exportar
export department departamento (m) de exportación
export duty derechos (mpl) de exportación
export licence *or* **export permit** licencia (f) *o* permiso (m) de exportación
export manager director, -ra de exportación
export trade comercio (m) de exportación
exporter exportador, -ra
exporting (adj) de exportación *o* exportador, -ra
exports exportaciones (fpl)
exposure exposición (f) *o* riesgo (m)
express (adj) [fast] rápido, -da *o* urgente
express (adj) [stated clearly] expreso, -sa
express (v) [send fast] enviar por correo *o* transporte urgente
express (v) [state] expresar
express delivery entrega (f) urgente
express letter carta (f) urgente
extend (v) extender *o* ampliar
extend [grant] conceder
extend [make longer] prolongar *o* prorrogar
extended credit crédito (m) a largo plazo
extension ampliación (f) *o* prolongación (f) *o* prórroga (f)
extension [telephone] extensión (f)
external [foreign] exterior
external [outside a company] externo, -na
external account cuenta (f) de no residente
external audit auditoría (f) externa
external auditor auditor (m) externo
external trade comercio (m) exterior
extra extra *o* no incluido
extra charges gastos (mpl) adicionales y complementarios

extraordinary extraordinario, -ria
extraordinary items partidas (fpl) extraordinarias
extras gastos (mpl) aparte *o* extras (mpl)

Ff

face value valor (m) nominal
facilities instalaciones (fpl) *o* medios (mpl)
facility facilidad (f)
facility [building] edificio (m)
factor (n) [influence] factor (m) *o* elemento (m)
factor (n) [person, company] comisionista (mf) al por mayor
factor (v) gestionar deudas con descuento
factoring gestión (f) de deudas con descuento
factoring charges coste (m) de la gestión de deudas
factors of production factores (mpl) de producción
factory fábrica (f)
factory inspector inspector de fábrica
factory outlet tienda (f) de fábrica
factory price precio (m) de fábrica
fail [go bust] quebrar
fail [to do something] dejar de hacer algo
fail [not to succeed] fallar *o* fracasar
failing that en su defecto
failure fracaso (m)
fair (adj) justo, -ta *o* equitativo, -va

fair (n) feria (f)
fair dealing prácticas (fpl) comerciales justas
fair price precio (m) justo
fair trade política (f) comercial de reciprocidad arancelaria
fair trading prácticas (fpl) comerciales justas
fair wear and tear desgaste (m) natural
fake (n) falsificación (f) *o* imitación (f)
fake (v) falsificar *o* fingir
faked documents documentos (mpl) falsos
fall (n) caída (f) *o* baja (f)
fall (v) [go lower] bajar *o* caer
fall (v) [on a date] caer
fall behind [be in a worse position] quedarse atrás
fall behind [be late] retrasarse
fall due vencer
fall off disminuir *o* bajar
fall through venirse abajo
falling decreciente *o* con tendencia a la baja
false falso, -sa *o* falseado, -da
false pretences medios (mpl) fraudulentos
false weight peso (m) escaso
falsification falsificación (f)
falsify falsificar
fame fama (f)
family company empresa (f) familiar
FAO (for the attention of) a la atención de
fare billete (m) *o* pasaje (m)
farm out work mandar trabajo fuera
fast (adj) rápido, -da
fast (adv) rápidamente
fast-selling items artículos (mpl) de fácil venta
fault [blame] culpa (f) *o* falta (f)
fault [mechanical] defecto (m) *o* fallo (m) *o* tara (f)

faulty equipment equipo (m) defectuoso
favourable favorable *o* propicio, -cia
favourable balance of trade balanza (f) comercial favorable
fax (n) telefax (m) *o* fax (m)
fax (v) enviar por fax
feasibility factibilidad (f) *o* viabilidad (f)
feasibility report informe (m) de viabilidad (de un proyecto)
fee [admission] cuota (f) *o* derechos (mpl)
fee [for services] honorarios (mpl) *o* emolumentos (mpl)
feedback reacción (f) *o* respuesta (f)
ferry transbordador (m) *o* 'ferry' (m)
fiddle (n) trampa (f) *o* timo (m)
fiddle (v) embaucar *o* falsificar *o* falsear
field campo (m)
field sales manager jefe, -fa de equipo de ventas
field work trabajo (m) de campo *o* estudios (mpl) sobre el terreno
FIFO (= first in first out) primeras entradas, primeras salidas
figure cifra (f)
file (n) archivo (m) *o* fichero (m)
file (n) [computer] ficha (f) de ordenador
file (n) [documents] expediente (m)
file (v) archivar
file (v) [register] presentar
file a patent application solicitar una patente
file documents archivar documentos
filing cabinet archivador (m)
filing card ficha (de registro)
fill a gap llenar *o* ocupar un vacío
final último, -ma *o* final
final demand último requerimiento (m) de pago

final discharge descargo (m) final
final dividend dividendo (m) final
finalize finalizar
finance (n) finanzas (fpl)
finance (v) financiar
finance an operation financiar una operación
finance company sociedad (f) financiera
finance director director, -ra de finanzas
finances finanzas (fpl)
financial financiero, -ra
financial asset activo (m) financiero
financial crisis crisis (f) financiera
financial institution institución (f) financiera
financial position situación (f) financiera
financial resources recursos (mpl) financieros
financial risk riesgo (m) financiero
financial settlement ajuste (m) financiero
financial year ejercicio (m) económico *o* año (m) fiscal
financially financieramente
financing financiación (f) *o* financiamiento (m)
find (v) encontrar
fine (adv) [very good] muy bien
fine (adv) [very small] en trozos pequeños
fine (n) multa (f)
fine (v) multar
fine tuning ajuste (m) fino
finished acabado, -da *o* terminado, -da
finished goods productos (mpl) acabados
fire (n) fuego (m) *o* incendio (m)
fire damage daños (mpl) causados por incendio
fire insurance seguro (m) contra incendios
fire regulations reglamento (m) sobre incendios

fire risk peligro (m) de incendio
fire-damaged goods mercancías (fpl) dañadas por un incendio
firm (adj) firme
firm (n) empresa (f) *o* firma (f)
firm (v) afirmar
firm price precio (m) en firme
first primero, -ra
first in first out (FIFO) primeras entradas, primeras salidas
first option primera opción
first quarter primer trimestre
first-class de primera clase *o* excelente
fiscal fiscal
fiscal measures medidas (fpl) fiscales
fittings accesorios (mpl)
fix [arrange] fijar
fix [mend] arreglar
fix a meeting for 3 p.m. fijar una reunión para las 3 de la tarde
fixed fijo, -ja
fixed assets activo (m) fijo
fixed costs costes (mpl) fijos
fixed deposit depósito (m) a plazo fijo
fixed exchange rate cambio (m) fijo
fixed income renta (f) fija
fixed interest interés (m) fijo
fixed-interest investments inversiones (fpl) de interés fijo
fixed-price agreement acuerdo (m) a tanto alzado
fixed scale of charges lista (f) de precios fija
fixed-term contract contrato (m) de plazo fijo
fixing fijación (f)
flat (adj) [dull] átono, -na
flat (adj) [fixed] fijo, -ja *o* uniforme
flat (n) piso (m) *o* apartamento (m)
flat rate tanto (m) alzado *o* porcentaje (m) fijo
flexibility flexibilidad (f)
flexible flexible
flexible prices precios (mpl) flexibles
flexible pricing policy política (f) de precios flexibles
flight vuelo (m)
flight [of money] fuga (f)
flight information información (f) de vuelos
flight of capital evasión (f) *o* fuga (f) de capital(es)
flip chart tablero (m) de hojas sueltas
float (n) [money] fondo (m) de caja
float (n) [of company] lanzamiento (m) *o* flotación (f)
float (v) [a currency] (hacer) flotar una divisa
float a company fundar una compañía
floating flotante
floating exchange rates tipos (mpl) de cambio flotantes
floating of a company lanzamiento (m) de una sociedad
flood (n) inundación (f)
flood (v) inundar *o* desbordar
floor suelo (m)
floor [level] piso (m)
floor manager director, -ra de planta
floor plan planta (f)
floor space superficie (f) útil
flop (n) fracaso (m)
flop (v) fracasar
flotation lanzamiento (m) de una nueva compañía
flourish florecer *o* prosperar
flourishing floreciente *o* próspero, -ra
flourishing trade comercio (m) floreciente *o* próspero
flow (n) flujo (m)
flow (v) fluir *o* discurrir
flow chart organigrama (m) *o* diagrama (m) de flujo
flow diagram diagrama (m) de flujos *o* organigrama (m)
fluctuate fluctuar *o* oscilar

fluctuating fluctuante
fluctuation fluctuación (f) o oscilación (f)
FOB or **f.o.b. (free on board)** franco a bordo
follow seguir
follow up perseguir o investigar
follow-up letter carta (f) de reiteración
for sale en venta
forbid prohibir
force majeure fuerza (f) mayor
force prices down hacer bajar los precios
force prices up hacer subir los precios
forced a la fuerza
forced sale venta (f) forzosa
forecast (n) previsión (f) o pronóstico (m)
forecast (v) pronosticar o prever o predecir
forecasting previsión (f)
foreign extranjero, -ra
foreign currency moneda (f) extranjera
foreign exchange [changing money] cambio (m) de moneda extranjera
foreign exchange [currency] divisas (fpl)
foreign exchange broker or **dealer** operador, -ra de cambios
foreign exchange market mercado (m) de divisas
foreign investments inversiones (fpl) exteriores
foreign money order giro (m) postal internacional
foreign trade comercio (m) exterior
foresee prever
forfeit (n) decomiso (m) o confiscación (f)
forfeit (v) decomisar o perder el derecho a
forfeit a deposit perder un depósito

forfeiture decomiso (m) o confiscación (f)
forge falsificar
forgery [action] falsificación (f)
forgery [copy] documento falso o copia falsa
fork-lift truck carretilla (f) elevadora de horquilla
form (n) impreso (m) o formulario (m)
form (v) formar
form of words fórmulas (fpl) judiciales
formal formal
formality formalidad (f) o trámite (m)
forward a plazo o en fecha futura
forward buying compra (f) de futuros
forward contract contrato (m) a plazo fijo
forward market mercado (m) a futuros
forward rate tipo (m) de cambio para operaciones a plazo
forward sales ventas (fpl) a plazo
forwarding expedición (f) o envío (m)
forwarding address dirección (f) de reenvío
forwarding agent agente (mf) expedidor, -ra
forwarding instructions instrucciones (fpl) de envío
fourth quarter cuarto trimestre
fragile frágil
frame marco (m)
franc franco (m)
franchise (n) franquicia (f) o concesión (f)
franchise (v) franquiciar
franchisee concesionario, -ria
franchiser franquiciador, -ra
franchising franquicia (f) o concesión (f)
franco franco o libre
frank (v) franquear

franking machine máquina (f) franqueadora
fraud fraude (m) *o* defraudación (f) *o* estafa (f)
fraudulent fraudulento, -ta
fraudulent transaction operación (f) fraudulenta
fraudulently fraudulentamente
free (adj) libre
free (adj) [no payment] gratuito, -ta *o* gratis *o* franco
free (adj) [not occupied] vacante
free (adv) [no payment] gratuitamente *o* gratis
free (v) poner en libertad *o* liberar
free delivery entrega gratuita
free gift regalo (m) *o* obsequio (m)
free market economy economía (f) de libre mercado
free of charge gratis
free of duty libre de derechos de aduana
free of tax libre de impuestos
free on board (f.o.b.) franco a bordo
free on rail franco sobre vagón *o* franco vagón FF.CC.
free port puerto (m) franco
free sample muestra (f) gratuita
free trade libre cambio *o* libre comercio
free trade area zona (f) de libre cambio
free trade zone zona (f) franca
free trial prueba (f) gratuita
free zone zona (f) franca
freelance (adj) de libre dedicación
freelance (n) *or* **freelancer (n)** trabajador, -ra por libre
freeze (n) congelación (f)
freeze (v) [prices] congelar
freeze credits bloquear los créditos
freeze wages and prices congelar salarios y precios
freight [carriage] flete (m) *o* transporte (m) *o* porte (m)

freight costs gastos (mpl) de transporte
freight depot estación (f) de mercancías
freight forward porte (m) debido
freight plane avión (m) de carga
freight rates precio (m) de transporte *o* tarifas (fpl) de flete
freight train tren (m) de mercancías
freightage flete (m) *o* fletamento (m)
freighter [plane] avión (m) de carga
freighter [ship] buque (m) de carga
freightliner tren (m) de mercancías de contenedores
frequent frecuente *o* corriente
frozen bloqueado, -da *o* congelado, -da
frozen account cuenta (f) bloqueada
frozen assets activo (m) congelado
frozen credits crédito (m) congelado
fulfil [carry out] cumplir
fulfil an order despachar un pedido
fulfilment cumplimiento (m) *o* realización (f)
full lleno, -na
full discharge of a debt pago (m) total de una deuda
full payment pago (m) íntegro
full price precio (m) sin descuento
full refund reembolso (m) total
full-scale (adj) completo, -ta *o* general
full-time a tiempo completo *o* en plena dedicación
full-time employment trabajo (m) a tiempo completo
fund (n) fondo (m)
fund (v) financiar *o* asignar fondos
fundamental fundamental
funding (financing) financiación (f) *o* asignación (f) de fondos

funding [of debt] consolidación (f) de fondos
further to con relación a
future delivery entrega (f) futura
futures futuros (mpl)

Gg

gain (n) [becoming bigger] aumento (m)
gain (n) [increase in value] ganancia (f) o beneficio (m)
gain (v) [become bigger] aumentar
gain (v) [get] ganar
game fuego (m)
gap hueco (m) o vacío (m)
gap in the market hueco (m) en el mercado
GDP (= gross domestic product) PIB (Producto Interior Bruto)
gear ajustar
gearing apalancamiento (m)
general general
general audit auditoría (f) general
general average avería (f) gruesa
general insurance seguro (m) general
general manager director, -ra general o director, -ra gerente (mf)
general meeting junta (f) general
general office oficina (f) general
general post offfice oficina (f) central de correos
general strike huelga (f) general
gentleman's agreement acuerdo (m) entre caballeros
genuine genuino, -na

genuine purchaser comprador genuino o compradora genuina
get recibir o obtener o conseguir
get along ir haciendo
get back [something lost] recuperar
get into debt endeudarse
get rid of something deshacerse de algo
get round [a problem] soslayar
get the sack ser despedido
gift regalo (m) o obsequio (m)
gift coupon cupón (m) de regalo
gift shop tienda (f) de regalos
gift voucher vale (m) para un regalo
gilt-edged securities títulos (mpl) del Estado
gilts bonos (mpl) del Tesoro
giro account cuenta (f) del Girobank
giro account number número (m) de cuenta del Girobank
giro system giro (m) bancario
give (v) dar
give [as gift] regalar
give away regalar
glut (n) abundancia (f)
glut (v) inundar el mercado
GNP (= gross national product) PNB (Producto Nacional Bruto)
go ir
go into business emprender un negocio
go-ahead (adj) emprendedor, -ra o activo, -va
go-slow huelga (f) de celo
going en marcha
going rate precio (m) vigente
gold card tarjeta (f) oro
good bueno, -na
good buy buena compra
good management buena gestión
good quality buena calidad
good value (for money) buen precio

goods mercancías (fpl) *o* bienes (mpl)
goods depot depósito (m) *o* almacén (m) de mercancías
goods in transit mercancías (fpl) en tránsito
goods train tren (m) de mercancías
goodwill fondo (m) de comercio
government (adj) estatal *o* del gobierno
government (n) gobierno (m)
government bonds títulos (mpl) del Estado
government contractor contratista (mf) del Estado
government stock títulos (mpl) del Estado
government-backed con apoyo estatal
government-controlled controlado, -da por el Estado
government-regulated regulado, -da por el Estado
government-sponsored patrocinado, -da por el Estado
graded advertising rates tarifas (fpl) publicitarias regresivas
graded hotel hotel (m) homologado
graded tax impuesto (m) progresivo
gradual gradual *o* progresivo, -va
graduate trainee licenciado, -da en prácticas
graduated graduado, -da *o* progresivo, -va
graduated income tax impuesto (m) progresivo sobre la renta
gram *or* **gramme** gramo (m)
grand total suma (f) total
grant (n) subvención (f) *o* beca (f)
grant (v) conceder *o* otorgar
graph (n) gráfico (m) *o* gráfica (f)
gratis gratis
grid cuadrícula (f)
grid structure estructura (f) cuadricular
gross (adj) bruto, -ta

gross (n) (= 144) gruesa (f)
gross (v) obtener beneficios brutos
gross domestic product (GDP) Producto Interior Bruto (PIB)
gross earnings ingresos (mpl) brutos
gross income renta (f) bruta
gross margin margen (m) de beneficio bruto
gross national product (GNP) Producto Nacional Bruto (PNB)
gross profit beneficio (m) bruto
gross salary sueldo (m) bruto
gross tonnage tonelaje (m) bruto
gross weight peso (m) bruto
gross yield rendimiento (m) bruto
group [of businesses] grupo (m)
group [of people] grupo (m) *o* agrupación (f)
growth crecimiento (m) *o* desarrollo (m)
growth index índice (m) de crecimiento
growth rate tasa (f) de crecimiento
guarantee (n) garantía (f) *o* aval (m)
guarantee (v) avalar *o* garantizar *o* afianzar
guarantee a debt avalar una deuda
guaranteed minimum wage salario (m) mínimo interprofesional
guarantor fiador, -ra *o* garante (mf)
guideline directriz (f)
guild gremio (m) *o* corporación (f)

Hh

haggle regatear
half (adj) medio, -dia
half (n) mitad (f)
half a dozen *or* **a half-dozen** media docena (f)
half-price sale rebajas a mitad de precio
half-year semestre (m)
half-yearly accounts cuentas (fpl) semestrales
half-yearly payment pagos (mpl) semestrales
half-yearly statement estado de cuentas semestral
hand in presentar *o* entregar
hand luggage equipaje (m) de mano
hand over entregar
handle (v) [deal] manejar *o* tratar
handle (v) [sell] comerciar en
handling manejo (m) *o* manipulación (f)
handling charge gasto (m) de tramitación
handwriting letra (f) *o* escritura (f)
handwritten escrito, -ta a mano
handy útil *o* práctico, -ca
harbour puerto (m)
harbour dues derechos (mpl) portuarios
harbour facilities instalaciones (fpl) portuarias
hard (adj) duro (-ra)
hard bargain negocio (m) duro
hard bargaining negocio (m) duro *o* trato (m) difícil
hard copy copia (f) impresa
hard currency moneda (f) convertible
hard disk disco (m) duro
hard selling venta (f) agresiva
harmonization armonización (f) *o* concertación (f)
haulage acarreo (m)
haulage contractor contratista (mf) de transporte por carretera
haulage costs *or* **haulage rates** gastos (mpl) de acarreo
have tener
head jefe, -fa
head of department jefe, -fa de departamento
head office oficina (f) central
headquarters (HQ) sede (f) *o* domicilio (m) social
heads of agreement epígrafes (mpl) de un acuerdo
health salud (f)
health insurance seguro (m) de enfermedad
healthy profit beneficio (m) considerable
heavy [important] grande *o* importante
heavy [weight] pesado, -da
heavy costs *or* **heavy expenditure** grandes costes (mpl) *o* gran gasto (m)
heavy equipment equipo (m) pesado
heavy goods vehicle (HGV) camión (m) de carga pesada
heavy industry industria (f) pesada
heavy machinery maquinaria (f) pesada
hectare hectárea (f)
hedge (n) *or* **hedging (n)** cobertura (f) *o* protección (f)
help (n) ayuda (f)
help (v) ayudar
HGV (= heavy goods vehicle) camión (m) de carga pesada
hidden asset bien (m) encubierto
hidden reserves reservas (fpl) ocultas
high alto, -ta
high interest interés (m) elevado

high quality calidad superior *o* alta calidad
high-quality goods productos (mpl) de primera calidad
high rent alquiler (m) elevado
high taxation imposición (f) alta
highest bidder mejor postor
highly motivated sales staff personal (m) de ventas muy motivado
highly qualified muy cualificado *o* muy capacitado
highly-geared company sociedad con un gran coeficiente de endeudamiento
highly-paid muy bien pagado
highly-priced muy caro, -ra
hire (n) alquiler (m)
hire a car *or* **a crane** alquilar un coche *o* alquilar una grúa
hire car coche (m) de alquiler
hire purchase (HP) compra (f) a plazos
hire staff contratar personal
hire-purchase company compañía (f) que financia la compra a plazos
historic(al) cost coste (m) inicial
historical figures cifras (fpl) históricas
hive off descentralizar
hoard (v) acaparar *o* acumular
hoarding [for posters] valla (f) publicitaria *o* cartelera (f)
hoarding [of goods] acaparamiento (m)
hold (n) [ship] bodega (f)
hold (v) [contain] contener *o* caber
hold (v) [keep] tener *o* guardar
hold a meeting *or* **a discussion** celebrar una reunión *o* tener una discusión
hold out for insistir en
hold over aplazar *o* posponer
hold the line please *or* **please hold** no cuelgue
hold up (v) [delay] retrasar
hold-up (n) [delay] retraso (m)

holder [person] poseedor, -ra *o* tenedor, -ra
holder [thing] soporte (m)
holding company sociedad (f) de cartera *o* 'holding'
holiday pay paga (f) de vacaciones
home address domicilio (m) particular
home consumption consumo (m) doméstico *o* consumo interior
home market mercado (m) interior *o* mercado nacional
home sales ventas (fpl) nacionales
homeward freight flete (m) de vuelta
homeward journey viaje (m) de regreso
homeworker trabajador, -ra a domicilio
honorarium honorarios (mpl)
honour a bill pagar una factura
honour a signature aceptar *o* reconocer una firma
horizontal communication comunicación (f) horizontal
horizontal integration integración (f) horizontal
hotel hotel (m)
hotel accommodation habitaciones (fpl) de hotel *o* capacidad (f) hotelera
hotel bill factura (f) de hotel
hotel manager director, -ra de hotel
hotel staff personal (m) del hotel
hour hora (f)
hourly por hora
hourly rate tarifa (f) horaria
hourly wage sueldo (m) por hora
hourly-paid workers trabajadores (mpl) pagados por horas
house casa (f)
house [company] casa (f) comercial
house insurance seguro (m) de la vivienda
house magazine boletín (m) interno de una empresa

house-to-house a domicilio
house-to-house selling venta (f) a domicilio
HP (= hire purchase) compra (f) a plazos
HQ (= headquarters) sede (f) *o* domicilio (m) social
hurry up darse prisa
hype (n) bombo (m) publicitario
hype (v) hacer publicidad con mucho bombo
hypermarket hipermercado (m)

Ii

illegal ilegal
illegality ilegalidad (f)
illegally ilegalmente
illicit ilícito, -ta
ILO (= International Labour Organization) OIT (Organización Internacional del Trabajo)
IMF (= International Monetary Fund) FMI (Fondo Monetario Internacional)
imitation imitación (f)
immediate inmediato, -ta
immediately inmediatamente
imperfect imperfecto, -ta
imperfection defecto (m) *o* imperfección (f) *o* tara (f)
implement (n) herramienta (f) *o* instrumento (m)
implement (v) ejecutar *o* realizar
implement an agreement poner en práctica un acuerdo
implementation ejecución (f) *o* puesta (f) en práctica

import (n) importación (f)
import (v) importar
import ban prohibición (f) de importar
import duty derechos (mpl) de importación
import levy gravamen (m) sobre las importaciones
import licence *or* **import permit** licencia (f) de importación
import quota cuota (f) de importación *o* cupo (m) de importación
import restrictions restricción (f) a las importaciones
import surcharge sobretasa (f) *o* recargo (m) de importación
import-export (adj) importación-exportación
importance importancia (f)
important importante
importation importación (f)
importer importador, -ra
importing (adj) importador, -ra
importing (n) importación (f)
imports importaciones (fpl)
impose imponer *o* gravar
improvement mejora (f)
impulse impulso (m)
impulse buyer comprador (-ra) impulsivo (-va)
impulse purchase compra (f) impulsiva
in-house interno, -na *o* de la casa
in-house training formación (f) en el puesto de trabajo
incapable incapaz
incentive incentivo (m) *o* estímulo (m)
incentive bonus *or* **incentive payment** prima (f) de incentivo
incidental expenses gastos (mpl) menores
include incluir
inclusive inclusive *o* inclusivo, -va *o* incluido, -da
inclusive charge precio (m) todo incluido

inclusive of tax impuestos (mpl) incluidos
income ingresos (mpl) o renta (f)
income tax impuesto (m) sobre la renta
incoming call llamada (f) de fuera
incoming mail correspondencia (f) recibida o correo (m) entrante
incompetence incompetencia (f)
incompetent incompetente
incorporate incorporar o incluir
incorporate [a company] constituir en sociedad
incorporation constitución (f) de una sociedad
incorrect incorrecto, -ta
incorrectly incorrectamente
increase (n) aumento (m) o incremento (m)
increase (n) [higher salary] aumento (m) de sueldo
increase (v) aumentar o subir o incrementar
increase (v) in price aumentar o subir de precio
increasing creciente o en aumento
increasing profits beneficios (mpl) crecientes
increment incremento (m) o aumento (m)
incremental incremental
incremental cost coste (m) incremental
incremental scale escala (f) móvil de salarios
incur incurrir en
incur debts contraer deudas
indebted endeudado, -da
indebtedness deuda (f)
indemnification indemnización (f)
indemnify indemnizar o resarcir
indemnify someone for a loss indemnizar a alguien por una pérdida
indemnity indemnidad (f) o indemnización (f)
independent independiente

independent company compañía (f) independiente
index (n) [alphabetical] índice (m) o repertorio (m)
index (n) [of prices] índice (m)
index (v) catalogar o clasificar
index card ficha (f)
index number índice (m) o indicador (m)
index-linked ajustado, -da al coste de la vida
indexation indexación (f) o indiciación (f)
indicator indicador (m)
indirect indirecto, -ta
indirect labour costs costes (mpl) laborales indirectos
indirect tax impuesto (m) indirecto
indirect taxation imposición (f) indirecta
induction iniciación (f)
induction courses or **induction training** cursos (mpl) de iniciación
industrial industrial
industrial accident accidente (m) industrial
industrial arbitration tribunal tribunal (m) de arbitraje laboral
industrial capacity capacidad (f) industrial
industrial centre centro (m) industrial
industrial design diseño (m) industrial
industrial disputes conflictos (mpl) colectivos
industrial espionage espionaje (m) industrial
industrial estate zona (f) industrial
industrial expansion expansión (f) industrial
industrial processes procesos (mpl) industriales
industrial relations relaciones (fpl) laborales
industrial tribunal magistratura (f) del trabajo
industrialist industrial (mf)

industrialization industrialización (f)
industrialize industrializar
industrialized societies sociedades (fpl) industriales
industry industria (f)
inefficiency ineficacia (f) *o* incompetencia (f)
inefficient ineficaz *o* incompetente
inflated currency moneda (f) inflacionista
inflated prices precios (mpl) exagerados
inflation inflación (f)
inflationary inflacionario, -ria *o* inflacionista
influence (n) influencia (f)
influence (v) influir *o* influenciar
inform informar
information información (f)
information bureau oficina (f) de información
information officer empleado, -da del servicio de información
infrastructure infraestructura (f)
infringe infringir *o* violar
infringe a patent violar una patente
infringement of customs regulations infracción (f) aduanera
infringement of patent violación (f) de patente
inhabitant habitante (mf)
initial (adj) inicial *o* primero, -ra
initial (v) poner las iniciales a *o* rubricar
initial capital capital (m) inicial
initiate iniciar
initiate discussions iniciar conversaciones
initiative iniciativa (f)
inland interior
innovate innovar
innovation innovación (f)
innovative innovador, -ra
innovator (n) innovador, -ra
input information introducir datos
input tax IVA (sobre los bienes y servicios adquiridos por una empresa)
inquire preguntar *o* pedir información
inquiry petición (f) de informes *o* investigación (f)
insider iniciado (m)
insider dealing información (f) privilegiada
insolvency insolvencia (f)
insolvent insolvente
inspect inspeccionar *o* revisar
inspection inspección (f) *o* control (m)
inspector inspector, -ra
instalment plazo (m)
instant (adj) [current] del presente mes *o* de los corrientes
instant (adj) [immediate] inmediato, -ta *o* instantáneo, -nea
instant credit crédito (m) instantáneo
institute (n) instituto (m)
institute (v) instituir
institution institución (f)
institutional institucional
institutional investors inversores (mpl) institucionales
instruction instrucción (f)
instrument [device] instrumento (m) *o* aparato (m)
instrument [document] efecto (m) *o* documento (m) escrito
insufficiency insuficiencia (f)
insufficient funds (US) saldo (m) insuficiente
insurable asegurable
insurance seguro (m)
insurance agent agente (mf) de seguros
insurance broker corredor (m) de seguros
insurance claim declaración (f) de siniestro
insurance company compañía (f) de seguros

insurance contract contrato (m) de seguros
insurance cover cobertura (f) del seguro
insurance policy póliza (f) de seguros
insurance premium prima (f) de seguros
insurance rates tarifas (fpl) de seguros
insurance salesman vendedor, -ra de seguros
insure asegurar
insurer asegurador, -ra
intangible intangible
intangible assets activo (m) intangible
interest (n) interés (m) *o* rédito (m)
interest (v) interesar
interest charges cargos (mpl) en concepto de interés
interest rate tipo (m) de interés *o* tasa (f) de interés
interest-bearing deposits depósitos (mpl) con interés
interest-free credit crédito (m) sin interés
interface (n) interfaz (m)
interface (v) conectar
interim dividend dividendo (m) provisional
interim payment pago (m) a cuenta
interim report informe (m) provisional
intermediary intermediario, -ria
internal [inside a company] interno, -na
internal [inside a country] interior
internal audit auditoría (f) interna
internal auditor auditor (m) interno
internal telephone teléfono (m) interno
international internacional
international call llamada (f) internacional
international direct dialling llamadas internacionales directas

International Labour Organization (ILO) Organización Internacional del Trabajo (OIT)
international law derecho (m) internacional
International Monetary Fund (IMF) Fondo Monetario Internacional (FMI)
international trade comercio (m) internacional
Internet (n) Internet (n)
interpret interpretar
interpreter intérprete (mf)
interruption interrupción (f)
intervention price precio (m) de intervención
interview (n) entrevista (f)
interview (v) entrevistar
interviewee entrevistado, -da
interviewer entrevistador, -ra
introduce presentar *o* introducir
introduction [bringing into use] presentación (f) *o* introducción (f)
introduction [letter] carta (f) de presentación
introductory offer oferta (f) de lanzamiento
invalid inválido, -da
invalidate invalidar
invalidation invalidación (f)
Invalidity invalidez (f)
inventory (n) [list of contents] inventario (m)
inventory (n) [stock] existencias (fpl)
inventory (v) inventariar *o* hacer un inventario
inventory control control (m) de existencias
invest invertir
investigate investigar
investigation investigación (f)
investment inversión (f)
investment income renta (f) de inversiones
investor inversor, -ra *o* inversionista (mf)

invisible assets activo (m) invisible
invisible earnings ingresos (mpl) invisibles
invisible trade comercio (m) invisible
invitation invitación (f)
invite invitar
invoice (n) factura (f)
invoice (v) facturar
invoice number número (m) de factura
invoice value precio (m) facturado
invoicing facturación (f)
invoicing department departamento (m) de facturación
IOU (= I owe you) pagaré (m)
irrecoverable debt deuda (f) incobrable
irredeemable bond obligación (f) perpetua
irregular irregular
irregularities irregularidades (fpl)
irrevocable irrevocable
irrevocable acceptance aceptación (f) irrevocable
irrevocable letter of credit carta (f) de crédito irrevocable
issue (n) [magazine] número (m)
issue (n) [of shares] emisión (f)
issue (v) [shares] emitir
issue a letter of credit abrir una carta de crédito
issue instructions dar instrucciones
issuing bank banco (m) emisor
item [for sale] artículo (m)
item [news] noticia (f)
item [on agenda] punto (m)
item [on balance sheet] partida (f)
itemize detallar *o* especificar
itemized account cuenta (f) detallada
itemized invoice factura (f) detallada
itinerary itinerario (m)

Jj

job [employment] empleo (m) *o* puesto (m) de trabajo
job [piece of work] trabajo (m) *o* tarea (f)
job analysis análisis (m) de un puesto de trabajo
job application solicitud (f) de empleo
job cuts reducción (f) de empleos
job description descripción (f) del puesto de trabajo
job satisfaction satisfacción (f) laboral
job security seguridad (f) en el empleo
job specification descripción (f) del puesto de trabajo
job title cargo (m)
join (v) juntar *o* unir
join (v) [become part of] ingresar en
joint común *o* conjunto, -ta *o* colectivo, -va
joint account cuenta (f) conjunta *o* cuenta en participación
joint discussions negociaciones (fpl) conjuntas
joint management dirección (f) conjunta *o* codirección (f)
joint managing director codirector, -ra gerente
joint owner co-propietario, -ria
joint ownership co-propiedad (f) *o* condominio (m)
joint signatory signatario (m) colectivo
joint venture empresa (f) conjunta
jointly conjuntamente *o* en común
journal [accounts book] libro (m) diario

journal [magazine] revista (f) o boletín (m)
journey order pedido (m) cursado al representante (comercial)
judge (n) juez (mf)
judge (v) juzgar
judgement or **judgment** juicio (m) o sentencia (f)
judgment debtor deudor, -ra judicial
judicial processes procedimientos (mpl) judiciales
jump the queue saltarse la cola
junior (adj) menor o más joven o subalterno, -na
junior clerk pasante (mf) o auxiliar (mf) administrativo, -va
junior executive or **junior manager** ejecutivo, -va auxiliar
junior partner socio subalterno o de menor antigüedad
junk bonds bonos-basura (mpl)
junk mail publicidad (f) sin interés (por correo)
jurisdiction jurisdicción (f)
justify justificar

Kk

keen competition fuerte competencia (f)
keen demand gran demanda (f)
keen prices precios (mpl) competitivos
keep a promise cumplir una promesa
keep back retener
keep up sostener o mantener
keep up with the demand satisfacer la demanda
key (adj) [important] clave (f)
key (n) [on keyboard] tecla (f)
key (n) [solution] clave (f)
key (n) [to door] llave (f)
key industry industria (f) clave
key money traspaso (m)
key personnel or **key staff** personal (m) clave
key post puesto (m) clave
keyboard (n) teclado (m)
keyboard (v) teclear
keyboarder operador, -ra de teclado
keyboarding tecleo (m) o tecleado (m)
kilo or **kilogram** kilo (m) o kilogramo (m)
knock down (v) [price] rematar
knock off [reduce price] descontar
knock off [stop work] terminar de trabajar
knock-on effect repercusión (f) o efecto (m) secundario
knockdown prices precios (mpl) mínimos o de saldo
krona [currency used in Sweden and Iceland] corona (f)
krone [currency used in Denmark and Norway] corona (f)

label (n) etiqueta (f)
label (v) etiquetar
labelling etiquetado (m)
labour trabajo (m)

labour costs costes (mpl) laborales
labour disputes conflictos (mpl) laborales
labour force mano (f) de obra
lack of funds falta (f) de fondos
land (n) tierra (f)
land (v) [of plane] aterrizar
land (v) [passengers] desembarcar
land goods at a port descargar mercancías en un puerto
landed costs coste (m) descargado
landing card tarjeta (f) de desembarque
landing charges gastos (mpl) de descarga
landlady propietaria (f) o dueña (f)
landlord propietario (m) o dueño (m)
lapse (v) caducar
large (adj) grande
laser printer impresora (f) láser
last (adj) último, -ma
last in first out (LIFO) últimos en entrar, primeros en salir
last quarter último trimestre
late (adj) atrasado, -da
late (adv) tarde o con retraso
late: to be late retrasarse
late-night opening abierto por la noche
latest último, -ma
launch (n) lanzamiento (m)
launch (v) lanzar
launching lanzamiento (m)
launching costs costes (mpl) de lanzamiento
launching date fecha (f) de lanzamiento
launder (money) blanquear (dinero negro)
law ley (f)
law [rule] regla (f) o norma (f)
law [study] derecho (m)
law courts tribunales (mpl) de justicia
law of diminishing returns ley (f) de rendimientos decrecientes

law of supply and demand ley (f) de la oferta y la demanda
lawful legal o lícito, -ta
lawful trade comercio (m) legal
lawsuit pleito (m) o juicio (m) o proceso (m)
lawyer abogado, -da
lay off workers despedir por falta de trabajo
LBO (= leveraged buyout) compra (f) o adquisición (f) apalancada
L/C (= letter of credit) carta (f) de crédito
lead time plazo (m) de espera
leaflet folleto (m) o prospecto (m)
leakage pérdidas (fpl) o mermas (fpl)
lease (n) arrendamiento (m) o arriendo (m)
lease (v) [of landlord] arrendar (ceder en arriendo)
lease (v) [of tenant] arrendar (tomar en arriendo)
lease back realizar una operación de cesión-arrendamiento
lease-back cesión-arrendamiento (f)
lease equipment arrendar equipo
leasing arrendamiento (m) financiero o 'leasing' (m)
leave (n) permiso (m)
leave (v) [go away] irse o marcharse
leave (v) [resign] abandonar o dejar
leave of absence excedencia (f)
ledger libro (m) mayor
left [not right] izquierdo, -da
left: be left quedar
left luggage office consigna (f)
legal [according to law] legal o lícito, -ta
legal [referring to law] jurídico, -ca o judicial
legal action acción (f) legal
legal advice asesoramiento (m) jurídico
legal adviser asesor (m) jurídico

legal costs *or* **legal charges** costas (fpl) judiciales
legal currency moneda (f) de curso legal
legal department asesoría (f) jurídica
legal expenses costas (fpl) judiciales
legal proceedings proceso (m) judicial
legal status condición (f) jurídica *o* personalidad (f) jurídica
legal tender moneda (f) de curso legal
legislation legislación (f)
lend prestar
lender prestamista (mf)
lending concesión (f) de un préstamo
lending limit límite (m) de crédito
less menos
lessee arrendatario, -ria *o* inquilino, -na
lessor arrendador, -ra
let (v) alquilar *o* arrendar
let an office alquilar una oficina
letter carta (f)
letter of application carta (f) de solicitud
letter of appointment carta (f) de nombramiento
letter of complaint carta (f) de reclamación
letter of credit (L/C) carta (f) de crédito
letter of intent carta (f) de intención
letter of reference carta (f) de recomendación
letters of administration nombramiento (m) de administrador judicial
letters patent patente (f) de invención
letting agency agencia (f) de alquiler de viviendas
level nivel (m)

level off *or* **level out** nivelarse *o* estabilizarse
leverage apalancamiento (m) financiero
leveraged buyout (LBO) compra (f) *o* adquisición (f) apalancada
levy (n) recaudación (f) de impuestos
levy (v) recaudar *o* gravar
liabilities deudas (fpl) *o* pasivo (m)
liability responsabilidad (f)
liable for responsable de
liable to sujeto, -ta a
licence licencia (f)
license conceder una licencia *o* autorizar
licensee persona (f) autorizada *o* concesionario, -ria
licensing licencia (f)
lien gravamen (m) *o* derecho (m) de retención
life assurance *or* **life insurance** seguro (m) de vida
life interest renta (f) vitalicia *o* usufructo (m) vitalicio
LIFO (= last in first out) últimos en entrar, primeros en salir
lift (n) ascensor (m)
lift (v) levantar *o* suprimir
lift an embargo levantar un embargo
limit (n) límite (m) *o* acotación (f)
limit (v) limitar
limitation limitación (f)
limited limitado, -da
limited (liability) company (Ltd) sociedad (f) de responsabilidad limitada (S.R.L.)
limited liability responsabilidad (f) limitada
limited market mercado (m) limitado
limited partnership sociedad (f) en comandita
line (n) línea (f) *o* raya (f)
line management gestión (f) lineal
line organization organización (f) lineal

line printer impresora (f) de líneas
link (n) vínculo (m)
liquid assets activo (m) líquido
liquidate a company liquidar una compañía
liquidate stock liquidar existencias
liquidation liquidación (f)
liquidator síndico (m)
liquidity liquidez (f)
liquidity crisis crisis (f) de liquidez
lira [currency used in Turkey] lira (f)
list (n) lista (f) o relación (f)
list (n) [catalogue] catálogo (m) o repertorio (m)
list (v) hacer una lista o enumerar
list price precio (m) de catálogo
litre litro (m)
Lloyd's register Registro (m) Marítimo de Lloyd
load (n) cargamento (m)
load (v) cargar
load a lorry or a ship cargar un camión o un barco
load factor coeficiente (m) de ocupación
load line línea (f) de carga o línea de flotación
loading bay nave (f) de carga
loading ramp rampa (f) de carga
loan (n) préstamo (m)
loan (v) prestar
loan capital empréstito (m)
loan stock obligaciones (fpl)
local local
local call llamada (f) local
local government administración (f) local
local labour mano (f) de obra local
lock (n) cerradura (f)
lock (v) cerrar con llave
lock up a shop or an office cerrar una tienda o una oficina
lock up capital inmovilizar capital
lock-up premises local (m) sin vivienda incorporada
log (v) anotar o apuntar

log calls anotar las llamadas recibidas
logo logotipo (m)
long largo, -ga
long credit crédito (m) a largo plazo
long-dated bill letra (f) a largo plazo
long-distance flight or long-haul flight vuelo (m) de larga distancia
long-range a largo plazo
long-standing de hace tiempo o de muchos años
long-standing agreement acuerdo (m) de muchos años
long-term largo plazo
long-term debts deudas (fpl) a largo plazo
long-term forecast previsión (f) a largo plazo
long-term liabilities pasivo (m) a largo plazo
long-term loan préstamo (m) a largo plazo
long-term objectives objetivos (mpl) a largo plazo
long-term planning planificación (f) a largo plazo
loose (adj) suelto, -ta o a granel
loose (adj) [slack] flojo, -ja
lorry camión (m)
lorry driver camionero, -ra
lorry-load carga (f) de un camión
lose perder
lose an order perder un pedido
lose money perder dinero
lose value perder valor
loss [not a profit] pérdida (f)
loss of an order pérdida (f) de un pedido
loss of customers pérdida (f) de clientela
loss of value pérdida (f) de valor
loss adjustment ajuste (m) de pérdidas
loss-leader artículo (m) de reclamo
lot lote (m)

low (adj) bajo, -ja
low (n) mínimo (m)
low sales ventas (fpl) bajas
low-grade de baja calidad
low-level de bajo nivel *o* de grado inferior
low-quality de poca calidad *o* mediocre
lower (adj) más bajo, -ja *o* inferior
lower (v) bajar
lower prices reducir los precios
lowering disminución (f) *o* reducción (f)
Ltd (= limited company) S.(R.) L. (= sociedad (de responsabilidad) limitada)
luggage equipaje (m) *o* maletas (fpl)
lump sum pago (m) único *o* suma (f) global
luxury goods artículos (mpl) de lujo

Mm

machine máquina (f) *o* aparato (m)
machinery maquinaria (f)
macro-economics macroeconomía (f)
magazine revista (f)
magazine insert encarte (m) publicitario (de una revista)
magazine mailing envío (m) de revistas por correo
magnetic tape *or* **mag tape** cinta (f) magnética
mail (n) correo (m) *o* correspondencia (f)

mail (v) mandar por correo *o* echar al correo
mail shot publicidad (f) por correo
mail-order pedido (m) por correo
mail-order business *or* **mail-order firm** empresa (f) de ventas por correo
mail-order catalogue catálogo (m) de ventas por correo
mailing envío (m) por correo
mailing list lista (f) de destinatarios
mailing piece folleto (m) publicitario enviado por correo
mailing shot envío (m) de publicidad por correo
main principal *o* mayor
main building edificio (m) principal
main office oficina (f) principal
maintain [keep at same level] mantener *o* conservar
maintain [keep going] mantener *o* sostener
maintenance mantenimiento (m) *o* conservación (f)
maintenance of contacts mantenimiento (m) de relaciones
maintenance of supplies mantenimiento (m) de suministros
major mayor *o* importante
major shareholder accionista (mf) importante
majority mayoría (f)
majority shareholder accionista (mf) mayoritario
make (v) hacer
make good [a defect *or* **loss]** indemnizar *o* compensar
make money ganar dinero
make out [invoice] confeccionar *o* extender
make provision for tomar medidas
make up for compensar
make-ready time tiempo (m) de preparación (de una máquina)
maladministration mala administración (f)
man (n) hombre (m)

man (v) asignar personal
man-hour hora-hombre (f)
manage dirigir *o* gestionar *o* administrar
manage to arreglárselas *o* conseguir
manageable manejable
management [action] dirección (f) *o* gestión (f)
management [managers] junta (f) de directores
management accounts cuentas (fpl) de gestión
management buyout (MBO) compra (f) de una empresa por sus ejecutivos
management consultant asesor, -ra de empresas
management course curso (m) de gestión empresarial
management team equipo (m) directivo
management techniques técnicas (fpl) de dirección de empresas
management trainee ejecutivo, -va en formación
management training formación (f) de mandos
manager [of branch or shop] gerente (mf) *o* encargado, -da
manager [of department] director, -ra *o* jefe, -fa
managerial directivo, -va
managerial posts órganos (mpl) de gestión
managerial staff personal (m) administrativo
managing director (MD) director, -ra gerente
mandate mandato (m)
manifest manifiesto (m)
manned asistido, -da *o* atendido, -da
manning dotación (f) de personal
manning levels niveles (mpl) de dotación de personal
manpower mano (f) de obra

manpower forecasting previsión (f) de mano de obra
manpower planning planificación (f) de la mano de obra
manpower shortage escasez (f) de mano de obra
manual (adj) manual
manual (n) manual (m)
manual work trabajo (m) manual
manual worker obrero, -ra
manufacture (n) fabricación (f)
manufacture (v) manufacturar *o* fabricar *o* elaborar
manufactured goods productos (mpl) manufacturados
manufacturer fabricante (m)
manufacturer's recommended price (MRP) precio (m) de venta recomendado
manufacturing fabricación (f)
manufacturing capacity capacidad (f) de fabricación
manufacturing costs costes (mpl) de fabricación
manufacturing overheads gastos (mpl) generales de fabricación
margin [profit] margen (m)
margin of error margen (m) de error
marginal marginal
marginal cost coste (m) marginal *o* coste incremental
marginal pricing fijación (f) de precios marginal
marine marino, -na
marine insurance seguro (m) marítimo
marine underwriter asegurador, -ra de riesgos marinos
maritime marítimo, -ma
maritime law derecho (m) marítimo
maritime lawyer abogado (m) especializado en derecho marítimo
maritime trade comercio (m) marítimo
mark (n) marca (f) *o* señal (f)
mark (v) marcar *o* señalar

mark down rebajar
mark up recargar
mark-up [profit margin] margen (m) de beneficio
marker pen rotulador (m) *o* marcador (m)
market (n) mercado (m) *o* plaza (f)
market (v) vender
market analysis análisis (m) de mercado
market analyst analista (mf) de mercado
market capitalization capitalización (f) bursátil
market economist economista (mf) de mercado
market forces fuerzas (fpl) del mercado
market forecast previsión (f) de mercado
market leader líder (m) del mercado
market opportunities oportunidades (fpl) de mercado
market penetration penetración (f) en el mercado
market price precio (m) de mercado
market rate precio (m) *o* tarifa (f) de mercado
market research estudio (m) *o* investigación (f) de mercado
market share cuota (f) de mercado
market trends tendencias (fpl) del mercado
market value valor (m) de mercado
marketable vendible *o* comerciable
marketing mercadotecnia (f) *o* 'marketing' (m)
marketing agreement acuerdo (m) de comercialización
marketing department departamento (m) de 'marketing'
marketing division sección (f) de 'marketing'
marketing manager director, -ra de 'marketing'
marketing strategy estrategia (f) de 'marketing'
marketing techniques técnicas (fpl) de 'marketing'
marketplace mercado (m) *o* plaza (f) del mercado
mass masa (f)
mass market product producto destinado a un mercado de masas
mass marketing comercialización (f) a gran escala
mass media medios (mpl) de comunicación
mass production producción (f) en serie
mass-produce fabricar en serie
mass-produce cars fabricar coches en serie
Master's degree in Business Administration (MBA) master (m) en administración de empresas
materials control control (m) de materiales
materials handling manejo (m) de materiales
maternity leave licencia (f) por maternidad
matter (n) cuestión (f) *o* asunto (m)
matter (v) importar
mature (v) vencer
mature economy economía (f) madura
maturity date fecha (f) de vencimiento
maximization maximización (f)
maximize maximizar
maximum (adj) máximo, -ma
maximum (n) máximo (m)
maximum price precio (m) máximo
MBA (= Master in Business Administration) master (m) en administración de empresas
MBO (= management buyout) compra (f) de una empresa por sus ejecutivos

MD (= managing director) director, -ra gerente
mean (adj) medio, -dia
mean (n) promedio (m) *o* media (f)
mean annual increase aumento (m) anual medio
means [money] recursos (mpl) *o* medios (mpl)
means [ways] medio (m) *o* manera (f)
means test comprobación (f) de los recursos económicos
measurement of profitability evaluación (f) *o* medición (f) de la rentabilidad
measurements medidas (fpl) *o* dimensiones (fpl)
media coverage cobertura (f) periodística
median mediana (f)
mediate mediar
mediation mediación (f)
mediator mediador, -ra *o* intermediario, -ria
mediocre mediocre
medium (adj) medio, -dia *o* mediano, -na
medium (n) medio (m) *o* instrumento (m)
medium-sized mediano, -na
medium-term plazo (m) medio
meet [be satisfactory] cumplir *o* satisfacer
meet [someone] encontrar *o* encontrarse (con) *o* reunirse
meet a deadline cumplir un plazo establecido
meet a demand satisfacer *o* atender una demanda
meet a target cumplir un objetivo
meet expenses cubrir gastos
meeting reunión (f) *o* asamblea (f)
meeting place lugar (m) de reunión
member [of a group] miembro (m) *o* socio, -cia
membership afiliación (f) *o* ingreso (m)
membership [all members] los socios *o* los miembros
memo *or* memorandum memorandum (m)
memory [computer] memoria (f)
mend (v) arreglar
mention (v) mencionar
merchandise (n) mercancías (fpl) *o* género (m)
merchandize (v) comercializar
merchandize a product comercializar un producto
merchandizer comerciante (mf)
merchandizing comercialización (f) *o* mercadeo (m)
merchant comerciante (mf) *o* mercader (m)
merchant bank banco (m) mercantil
merchant navy marina (f) mercante
merchant ship *or* merchant vessel buque (m) mercante
merge fusionar
merger fusión (f)
merit mérito (m)
merit award *or* merit bonus gratificación (f) por méritos
message mensaje (m) *o* recado (m)
messenger mensajero, -ra
micro-economics microeconomía (f)
microcomputer microordenador (m)
mid-month accounts cuentas (fpl) de mediados de mes
mid-week a mediados de semana
middle management mandos (mpl) intermedios
middle-sized company empresa mediana
middleman intermediario, -ria
mileage allowance kilometraje (m)
million millón (m)
millionaire millonario, -ria
minimum (adj) mínimo, -ma
minimum (n) mínimo (m)

minimum dividend dividendo (m) mínimo
minimum payment pago (m) mínimo
minimum wage salario (m) mínimo
minor shareholders pequeños accionistas (mpl)
minority minoría (f)
minority shareholder accionista (m) minoritario
minus menos
minus factor factor (m) negativo
minute (n) [time] minuto (m)
minute (v) tomar nota *o* levantar acta
minutes (n) [of meeting] acta (f) de la reunión
misappropriate malversar
misappropriation malversación (f)
miscalculate calcular mal
miscalculation error (m) de cálculo
miscellaneous misceláneo, -nea *o* diverso, -sa
miscellaneous items artículos (mpl) varios
mismanage administrar mal
mismanagement mala administración
miss [not to hit] errar *o* fallar
miss [not to meet] no encontrar
miss [train, plane] perder (el tren *o* avión)
miss a target no cumplir un objetivo
miss an instalment saltarse un plazo
missing (adj) desaparecido, -da
mistake equivocación (f) *o* error (m)
misunderstanding malentendido (m)
mixed mixto, -ta *o* mezclado, -da
mixed economy economía (f) mixta
mobile phone teléfono móvil
mobility movilidad (f)
mobilize movilizar
mobilize capital movilizar capital
mock-up maqueta (f) *o* modelo (m) a escala
mode modo (m)
mode of payment modo (m) de pago
model (n) modelo (mf)
model (n) [small copy] maqueta (f) *o* modelo (m) a escala
model (v) [clothes] pasar modelos
model agreement prototipo (m) de contrato
modem modem (m)
moderate (adj) moderado, -da
moderate (v) moderar
moderate price precio módico
modern moderno, -na
monetary monetario, -ria
monetary base base (f) monetaria
monetary unit unidad (f) monetaria
money dinero (m)
money changer cambista (mf)
money markets mercados (mpl) monetarios
money order giro (m) postal
money rates tipos (mpl) de interés
money supply oferta (f) monetaria
money up front pago (m) por adelantado
money-making lucrativo, -va *o* remunerativo, -va
money-making plan plan (m) remunerativo
moneylender prestamista (mf)
monitor (n) [screen] pantalla (f)
monitor (v) controlar *o* comprobar
monopolization monopolización (f)
monopolize monopolizar
monopoly monopolio (m)
month mes (m)
month end fin (m) de mes
month-end accounts cuentas (fpl) de fin de mes
monthly (adj) mensual

monthly (adv) mensualmente
monthly payments pagos (mpl) mensuales
monthly statement estado (m) de cuenta mensual
moonlighter pluriempleado, -da
moonlighting pluriempleo (m)
moratorium moratoria (f)
more más
mortgage (n) hipoteca (f)
mortgage (v) hipotecar
mortgage payments pagos (mpl) de la hipoteca
mortgagee acreedor (-ra) hipotecario (-ria)
mortgager *or* **mortgagor** deudor (-ra) hipotecario (-ria)
most-favoured nation nación (f) más favorecida
motivated motivado, -da
motivation motivación (f)
motor insurance seguro (m) de automóviles
mount up aumentar *o* subir
mounting creciente
move (v) trasladar(se) *o* mudar(se)
movement movimiento (m)
movements of capital movimientos (mpl) de capital
MRP (= manufacturer's recommended price) precio (m) de venta recomendado
multicurrency operation operación (f) en multiples divisas
multilateral multilateral
multilateral agreement acuerdo (m) multilateral
multilateral trade comercio (m) multilateral
multinational (n) multinacional (f)
multiple (adj) múltiple
multiple entry visa visado (m) de entradas múltiples
multiple ownership propiedad (f) conjunta
multiple store cadena (f) de grandes almacenes
multiplication multiplicación (f)
multiply multiplicar
multitude multitud (f)
mutual (adj) mutuo, -tua
mutual (insurance) company mutua (f) de seguros

Nn

national (adj) nacional
national advertising publicidad (f) a escala nacional
nationalization nacionalización (f)
nationalized industry industria (f) nacionalizada
nationwide de ámbito nacional
natural resources recursos (mpl) naturales
natural wastage pérdida (f) de trabajadores por jubilación
near letter-quality (NLQ) calidad (f) de semicorrespondencia
necessary necesario, -ria
need (n) necesidad (f)
need (v) necesitar
negative cash flow flujo (m) de caja negativo
neglected business negocio (m) descuidado
neglected shares acciones (fpl) poco buscadas en la bolsa
negligence negligencia (f)
negligent descuidado, -da
negligible insignificante
negotiable negociable
negotiable instrument instrumento (m) negociable
negotiate negociar *o* gestionar
negotiation negociación (f)

negotiator negociador, -ra
net (adj) neto, -ta
net (v) obtener beneficios netos
net assets *or* **net worth** activo (m) neto *o* patrimonio (m)
net earnings *or* **net income** ganancias (fpl) netas *o* ingresos (mpl) netos
net income *or* **net salary** salario (m) neto *o* sueldo (m) neto
net loss pérdida (f) neta
net margin margen (m) neto
net price precio (m) neto
net profit beneficio (m) neto
net receipts ingresos (mpl) netos
net sales ventas (fpl) netas
net weight peso (m) neto
net worth valor (m) neto
net yield rendimiento (m) neto
network (n) red (f)
network (v) difundir a través de la red de emisoras
networking (n) *[making business contracts]* establecimiento de contactos en el mundo de negocios
news (n) noticia (f)
news agency agencia (f) de prensa
newspaper periódico (m)
niche hueco (m) de un mercado
night noche (f)
night rate tarifa (f) nocturna
night shift turno (m) de noche
nil nada (f) *o* cero (m)
nil return declaración (f) de ingresos nulos
NLQ (= near letter-quality) calidad de semicorrespondencia
no-claims bonus prima (f) por ausencia de siniestralidad
no-strike agreement *or* **no-strike clause** cláusula (f) que prohibe la huelga
nominal capital capital (m) nominal
nominal ledger libro (m) mayor de resultados
nominal rent renta (f) nominal
nominal value valor (m) nominal

nominee candidato (-ta) propuesto (-ta)
nominee account cuenta (f) administrada por un apoderado
non profit-making sin fines lucrativos
non-delivery falta (f) de entrega
non-executive director director (m) no ejecutivo
non-negotiable instrument documento (m) no negociable
non-payment [of a debt] impago (m) de una deuda
non-recurring items partidas (fpl) extraordinarias
non-refundable deposit depósito (m) no reembolsable
non-returnable packing envase (m) no retornable
non-stop sin parar *o* sin escalas
non-taxable income ingresos (mpl) libres de impuestos
nonfeasance delito (m) por omisión
norm norma (f)
normal normal
notary public notario (m)
note (n) nota (f)
note (v) [details] apuntar *o* anotar
note of hand pagaré (m) *o* letra (f) al propio cargo
nothing nada
notice [piece of information] letrero (m) *o* anuncio (m) *o* aviso (m)
notice [leaving a job] notificación (f) de despido *o* de dimisión
notice [period of time] plazo (m)
notice [legal document] aviso (m) *o* notificación (f)
notification notificación (f)
notify notificar *o* avisar
null nulo, -la
number (n) número (m)
number (v) numerar
numbered account cuenta (f) numerada

numeric *or* **numerical** numérico, -ca
numeric keypad teclado (m) numérico

Oo

obey (v) obedecer *o* acatar
objective (adj) objetivo, -va
objective (n) objetivo (m)
obligation [debt] deuda (f)
obligation [duty] obligación (f) *o* compromiso (m)
obsolescence obsolescencia (f)
obsolescent obsolescente
obsolete obsoleto, -ta
obtain obtener *o* conseguir
obtainable asequible
occupancy ocupación (f)
occupancy rate índice (m) de ocupación
occupant ocupante (mf) *o* habitante (mf) *o* inquilino, -na
occupation ocupación (f)
occupational laboral
occupational accident accidente (m) laboral
odd [not a pair] suelto, -ta *o* desparejado, -da
odd [number] impar
odd numbers números (mpl) impares
off [away from work] ausente del trabajo
off [cancelled] cancelado, -da *o* suspendido, -da
off [reduced by] con descuento

off the record extraoficialmente *o* fuera de actas
off-peak fuera de horas punta
off-season temporada (f) baja
off-the-job training formación (f) profesional fuera del trabajo
offer (n) oferta (f)
offer (v) ofrecer
offer for sale oferta (f) de venta
offer price precio (m) de oferta
office oficina (f) *o* despacho (m)
office equipment equipo (m) de oficina
office furniture muebles (mpl) de oficina
office hours horario (m) de oficina
office security medidas (fpl) de seguridad (en una oficina)
office space espacio (m) para oficinas
office staff personal (m) administrativo
office stationery artículos (mpl) de papelería para oficina
offices to let oficinas (fpl) de alquiler
official (adj) oficial
official (n) funcionario, -ria
official receiver administrador, -ra judicial *o* síndico (m)
official return declaración (f) oficial
officialese lenguaje (m) burocrático
offload descargar *o* deshacerse de
offshore en aguas territoriales
oil aceite (m)
oil [petroleum] petróleo (m)
oil price precio (m) del crudo *o* del petróleo
oil-exporting countries países (mpl) exportadores de petróleo
oil-producing countries países (mpl) productores de petróleo
old viejo, -ja *o* antiguo, -gua
old-established antiguo, -gua
old-fashioned anticuado, -da *o* pasado, -da de moda

ombudsman defensor (m) del pueblo
omission omisión (f)
omit omitir
on a short-term basis a corto plazo
on account a cuenta
on agreed terms en las condiciones acordadas
on an annual basis anualmente
on an average por término medio
on approval a prueba
on behalf of en nombre de
on board a bordo
on business por asuntos de negocios
on condition that a condición de que
on credit a crédito
on favourable terms en condiciones favorables
on line *or* **online** en línea
on order pedido, -da
on request a petición
on sale a la venta
on the increase en aumento
on time a tiempo
on-the-job training formación (f) profesional en el trabajo
one-off único, -ca
one-off item artículo (m) único
one-sided unilateral
one-sided agreement acuerdo (m) unilateral
one-way fare billete (m) de ida *o* pasaje (m) sencillo
one-way trade comercio (m) unilateral
OPEC (= Organization of Petroleum Exporting Countries) OPEP (Organización de los Países Exportadores de Petróleo)
open (adj) abierto, -ta
open (v) abrir
open an account abrir una cuenta
open a bank account abrir una cuenta bancaria
open a line of credit abrir una línea de crédito
open a meeting abrir la sesión
open a new business abrir un negocio
open account cuenta (f) abierta
open cheque cheque (m) abierto *o* cheque sin cruzar
open credit crédito (m) abierto
open market mercado (m) libre
open negotiations entablar negociaciones
open ticket billete (m) abierto
open to offers se admiten ofertas
open-ended agreement acuerdo (m) modificable
open-plan office oficina (f) de distribución modificable
opening (adj) inaugural *o* inicial
opening (n) apertura (f) *o* inauguración (f)
opening balance saldo (m) inicial
opening bid oferta (f) inicial
opening hours horario (m) comercial
opening price precio (m) *o* cotización (f) de apertura
opening stock existencias (fpl) iniciales
opening time hora (f) de apertura
operate (v) operar *o* manejar
operate (v) [work] entrar en vigor
operating (n) funcionamiento (m) *o* operación (f)
operating budget presupuesto (m) de explotación
operating costs *or* **operating expenses** gastos (mpl) de explotación
operating manual manual (m) de funcionamiento
operating profit beneficio (m) de explotación
operating system sistema (m) operativo
operation operación (f)
operational operacional

operational budget presupuesto (m) de explotación
operational costs gastos (mpl) de explotación
operative (adj) operativo, -va
operative (n) or **operator (n)** operario, -ria o maquinista (mf)
opinion poll encuesta (f) o sondeo (m) de opinión
opportunity oportunidad (f)
option to purchase opción (f) de compra
optional opcional o optativo, -va
optional extras extras (mpl) opcionales
order (n) orden (m)
order (n) [for goods] pedido (m)
order (n) [money] libramiento (m) o orden (f) de pago
order (v) ordenar
order (v) [goods] hacer un pedido o encargar
order book libro (m) de pedidos
order fulfilment despacho (m) de pedidos
order number número (m) de pedido
order picking selección (f) de artículos para un pedido
order processing preparación (f) de pedidos
order: on order pedido, -da
ordinary ordinario, -ria o corriente
ordinary shares acciones (fpl) ordinarias
organization organización (f)
organization [institution] organismo (m) o asociación (f)
organization and methods organización y métodos
organization chart organigrama (m)
Organization of Petroleum Exporting Countries (OPEC) Organización de los Países Exportadores de Petróleo (OPEP)
organizational organizativo, -va
organize organizar

origin origen (m)
original (adj) original
original (n) original (m)
OS (= outsize) talla (f) muy grande
out of control fuera de control
out of date anticuado, -da o caducado, -da
out of stock agotado, -da
out of work sin empleo o sin trabajo
out-of-pocket expenses gastos (mpl) reembolsables
outbid pujar más alto o sobrepujar
outgoing saliente
outgoing mail correspondencia (f) de salida
outgoings desembolsos (mpl)
outlay desembolso (m) o gasto (m)
outlet mercado (m)
outline (n) bosquejo (m)
output (n) producción (f) o rendimiento (m)
output (n) [computer] datos (mpl) de salida
output (v) producir
output tax impuesto (m) sobre las ventas de bienes o servicios
outright en su totalidad
outside exterior o externo, -na
outside director director externo, directora externa
outside line línea (f) exterior
outside office hours fuera de horas de oficina
outsize (OS) talla (f) muy grande
outstanding [exceptional] notable o destacado, -da o sobresaliente
outstanding [unpaid] pendiente
outstanding debts deudas (fpl) pendientes
outstanding orders pedidos (mpl) pendientes
overall global o en conjunto o general
overall plan plan (m) general
overbook reservar con exceso

overbooking sobrecontratación (f)

overcapacity sobrecapacidad (f)

overcharge (n) precio (m) excesivo *o* recargo (m)

overcharge (v) cargar en exceso *o* cobrar de más

overdraft sobregiro (m) *o* descubierto (m)

overdraft facility límite (m) de descubierto bancario

overdraw girar en descubierto

overdrawn account cuenta (f) en descubierto

overdue vencido, -da *o* atrasado, -da

overestimate (v) sobrevalorar *o* sobrestimar

overhead budget presupuesto (m) de gastos generales

overhead costs *or* **expenses** gastos (mpl) generales *o* de producción

overheads gastos (mpl) generales *o* de producción

overmanning exceso (m) de personal *o* excedente (m) laboral

overpayment pago (m) en exceso

overproduce producir en exceso

overproduction sobreproducción (f)

overseas (adj) extranjero, -ra

overseas (adv) en el extranjero

overseas (n) extranjero (m)

overseas markets mercados (mpl) extranjeros

overseas trade comercio (m) exterior

overspend gastar excesivamente

overspend one's budget gastar más de lo presupuestado

overstock (v) acumular en exceso *o* abarrotar

overstocks exceso (m) de existencias

overtime horas (fpl) extraordinarias

overtime ban prohibición (f) de hacer horas extras

overtime pay tarifa (f) de horas extras

overvalue sobrevalorar *o* sobrestimar

overweight: to be overweight pesar en exceso

owe deber

owing debido, -da

owing to debido a *o* a causa de

own (v) poseer *o* tener

own brand goods productos (mpl) de marca propia

own label goods productos (mpl) de marca propia

owner amo (m) *o* propietario, -ria *o* dueño, -ña

ownership propiedad (f) *o* posesión (f)

Pp

p & p (= postage and packing) franqueo y embalaje

PA (= personal assistant) ayudante (mf) personal

pack (n) paquete (m) *o* envase (m)

pack (v) embalar *o* envasar *o* empaquetar

pack goods into cartons embalar mercancías en cajas de cartón

pack of envelopes paquete (m) de sobres

package [of goods] paquete (m) *o* embalaje (m) *o* envase (m)

package [of economic measures] conjunto (m) de medidas económicas
package deal acuerdo (m) *o* transacción (f) global
packaging embalaje (m) *o* envase (m)
packaging material material (m) de embalaje
packer embalador, -ra *o* empaquetador, -ra
packet paquete (m) *o* cajetilla (f) *o* bulto (m)
packet of cigarettes paquete (m) *o* cajetilla (f) de cigarrillos
packing embalaje (m) *o* envase (m)
packing case caja (f) de embalar
packing charges gastos (mpl) de embalaje
packing list *or* **packing slip** lista (f) de bultos *o* de contenidos
paid pagado, -da
pallet paleta (f)
palletize empaletar
panel panel (m) *o* tablero (m)
panic buying compra (f) febril
paper bag bolsa (f) de papel
paper feed alimentador (m) del papel
paper loss pérdida (f) sobre el papel
paper profit beneficio (m) ficticio *o* beneficio sobre el papel
paperclip sujetapapeles (m) *o* clip (m)
papers papeles (mpl) *o* documentos (mpl)
paperwork papeleo (m)
par par
par value valor (m) a la par
parcel (n) paquete (m)
parcel (v) empaquetar *o* envolver
parcel post servicio (m) de paquetes postales
parent company sociedad (f) matriz *o* casa (f) matriz
parity paridad (f) *o* igualdad (f)

part (n) parte (m)
part exchange canje (m) parcial
part-owner copropietario, -ria
part-ownership copropiedad (f)
part-time a tiempo parcial
part-time work *or* **part-time employment** trabajo por horas *o* empleo a tiempo parcial
part-timer trabajador, -ra a tiempo parcial
partial loss pérdida (f) parcial
partial payment pago (m) parcial
particulars detalles (mpl) *o* pormenores (mpl)
partner socio, -cia
partnership sociedad (f) *o* asociación (f)
party parte (f)
patent patente (f)
patent agent agente (mf) de patentes y marcas
patent an invention patentar un invento
patent applied for *or* **patent pending** patente (f) solicitada *o* patente en tramitación
patented patentado, -da
pay (n) paga (f)
pay (v) pagar *o* abonar
pay a bill pagar una cuenta
pay a dividend distribuir un dividendo
pay an invoice pagar una factura
pay back devolver *o* reembolsar
pay by cheque pagar con cheque
pay by credit card pagar con tarjeta de crédito
pay cash pagar al contado *o* en efectivo
pay cheque cheque (m) de sueldo *o* cheque de salario
pay desk caja (f)
pay in advance pagar por adelantado
pay in instalments pagar a plazos
pay interest pagar intereses
pay money down hacer un depósito *o* dar una entrada

pay off [debt] redimir *o* reembolsar
pay off [worker] despedir
pay out pagar *o* desembolsar *o* abonar
pay phone teléfono (m) público
pay rise aumento (m) de sueldo
pay slip hoja (f) de sueldo *o* de salario
pay up pagar una deuda
payable pagadero, -ra
payable at sixty days pagadero a sesenta días
payable in advance pagadero por adelantado
payable on delivery pagadero a la entrega
payable on demand pagadero a la vista
payback clause cláusula (f) de reembolso
payback period periodo (m) de reembolso
payee portador, -ra
payer pagador, -ra
paying (adj) rentable
paying-in slip recibo (m) (de depósito)
payload carga (f) útil
payment pago (m) *o* remuneración (f)
payment by cheque pago (m) mediante cheque
payment by results pago (m) a destajo
payment in cash pago (m) en metálico *o* en efectivo
payment in kind pago (m) en especie
payment on account pago (m) a cuenta
PC (= personal computer) ordenador (m) personal
P/E ratio (= price/earnings ratio) relación (f) precio-beneficios
peak (n) cumbre (f) *o* punto (m) máximo *o* cima (f)
peak (v) llegar al máximo *o* alcanzar el punto más alto
peak output rendimiento (m) máximo
peak period horas (fpl) punta
peg prices estabilizar los precios
penalize penalizar *o* sancionar
penalty pena (f) *o* multa (f)
penalty clause cláusula (f) penal
pending pendiente
penetrate a market penetrar un mercado
pension pensión (f) *o* retiro (m)
pension fund fondo (m) de pensiones
pension scheme plan (m) de pensiones
per per *o* a *o* por
per annum al año
per capita per cápita
per cent por ciento
per day al día
per head por persona
per hour por hora
per week por semana
per year al año
percentage porcentaje (m) *o* tanto (m) por ciento
percentage discount porcentaje (m) de descuento
percentage increase porcentaje (m) de aumento
percentage point punto (m) porcentual
perform (v) actuar *o* ejercer
performance actuación (f) *o* funcionamiento (m) *o* rendimiento (m)
performance rating valoración (f) de resultados
period periodo (m) *o* plazo (m)
period of notice periodo (m) de preaviso
period of validity periodo (m) de validez
periodic *or* **periodical (adj)** periódico, -ca
periodical (n) publicación (f) periódica *o* revista (f)

peripherals periféricos (mpl)
perishable perecedero, -ra
perishable goods artículos (mpl) perecederos
perishables productos (mpl) perecederos
permanent contract contrato (m) permanente
permission permiso (m) *o* licencia (f)
permit (n) permiso (m)
permit (v) permitir
personal personal
personal allowances deducciones (fpl) personales
personal assets bienes (mpl) personales
personal assistant (PA) ayudante (mf) personal
personal computer (PC) ordenador (m) personal
personal income renta (f) personal
personalized con las iniciales
personalized briefcase cartera con las iniciales
personalized cheques cheques con el nombre impreso
personnel personal (m)
personnel department departamento (m) de personal
personnel management dirección (f) de personal
personnel manager jefe, -fa de personal
peso [South American currency] peso (m)
petty insignificante
petty cash fondos (mpl) *o* dinero (m) para gastos menores
petty cash box caja (f) para gastos menores
petty expenses gastos (mpl) menores
phase (n) fase (f)
phase in introducir gradualmente
phase out reducir *o* retirar gradualmente

phoenix syndrome síndrome del fénix
phone (n) teléfono (m)
phone (v) telefonear *o* llamar (por teléfono)
phone back volver a telefonear *o* llamar
phone call llamada (f) telefónica
phone card teletarjeta (f)
phone number número (m) de teléfono
photocopier fotocopiadora (f)
photocopy (n) fotocopia (f)
photocopy (v) fotocopiar
photocopying fotocopiaje (m) *o* fotocopia (f)
photocopying bureau servicio (m) de fotocopias
picking list inventario (m) de posición (en almacén)
pie chart gráfico (m) circular *o* gráfico sectorial
piece pieza (f)
piece rate precio (m) a destajo
piecework trabajo (m) a destajo
pilferage *or* **pilfering** (pequeño) hurto (m)
pilot (adj) piloto
pilot (n) [person] piloto (mf)
pilot scheme programa (m) piloto
pioneer (n) pionero, -ra
pioneer (v) iniciar *o* abrir camino
place (n) lugar (m) *o* posición (f) *o* sitio (m)
place (n) [job] puesto (m)
place (v) colocar *o* poner *o* situar
place an order cursar un pedido
place of work lugar (m) de trabajo
plaintiff demandante (mf) *o* querellante (mf)
plan (n) [drawing] plano (m)
plan (n) [project] plan (m) *o* proyecto (m)
plan (v) planear *o* planificar *o* proyectar
plan investments planificar las inversiones

plane avión (m)
planner planificador, -ra
planning planificación (f)
plant (n) [factory] planta (f) *o* fábrica (f)
plant (n) [machinery] maquinaria (f)
plant-hire firm empresa (f) de alquiler de maquinaria
platform [railway station] andén (m)
PLC *or* **plc (= Public Limited Company)** Sociedad Anónima (S.A.)
plug (n) enchufe (m)
plug (v) [block] detener *o* frenar
plug (v) [publicize] dar publicidad
plummet caer
plus más
plus factor factor (m) positivo
pocket (n) bolsillo (m) *o* bolsa (f)
pocket (v) embolsar
pocket calculator *or* **pocket diary** calculadora (f) de bolsillo *o* diario (m) de bolsillo
point punto (m)
point of sale (p.o.s. *or* **POS)** punto (m) de venta
point of sale material (POS material) publicidad (f) en el punto de venta
policy política (f)
pool resources reunir recursos
poor quality mala calidad (f)
poor service servicio (m) deficiente
popular popular
popular prices precios (mpl) populares
port puerto (m)
port [computer] conexión (f)
port authority autoridades (fpl) portuarias
port charges *or* **port dues** derechos (mpl) de dársena *o* portuarios
port of call puerto (m) de escala
port of embarkation puerto (m) de embarque
port of registry puerto (m) de registro
portable portátil
portfolio cartera (f) (de valores)
portfolio management gestión (f) *o* administración (f) de cartera
POS *or* **p.o.s. (= point of sale)** punto (m) de venta
POS material (point of sale material) publicidad (f) en el punto de venta
position [job] puesto (m) *o* cargo (m) *o* plaza (f)
position [state of affairs] posición (f) *o* situación (f) *o* postura (f)
positive positivo, -va
positive cash flow flujo (m) de caja positivo
possess (v) poseer
possession (n) posesión (f)
possibility posibilidad (f)
possible posible
post (n) [job] puesto (m)
post (n) [letters] correo (m)
post (n) [system] correos (mpl)
post (v) enviar *o* mandar por correo *o* echar al correo
post an entry hacer un asiento
post free sin gastos de franqueo
postage franqueo (m) *o* tarifa (f) postal
postage and packing (p & p) (gastos de) franqueo y embalaje
postage paid franqueo (m) concertado *o* porte pagado
postal postal
postal charges *or* **postal rates** gastos (mpl) de franqueo *o* tarifas (fpl) postales
postal order giro (m) postal
postcard (tarjeta) postal
postcode código (m) postal
postdate posfechar
poste restante lista (f) de correos
postpaid porte (m) pagado *o* franqueo (m) concertado

postpone aplazar *o* posponer
postponed aplazado, -da
postponement aplazamiento (m)
potential (adj) potencial
potential (n) potencial (m)
potential customers clientes (mpl) eventuales
potential market mercado (m) potencial
pound libra (f)
pound sterling libra (f) esterlina
power (n) poder (m)
power of attorney poder (m) notarial *o* poderes (mpl)
PR (= public relations) relaciones (fpl) públicas
pre-empt prevenir
pre-financing prefinanciación (f)
prefer preferir
preference preferencia (f)
preference shares acciones (fpl) preferentes
preferential preferente *o* preferencial
preferential creditor acreedor, -ra preferente
preferential duty *or* **preferential tariff** tarifa (f) preferente *o* tarifa preferencial
preferred creditor acreedor, -ra preferente
premises local (m) *o* edificio (m)
premium [extra charge] agio (m)
premium [insurance] prima (f) de seguros
premium [on lease] traspaso (m)
premium offer obsequio (m) publicitario
premium quality alta calidad
prepack *or* **prepackage** preempaquetar
prepaid pagado, -da por adelantado
prepay pagar por adelantado
prepayment pago (m) por adelantado
prescribe prescribir
present (adj) [being there] presente

present (adj) [now] actual
present (n) [gift] regalo (m) *o* obsequio (m)
present (v) [give] regalar *o* obsequiar
present (v) [show a document] presentar
present a bill for acceptance presentar una letra a la aceptación
present a bill for payment presentar una letra al pago
present value valor (m) actual
presentation presentación (f)
press prensa (f)
press conference conferencia (f) de prensa
press release comunicado (m) de prensa
prestige prestigio (m)
prestige product producto (m) prestigioso
pretax profit beneficio (m) antes de deducir los impuestos
prevent impedir *o* evitar *o* prevenir
prevention prevención (f)
preventive preventivo, -va
previous previo, -via *o* anterior
price (n) precio (m)
price (v) poner precio a
price ceiling límite (m) de precios
price control control (m) de precios
price controls control (m) de precios
price differential coeficiente (m) de ajuste de precios
price ex quay franco en muelle
price ex warehouse franco en almacén
price ex works precio (m) en fábrica *o* franco en fábrica
price label etiqueta (f) de precio
price list lista (f) de precios
price range gama (f) de precios
price reductions rebajas (fpl) de precios
price stability estabilidad (f) de los precios

price tag or **price ticket** etiqueta (f) de precio
price(-cutting) war guerra (f) de precios
price-sensitive product producto (m) sensible a los cambios de precio
price/earnings ratio (P/E ratio) relación (f) precio-ganancias
pricing fijación (f) de los precios
pricing policy política (f) de precios
primary primario, -ria
primary industry sector (m) primario
prime principal o primero, -ra
prime cost coste (m) de producción
prime rate tipo (m) preferencial de interés bancario
principal (adj) principal
principal (n) [money] principal (m)
principal (n) [person] mandante (m)
principle principio (m)
print out imprimir
printer [company] imprenta (f)
printer [machine] impresora (f)
printout impresión (f)
prior anterior o previo, -via
private privado, -da o particular
private enterprise empresa (f) privada
private limited company sociedad (f) limitada (S.L.)
private ownership propiedad (f) privada
private property propiedad (f) privada
private sector sector (m) privado
privatization privatización (f)
privatize privatizar
pro forma (invoice) factura (f) pro forma
pro rata prorrata
probation periodo (m) de prueba
probationary de prueba o probatorio, -ria

problem problema (m)
problem area asunto (m) problemático
problem solver mediador (m) de conflictos
problem solving investigación (f) de conflictos
procedure procedimiento (m) o tramitación (f) o trámite (m)
proceed proceder o seguir o continuar
process (n) procedimiento (m)
process (v) preparar o elaborar o tramitar
process (v) [raw materials] elaborar
process figures elaborar cifras
produce (n) productos (mpl)
produce (v) producir o fabricar
produce (v) [bring out] presentar
produce (v) [yield] producir o dar
producer productor, -ra o fabricante (m)
product producto (m)
product advertising anuncio (m) del producto
product cycle ciclo (m) del producto
product design diseño (m) de productos
product development desarrollo (m) de productos
product engineer ingeniero, -ra de producto
product line gama (f) de productos o línea (f) de productos
product mix gama (f) de productos de una compañía
production producción (f)
production [showing] presentación (f)
production cost coste (m) de producción
production department departamento (m) de producción
production line cadena (f) de montaje

production manager director, -ra de producción
production standards normas (fpl) de producción
production target objetivo (m) de producción
production unit unidad (f) de producción
productive productivo, -va
productive discussions conversaciones (fpl) fructíferas
productivity productividad (f)
productivity agreement acuerdo (m) de productividad
productivity bonus prima (f) de productividad
professional (adj) [expert] profesional
professional (n) [expert] profesional (mf)
professional qualifications títulos (mpl) profesionales
profit ganancia (f) o beneficio (m)
profit after tax beneficio (m) neto de impuestos
profit and loss account cuenta (f) de pérdidas y ganancias
profit before tax beneficio (m) antes de deducir los impuestos
profit centre centro (m) de beneficios
profit margin margen (m) de beneficio
profit-making rentable o lucrativo, -va
profit-oriented company empresa (f) con fines de lucro
profit-sharing participación (f) en los beneficios
profitability [making a profit] rentabilidad (f)
profitability [ratio of profit to cost] coeficiente (m) de rentabilidad
profitable rentable o productivo, -va o lucrativo, -va
program a computer programar un ordenador
programme *or* **program** programa (m)
programming language lenguaje (m) de programación
progress (n) progreso (m) o marcha (f) o avance (m)
progress (v) progresar o avanzar
progress chaser responsable (mf) del progreso de un trabajo
progress payments pagos (mpl) a cuenta
progress report informe (m) sobre la marcha de un trabajo
progressive progresivo, -va
progressive taxation tributación (f) progresiva
prohibitive prohibitivo, -va
project (n) proyecto (m) o plan (m)
project (v) proyectar
project analysis análisis (m) de proyectos
project manager director, -ra de proyecto
projected proyectado, -da o previsto, -ta
projected sales ventas (fpl) previstas
promise (n) promesa (f)
promise (v) prometer
promissory note pagaré (m) o letra (f) al propio cargo
promote [advertise] promocionar
promote [give better job] ascender
promote a corporate image promocionar la imagen pública de una empresa
promote a new product promocionar un nuevo producto
promotion [publicity] promoción (f)
promotion [to better job] ascenso (m)
promotion(al) budget presupuesto (m) de promoción
promotion of a product promoción (f) de un producto

promotional de promoción *o* en promoción
prompt pronto, -ta *o* rápido, -da *o* inmediato, -ta
prompt payment pronto pago (m)
prompt service servicio (m) rápido
proof (n) prueba (f)
property (n) propiedad (f)
proportion (n) parte (f) *o* proporción (f)
proportional proporcional
proposal proposición (f) *o* propuesta (f)
propose [a motion] proponer
propose to [do something] proponer(se)
proposition propuesta (f) *o* proposición (f)
proprietary company (US) sociedad (f) de cartera
proprietor propietario (m) *o* dueño (m)
proprietress propietaria (f) *o* dueña (f)
prosecute procesar *o* enjuiciar
prosecution [legal action] procesamiento (m)
prosecution [party in legal action] parte (f) acusadora *o* acusación (f)
prosecution counsel fiscal (m)
prospective eventual
prospective buyer posible comprador, -ra
prospects perspectivas (fpl)
prospectus prospecto (m) *o* folleto (m)
protect proteger
protection protección (f)
protectionist proteccionista
protective protector, -ra *o* proteccionista
protective tariff arancel (m) proteccionista
protest (n) protesta (f)
protest (n) [official document] protesto (m)
protest (v) protestar contra algo
protest a bill protestar una letra

protest strike huelga (f) de protesta
provide proveer
provide for prever
provided that *or* providing a condición de que
provision [condition] disposición (f) *o* estipulación (f)
provision [money put aside] provisión (f) de fondos *o* reserva (f)
provisional provisional
provisional budget presupuesto (m) provisional
provisional forecast of sales previsión (f) provisional de ventas
proviso condición (f) *o* salvedad (f)
proxy [deed] procuración (f) *o* poder (m)
proxy [person] poderhabiente (mf) *o* apoderado, -da
proxy vote voto (m) por poderes
public (adj) público, -ca
public finance finanzas (fpl) públicas
public funds fondos (mpl) públicos
public holiday fiesta (f) nacional
public image imagen (f) pública
Public Limited Company (Plc) sociedad (f) anónima (S.A.)
public opinion opinión (f) pública
public relations (PR) relaciones (fpl) públicas
public relations department departamento (m) de relaciones públicas
public relations man persona dedicada a las relaciones públicas
public relations officer responsable (mf) de relaciones públicas
public sector sector (m) público
public transport transporte (m) público
publicity publicidad (f)
publicity budget presupuesto (m) publicitario

publicity campaign campaña (f) publicitaria
publicity department departamento (m) de publicidad
publicity expenditure gastos (mpl) de publicidad
publicity manager director, -ra de publicidad
publicize dar publicidad *o* divulgar
purchase (n) compra (f)
purchase (v) comprar
purchase ledger libro (m) mayor de compras
purchase order orden (f) de compra
purchase price precio (m) de compra
purchase tax impuesto (m) de venta
purchaser comprador, -ra
purchasing compra (f)
purchasing department departamento (m) *o* sección (f) de compras
purchasing manager jefe, -fa de compras
purchasing power poder (m) adquisitivo
put (v) [place] poner
put back [later] aplazar
put in order ordenar
put in writing poner por escrito
put money down dar una entrada

Qq

qty (= quantity) cantidad (f)
qualified cualificado, -da *o* capacitado, -da
qualified [with reservations] con reservas *o* condicionado, -da
qualify capacitar
qualify as obtener *o* sacar el título de
quality calidad (f)
quality control control (m) de calidad
quality controller inspector, -ra de calidad
quality label signo (m) de calidad
quango organismo (m) paraestatal
quantity cantidad (f)
quantity discount descuento (m) por cantidad
quarter [25%] cuarto (m) *o* cuarta parte (f)
quarter [three months] trimestre (m)
quarter day día (m) de ajuste
quarterly (adj) trimestral
quarterly (adv) trimestralmente *o* cada tres meses
quay muelle (m)
question (n) pregunta (f) *o* cuestión (f)
question (v) preguntar *o* cuestionar
questionnaire cuestionario (m) *o* encuesta (f)
quorum quórum (m)
quota cupo (m) *o* cuota (f)
quotation (n) *or* **quote (n)** cotización (f) *o* presupuesto (m)
quote (v) [estimate costs] cotizar *o* ofrecer un precio
quote (v) [reference] citar *o* indicar

quoted company sociedad (f) cotizada en bolsa
quoted shares acciones (fpl) que se cotizan en bolsa

Rr

R&D (= research and development) investigación y desarrollo (I+D)
racketeer estafador, -ra *o* timador, -ra
racketeering negocio (m) ilícito
rail ferrocarril (m)
rail transport transporte (m) por ferrocarril
railroad (US) ferrocarril (m)
railway (GB) ferrocarril (m)
railway station estación (f) de ferrocarril
raise (v) aumentar *o* subir
raise (v) [a question] plantear
raise (v) [obtain money] conseguir
raise an invoice preparar una factura
rally (n) recuperación (f)
rally (v) recuperarse
random al azar *o* aleatorio, -ria
random check chequeo (m) al azar
random error error aleatorio
random sample muestra (f) aleatoria
random sampling muestreo (m) aleatorio
range (n) [series of items] gama (f) *o* surtido (m)
range (n) [variation] escala (f)
range (v) oscilar
rapid rápido, -da
rate (n) [amount] tasa (f) *o* coeficiente (m)
rate (n) [price] precio (m) *o* tarifa (f)
rate of exchange tipo (m) de cambio
rate of inflation tasa (f) de inflación
rate of interest rédito (m) *o* tipo (m) de interés
rate of production ritmo (m) de producción
rate of return tasa (f) de rendimiento
ratification ratificación (f)
ratify ratificar
rating clasificación (f)
ratio razón (f) *o* relación (f)
rationalization racionalización (f)
rationalize racionalizar
raw materials materias (fpl) primas
reach llegar *o* alcanzar
reach a decision tomar una decisión
reach an agreement llegar a un acuerdo
readjust reajustar
readjustment reajuste (m)
ready listo, -ta *o* preparado, -da
ready cash efectivo (m)
real real *o* verdadero, -ra
real estate bienes (mpl) raíces *o* propiedad (f) inmobiliaria
real income *or* **real wages** renta (f) real
real-time system sistema (m) de ordenador a tiempo real
realizable assets activo (m) realizable
realization (n) realización (f)
realization of assets liquidación (f) de activo
realize realizar
realize [understand] darse cuenta
realize a project *or* **a plan** realizar un proyecto *o* un plan
realize property *or* **assets** liquidar propiedades *o* realizar activos

reapplication segunda solicitud (f)
reapply volver a presentarse
reappoint volver a nombrar
reappointment nuevo nombramiento (m)
reason razón (f)
reassess revaluar
reassessment revaluación (f)
rebate [money back] reembolso (m)
rebate [price reduction] rebaja (f) *o* descuento (m)
receipt [paper] recibo (m) *o* resguardo (m)
receipt [receiving] recepción (f)
receipt book talonario (m) de recibos
receipts ingresos (mpl) *o* entradas (fpl)
receivable a cobrar *o* por cobrar
receivables efectos (mpl) a cobrar
receive recibir
receiver (who receives) destinatario, -ria *o* receptor (m)
receiver [liquidator] síndico (m)
reception recepción (f) *o* acogida (f)
reception clerk recepcionista (mf)
reception desk recepción (f)
receptionist recepcionista (mf)
recession recesión (f)
reciprocal recíproco, -ca *o* bilateral
reciprocal agreement acuerdo (m) recíproco *o* acuerdo bilateral
reciprocal trade comercio (m) recíproco
reciprocity reciprocidad (f)
recognition reconocimiento (m)
recognize a union reconocer a un sindicato
recommend recomendar *o* aconsejar
recommendation recomendación (f)
reconcile cuadrar *o* ajustar
reconciliation reconciliación (f) *o* concertación (f)
reconciliation of accounts conciliación (f) de cuentas
record (n) récord (m)
record (n) [for personnel] historial (m) *o* expediente (m)
record (n) [of what has happened] acta (f) *o* registro (m) *o* informe (m)
record (v) registrar *o* anotar
record-breaking récord
recorded delivery entrega (f) con acuse de recibo
records archivos (mpl)
recoup one's losses resarcirse de las pérdidas
recover [get better] recuperarse *o* mejorar
recover [get something back] recuperar *o* recobrar
recoverable recuperable
recovery [getting better] reactivación (f)
recovery [getting something back] recuperación (f) *o* rescate (m)
rectification rectificación (f)
rectify corregir *o* rectificar
recurrent que se repite *o* constante
recycle reciclar
recycled paper papel (m) reciclado
red tape burocracia (f) *o* papeleo (m)
redeem amortizar *o* redimir
redeem a bond vender un bono *o* amortizar una obligación
redeem a debt pagar una deuda
redeem a pledge rescatar una prenda
redeemable rescatable *o* amortizable
redemption [of a loan] amortización (f) *o* rescate (m)
redemption date fecha (f) de amortización *o* fecha de rescate
redevelop renovar
redevelopment renovación (f) urbana
redistribute redistribuir
reduce (a price) rebajar *o* reducir (un precio)

reduce expenditure reducir gastos
reduced rate precio (m) reducido *o* tarifa (f) reducida
reduction reducción (f) *o* rebaja (f)
redundancy excedente (m) de plantilla *o* despido (m)
redundant redundante
re-elect reelegir
re-election reelección (f)
re-employ emplear de nuevo
re-employment reempleo (m)
re-export (n) reexportación (f)
re-export (v) reexportar
refer [pass to someone] remitir
refer [to item] referirse *o* mencionar
reference referencia (f)
reference number número (m) de referencia
refinancing of a loan refinanciación (f) de un préstamo
refresher course curso (m) de reciclaje *o* curso de actualización
refund (n) devolución (f) *o* reembolso (m)
refund (v) reembolsar *o* devolver
refundable reembolsable
refundable deposit depósito (m) reembolsable
refunding of a loan conversión (f) de un préstamo
refusal negativa (f) *o* rechazo (m)
refuse (v) rehusar *o* negar(se) *o* rechazar
regarding relativo a *o* en cuanto a
regardless of sin tener en cuenta
region región (f)
regional regional
register (n) [large book] libro (m) de registro
register (n) [official list] registro (m)
register (v) [at hotel] registrarse *o* inscribirse
register (v) [in official list] registrar *o* inscribir (en un registro)
register (v) [letter] certificar

register a company inscribir una compañía en un registro
register a property registrar una propiedad
register a trademark registrar una marca comercial
register of directors relación (f) de directivos de una empresa
register of shareholders libro (m) registro de accionistas
registered (adj) registrado, -da *o* certificado, -da
registered design diseño (m) registrado
registered letter carta (f) certificada
registered office domicilio (m) social
registered trademark marca (f) registrada
registrar registrador, -ra *o* secretario, -ria (general)
Registrar of Companies Registro (m) Mercantil
registration registro (m) *o* inscripción (f) *o* matrícula (f)
registration fee cuota (f) de inscripción *o* matrícula (f)
registration form boletín (m) de inscripción
registration number número (m) de registro *o* número de matrícula
registry registro (m)
registry office oficina (f) del registro civil
regular [always at same time] regular
regular [ordinary] normal *o* ordinario, -ria *o* corriente
regular customer cliente (mf) habitual
regular income ingreso (m) fijo
regular route ruta (f) habitual
regular size tamaño (m) normal
regular staff personal (m) fijo
regulate [adjust] regular
regulate [by law] reglamentar

regulation regulación (f) o reglamentación (f)
regulations normas (fpl) o reglamento (m)
reimbursement reembolso (m) o reintegro (m)
reimbursement of expenses reembolso (m) de gastos
reimport (n) reimportación (f)
reimport (v) reimportar
reimportation reimportación (f)
reinsurance reaseguro (m)
reinsure reasegurar
reinsurer reasegurador, -ra
reinvest reinvertir
reinvestment reinversión (f)
reject (n) producto (m) defectuoso
reject (v) rechazar
rejection rechazo (m)
relating to referente o relativo a
relation relación (f)
relations relaciones (fpl)
release (n) liberación (f)
release (v) [free] liberar
release (v) [make public] divulgar o publicar
release (v) [put on the market] poner a la venta o lanzar al mercado
release dues despachar pedidos atrasados
relevant apropiado, -da o pertinente
reliability fiabilidad (f)
reliable fiable o de confianza o cumplidor, -ra
remain [be left] quedar o sobrar
remain [stay] quedarse
remainder [things left] resto (m)
remember recordar o acordarse (de)
remind recordar
reminder recordatorio (m) o advertencia (f)
remit (v) remitir
remit by cheque remitir por cheque
remittance envío (m) o giro (m)

remote control mando (m) a distancia
removal mudanza (f) o traslado (m)
removal [sacking someone] destitución (f) o despido (m)
remove (v) quitar o destituir o suprimir
remove [to new house] trasladar o mudar
remunerate remunerar
remuneration remuneración (f)
render an account presentar una cuenta o una factura
renew renovar o prorrogar
renew a lease prorrogar un arrendamiento
renew a subscription renovar una suscripción o un abono
renewal renovación (f) o prórroga (f)
renewal notice notificación (f) de renovación
renewal premium prima (f) de renovación
rent (n) alquiler (m) o renta (f)
rent (v) [pay money for] alquilar o arrendar
rent collector cobrador (m) de alquileres
rent control control (m) de rentas o control de alquileres
rent tribunal tribunal (m) de rentas
rent-free exento de alquiler
rental alquiler (m)
rental income ingresos (mpl) o renta (f) por alquiler
renunciation renuncia (f)
reorder (n) nuevo pedido (m)
reorder (v) renovar un pedido
reorganization reorganización (f)
reorganize reorganizar
rep (= representative) representante (mf)
repair (n) reparación (f)
repair (v) reparar o componer
repay pagar o reembolsar o resarcir
repayable reembolsable

repayment reembolso (m) o pago (m)
repeat repetir
repeat an order renovar un pedido
repeat order pedido (m) suplementario
replace reemplazar o sustituir o reponer
replacement [item] reemplazo (m) o repuesto (m)
replacement [person] sustituto, -ta
replacement value valor (m) de reposición
reply (n) respuesta (f) o contestación (f)
reply (v) responder o contestar
reply coupon boletín (m) de respuesta
report (n) informe (m) o memoria (f)
report (v) informar
report (v) [go to a place] presentarse
report a loss anunciar un déficit
report for an interview presentarse a una entrevista
report (v) [on progress] informar sobre la marcha
report to someone rendir cuentas a alguien
repossess recuperar o recobrar
represent representar
representative (adj) representativo, -va
representative (n) representante (mf)
repudiate repudiar
repudiate an agreement negarse a cumplir un acuerdo
reputation reputación (f)
request (n) ruego (m) o petición (f) o solicitud (f)
request (v) pedir o solicitar
request: on request a petición
require requerir
require [demand] exigir
requirements requisitos (mpl)
resale reventa (f)

resale price precio (m) de reventa
rescind rescindir o anular
research (n) investigación (f)
research (v) investigar
research and development (R & D) investigación y desarrollo (I+D)
research programme programa (m) de investigación
research worker *or* **researcher** investigador, -ra
reservation reserva (f)
reserve (n) reserva (f)
reserve (n) [supplies] reservas (fpl)
reserve (v) reservar
reserve currency divisas (fpl) de reserva
reserve price precio (m) mínimo aceptable
reserves reservas (fpl)
residence residencia (f)
residence permit permiso (m) de residencia
resident (adj) residente
resident (n) residente (mf) o habitante (mf)
resign resignar o dimitir
resignation dimisión (f) o renuncia (f)
resolution resolución (f)
resolve resolver o decidir
resources recursos (mpl)
respect (v) respetar o acatar
respond responder
response respuesta (f) o reacción (f)
responsibilities responsabilidades (fpl) o obligaciones (fpl)
responsibility responsabilidad (f)
responsible (for) responsable
responsible to someone ser responsable ante alguien
rest (n) descanso (m)
rest (n) [remainder] resto (m)
restock renovar existencias o repostar

restocking renovación (f) de existencias
restraint restricción (f)
restraint of trade restricción (f) comercial
restrict restringir o limitar
restrict credit limitar el crédito
restriction restricción (f) o limitación (f)
restrictive restrictivo, -va
restrictive practices prácticas (fpl) restrictivas
restructure reestructurar
restructuring reestructuración (f)
restructuring of a loan consolidación (f) de un préstamo
restructuring of the company reestructuración (f) de la compañía
result [general] resultado (m)
result from resultar de o derivar de
result in resultar o dar por resultado
results [company's profit or loss] resultados (mpl)
resume reanudar
resume negotiations reanudar las negociaciones
retail (n) venta (f) al por menor o venta al detalle
retail (v) vender o venderse al por menor
retail dealer comerciante (mf) al por menor o minorista (mf)
retail goods vender al por menor
retail outlets tiendas (fpl) al detall
retail price precio (m) al por menor
retail price index índice (m) de precios al comsumo
retailer detallista (mf) o minorista (mf)
retailing comercio (m) al por menor
retire [from one's job] jubilarse o retirarse
retirement jubilación (f) o retiro (m)
retirement age edad (f) de jubilación
retiring saliente
retrain reciclar
retraining reciclaje (m) profesional
retrenchment reducción (f) de gastos
retrieval recuperación (f) o rescate (m)
retrieval system sistema (m) de recuperación
retrieve recuperar o rescatar
retroactive retroactivo, -va
retroactive pay rise aumento (m) retroactivo de salarios
return (n) vuelta (f) o regreso (m)
return (n) [profit] ganancia (f) o rendimiento (m)
return (n) [sending back] devolución (f)
return (v) [send back] devolver
return a letter to sender devolver una carta al remitente
return address remite (m)
return on investment (ROI) rendimiento (m) de la inversión
returnable retornable
returned empties envases (mpl) devueltos
returns [profits] beneficios (mpl)
returns [unsold goods] productos (mpl) devueltos sin vender
revaluation revaluación (f)
revalue revaluar
revenue ingreso (m)
revenue accounts contabilidad (f) de ingresos
revenue from advertising ingresos (mpl) por publicidad
reversal inversión (f) o revocación (f)
reverse (adj) revertido, -da
reverse (v) revocar
reverse charge call llamada (f) a cobro revertido
reverse takeover contra OPA (f)
reverse the charges llamar a cobro revertido
revise revisar o corregir

revoke revocar
revolving credit crédito (m) renovable
rider cláusula (f) adicional
right (adj) [not left] derecho, -a
right (adj) [not wrong] correcto, -ta
right (n) [legal title] derecho (m)
right of veto derecho (m) de veto
right of way derecho (m) de paso
right-hand man brazo (m) derecho *o* hombre (m) de confianza
rightful legítimo, -ma
rightful claimant derechohabiente (m)
rightful owner propietario legítimo, propietaria legítima
rights issue emisión (f) de derechos
rise (n) [increase] alza (f) *o* subida (f) *o* aumento (m)
rise (n) [salary] aumento (m) de salario
rise (v) subir
risk (n) riesgo (m)
risk (v) [money] arriesgar
risk capital capital-riesgo (m)
risk premium prima (f) de riesgo
risk-free investment inversión (f) sin riesgo
risky arriesgado, -da
rival company empresa (f) competidora
road carretera (f)
road haulage transporte (m) por carretera
road haulier transportista (mf)
road tax impuesto (m) de circulación
road transport transporte (m) por carretera
rock-bottom prices precios (mpl) reventados
ROI (= return on investment) rendimiento (m) de la inversión
roll on/roll off ferry ferry roll-on roll-off
rollout (n) *[of product]* lanzamiento (m)

roll over credit *or* a debt refinanciar un crédito *o* una deuda
rolling plan plan (m) periódicamente actualizado
room [general] sala (f)
room [hotel] habitación (f)
room [space] espacio (m)
room reservations departamento (m) de reservas
room service servicio (m) de habitaciones de un hotel
rough [estimate] aproximado, -da
rough calculation cálculo (m) aproximado
rough draft borrador (m) *o* bosquejo (m)
rough estimate cálculo (m) aproximado
round down redondear por defecto
round up redondear por exceso
routine (adj) rutinario, -ria *o* habitual
routine (n) rutina (f) *o* costumbre (f)
routine call llamada (f) rutinaria
routine work trabajo (m) rutinario
royalty canon (m) *o* derechos (mpl) de autor
rubber check (US) cheque (m) sin fondos
rule (n) norma (f) *o* regla (f)
rule (v) [be in force] regir
rule (v) [give decision] decretar
ruling (adj) vigente
ruling (n) decisión (f) *o* fallo (m)
run (n) [regular route] ruta (f) habitual
run (n) [rush to buy] demanda (f) excesiva
run (n) [work routine] ciclo (m) de trabajo
run (v) [be in force] ser válido *o* regir
run (v) [buses, trains] circular (v)
run (v) [manage] dirigir *o* llevar
run (v) [work machine] utilizar *o* hacer funcionar
run a risk correr un riesgo

run into debt endeudarse *o* adeudarse
run out agotar las existencias
run to ascender
running (n) [of machine] funcionamiento (m)
running costs *or* **running expenses** gastos (mpl) corrientes *o* gastos de mantenimiento
running total total (m) acumulado
rush (n) prisa (f)
rush (v) precipitarse
rush hour horas punta
rush job trabajo (m) urgente
rush order pedido (m) urgente

Ss

sack (v) someone despedir a alguien
safe (adj) seguro, -ra
safe (n) caja (f) fuerte *o* caja de caudales
safe deposit caja (f) de seguridad
safe investment inversión (f) segura
safeguard proteger
safety seguridad (f)
safety measures medidas (fpl) de seguridad
safety precautions precauciones (fpl) *o* medidas (fpl) de precaución
safety regulations normas (fpl) de seguridad
salaried asalariado, -da
salary salario (m) *o* sueldo (m)
salary cheque cheque (m) de sueldo
salary review revisión (f) de sueldos
sale (n) [at a low price] liquidación (f) *o* saldo (m) *o* rebajas (fpl)
sale (n) [selling] venta (f)
sale by auction venta (f) en subasta
sale or return venta (f) a prueba *o* venta en depósito
saleability facilidad (f) de venta
saleable vendible
sales ventas (fpl)
sales analysis análisis (m) de ventas
sales book libro (m) de ventas
sales budget presupuesto (m) de ventas
sales campaign campaña (f) de ventas
sales chart gráfico (m) de ventas
sales clerk vendedor, -ra
sales conference reunión (f) de ventas
sales curve curva (f) de ventas
sales department sección (f) de ventas
sales drive campaña (f) *o* promoción (f) de ventas
sales executive ejecutivo (m) de ventas
sales figures cifras (fpl) de ventas
sales force personal (m) de ventas
sales forecast previsión (f) de ventas
sales ledger libro (m) mayor de ventas
sales ledger clerk encargado, -da del libro de ventas
sales literature información (f) publicitaria
sales manager director, -ra comercial
sales people personal (m) de ventas
sales pitch rollo (m) publicitario
sales promotion promoción (f) de ventas

sales receipt comprobante (m) de caja
sales representative representante (mf)
sales revenue ingresos (mpl) de ventas *o* facturación (f)
sales target objetivo (m) de ventas
sales tax impuesto (m) sobre la venta
sales team equipo (m) de ventas
sales volume volumen (m) de ventas
salesman [in shop] dependiente (m) *o* vendedor (m)
salesman [representative] representante (mf)
salvage (n) [action] salvamento (m) *o* rescate (m)
salvage (n) [things saved] objetos (mpl) salvados
salvage (v) salvar
salvage vessel buque (m) de salvamento
sample (n) [group] muestra (f) *o* muestreo (m)
sample (v) [ask questions] hacer un muestreo
sample (v) [test] probar
sampling [statistics] muestreo (m) por áreas
satisfaction satisfacción (f)
satisfy [customer] satisfacer
satisfy a demand satisfacer una demanda
saturate saturar
saturate the market saturar el mercado
saturation saturación (f)
save (v) ahorrar *o* economizar
save (v) [on computer] archivar *o* guardar
save on ahorrar *o* economizar
save up ahorrar
savings ahorros (mpl)
savings account cuenta (f) de ahorro
scale [system] escala (f)

scale down *or* scale up reducir *o* aumentar a escala
scale of charges lista (f) de precios
scarcity value valor (m) de escasez
scheduled flight vuelo (m) regular
scheduling programación (f)
screen (n) pantalla (f)
screen candidates seleccionar candidatos, -tas *o* pasar por la criba
scrip certificado (m) provisional de acciones
scrip issue emisión (f) de acciones gratuitas
seal (n) precinto (m)
seal (v) [attach a seal] sellar *o* precintar
seal (v) [envelope] cerrar
sealed envelope sobre (m) cerrado
sealed tenders ofertas (fpl) lacradas
season [time for something] temporada (f)
season [time of year] estación (f)
season ticket abono (m) *o* billete (m) de abono
seasonal estacional
seasonal adjustments ajustes (mpl) estacionales
seasonal demand demanda (f) estacional
seasonal variations variaciones (fpl) estacionales
seasonally adjusted figures cifras (fpl) ajustadas estacionalmente
second (adj) segundo, -da
second (v) [member of staff] trasladar temporalmente
second quarter segundo trimestre
second-class de segunda clase *o* de segunda categoría
secondary secundario, -ria
secondary industry industria (f) secundaria
secondhand usado, -da *o* de segunda mano
seconds artículos (mpl) con desperfectos

secret (adj) secreto, -ta
secret (n) secreto (m)
secretarial college escuela (f) de secretariado
secretary secretario, -ria
secretary [government minister] ministro (m) del gobierno
section (n) sección (f) *o* departamento (m)
sector sector (m)
secure funds conseguir fondos
secure investment inversión (f) segura
secure job empleo (m) seguro
secured creditor acreedor, -ora con garantía
secured debts deudas (fpl) garantizadas
secured loan préstamo (m) garantizado
securities títulos (mpl) *o* valores (mpl)
security [being safe] seguridad (f)
security [guarantee] fianza (f) *o* garantía (f)
security guard guardia (m) de seguridad *o* vigilante (m)
security of employment seguridad (f) de empleo
security of tenure derecho (m) de ocupación
see-safe venta (f) a prueba *o* venta en depósito
seize embargar *o* confiscar *o* incautar *o* secuestrar
seizure embargo (m) *o* incautación (f) *o* secuestro (m)
selection selección (f) *o* surtido (m)
selection procedure procedimiento (m) de selección
self-employed (trabajador, -ra) autónomo, -ma
self-financing (adj) autofinanciado, -da
self-financing (n) autofinanciación (f)
self-regulation autorregulación (f)

self-regulatory autorregulado, -da
sell vender
sell forward vender con entrega aplazada *o* vender a futuros
sell off liquidar
sell out [all stock] agotar las existencias
sell out [sell one's business] vender un negocio
sell-by date fecha (f) de caducidad
seller vendedor, -ra
seller's market mercado (m) de vendedores
selling (n) venta (f)
selling price precio (m) de venta
semi-finished products productos (mpl) semiacabados
semi-skilled workers obreros (mpl) semicualificados
send enviar
send a package by airmail enviar un paquete por correo aéreo
send a package by surface mail enviar un paquete por vía terrestre o marítima
send a shipment by sea enviar una carga por vía marítima
send an invoice by post enviar una factura por correo
sender remitente (mf)
senior mayor *o* más antiguo *o* superior
senior manager *or* senior executive director, -ra principal
senior partner socio, -cia principal
sentence sentencia (f)
separate (adj) separado, -da
separate (v) separar *o* dividir
separate: under separate cover por separado
sequester *or* sequestrate secuestrar *o* embargar
sequestration embargo (m)
sequestrator embargador, -ra
serial number número (m) de serie
serve servir *o* atender
serve a customer atender a un cliente

service (n) servicio (m)
service (n) [of machine] revisión (f)
service (v) [a machine] revisar
service a debt pagar los intereses de una deuda
service centre centro (m) de reparaciones
service charge suplemento (m) por el servicio
service department servicio (m) de mantenimiento
service industry industria (f) de servicios
service manual manual (m) de mantenimiento
set (adj) fijo, -ja
set (n) juego (m)
set (v) establecer *o* fijar
set against compensar *o* deducir
set price precio (m) fijo
set targets fijar objetivos
set up a company crear *o* fundar una compañía
set up in business poner un negocio *o* establecerse
setback revés (m)
settle [an invoice] saldar *o* pagar una factura
settle [arrange things] establecerse
settle a claim pagar una reclamación
settle an account liquidar *o* saldar una cuenta
settlement [agreement] acuerdo (m) (después de un conflicto)
settlement [payment] finiquito (m) *o* pago (m)
setup [company] empresa (f)
setup [organization] sistema (m)
share (n) participación (f)
share (n) [in a company] acción (f)
share (v) [divide among] dividir *o* repartir
share (v) [use with someone] compartir
share an office compartir una oficina
share capital capital (m) en acciones
share certificate título (m) *o* certificado (m) de una acción
share issue emisión (f) de acciones
shareholder accionista (mf)
shareholding tenencia (f) de acciones
sharp practice negocio (m) deshonesto (pero no ilegal)
sheet of paper hoja (f) de papel
shelf estantería (f) *o* anaquel (m)
shelf filler empleado, -da para mantener llenos los estantes
shelf life of a product periodo (m) de conservación de un producto
shell company sociedad (f) ficticia (para la compra de acciones)
shelter refugio (m)
shelve dar carpetazo *o* arrinconar
shelving [shelves] estantería (f)
shift (n) [change] cambio (m)
shift (n) [team of workers] turno (m)
shift key tecla (f) de mayúsculas
shift work trabajo (m) por turnos
ship (n) barco (m) *o* buque (m)
ship (v) expedir
ship broker agente (m) marítimo
shipment envío (m) *o* carga (f)
shipper expedidor, -ra *o* transportista (mf)
shipping envío (m) *o* expedición (f)
shipping agent agente (m) marítimo *o* agencia (f) de transportes
shipping charges *or* **shipping costs** costes (mpl) de envío
shipping clerk agente (mf) expedidor, -ra
shipping company compañía (f) naviera *o* compañía marítima
shipping instructions instrucciones (fpl) de envío

shipping line compañía (f) naviera
shipping note nota (f) de envío
shop tienda (f)
shop around comparar precios
shop assistant dependiente, -ta
shop window escaparate (m)
shop-soiled deteriorado, -da
shopkeeper tendero, -ra *o* comerciante (mf)
shoplifter ratero, -ra de tiendas *o* mechera (f)
shoplifting hurto (m) en las tiendas
shopper comprador, -ra
shopping [action] ir de compras *o* ir de tiendas
shopping [goods bought] compras (fpl)
shopping arcade galería (f) comercial
shopping centre centro (m) comercial
shopping mall galería (f) comercial
shopping precinct zona (f) comercial peatonal
short credit crédito (m) a corto plazo
short of menos de lo necesario *o* escaso, -sa
short-dated bills letras (fpl) a corto vencimiento
short-term (adj) a corto plazo
short-term contract contrato (m) de corta duración
short-term credit crédito (m) a corto plazo
short-term debts deudas (fpl) a corto plazo
short-term loan préstamo (m) a corto plazo
shortage escasez (f) *o* falta (f)
shortfall déficit (m) *o* insuficiencia (f)
shortlist (n) preselección (f) *o* terna (f)
shortlist (v) preseleccionar
show (n) [exhibition] exposición (f) *o* feria (f)

show (v) mostrar *o* indicar *o* enseñar
show a profit mostrar un beneficio
showcase vitrina (f)
showroom sala (f) de exposición
shrink-wrapped envasado, -da al vacío
shrink-wrapping envase (m) al vacío
shrinkage contracción (f) *o* encogimiento (m) *o* reducción (f)
shut (adj) cerrado, -da
shut (v) cerrar
side lado (m)
sideline negocio (m) suplementario
sight vista (f)
sight draft giro (m) a la vista
sign (n) señal (f) *o* letrero (m) *o* rótulo (m)
sign (v) firmar
sign a cheque firmar un cheque
sign a contract firmar un contrato
signatory signatario, -ria *o* firmante (mf)
signature firma (f)
simple interest interés (m) simple
single único, -ca *o* sencillo, -lla
Single European Market Mercado Unico Europeo
sink (v) hundirse
sister company compañía (f) asociada
sister ship buque (m) gemelo (de la misma flota)
sit-down protest sentada (f)
sit-down strike huelga (f) de brazos caídos
site sitio (m) *o* lugar (m) *o* solar (m)
site engineer ingeniero, -ra de obra
sitting tenant inquilino, -na en posesión
situated situado, -da
situation situación (f)

situations vacant ofertas (fpl) de trabajo
size tamaño (m) o dimensiones (fpl)
skeleton staff personal (m) reducido al mínimo
skill habilidad (f) o técnica (f) o destreza (f)
skilled cualificado, -da o especializado, -da
skilled labour mano (f) de obra cualificada
skilled workers obreros (mpl) cualificados
slack flojo, -ja o débil
slash prices or **credit terms** reducir drásticamente (los precios o las condiciones)
sleeping partner socio (m) comanditario o socio en comandita
slip (n) [mistake] error (m)
slip (n) [piece of paper] resguardo (m)
slow lento, -ta o atrasado, -da
slow down desacelerar o reducir
slow payer moroso, -sa
slowdown desaceleración (f) o reducción (f)
slump (n) [depression] depresión (f) o crisis (f) económica
slump (n) [rapid fall] baja (f) o caída (f) repentina
slump (v) caer en picado o hundirse
slump in sales caída (f) de las ventas
small pequeño, -ña
small ads anuncios (mpl) breves
small businesses pequeñas (fpl) empresas
small businessman pequeño (m) empresario
small change moneda (f) suelta
small-scale a pequeña escala
small-scale enterprise empresa (f) a pequeña escala
smart card tarjeta (f) inteligente

SME (small and medium-sized businesses) PYME (pequeñas y medianas empresas)
soar dispararse o remontarse
social social
social costs costes (mpl) sociales
social security seguridad (f) social
society sociedad (f) o club (m)
socio-economic groups grupos (mpl) socioeconómicos
soft currency moneda (f) débil
soft loan préstamo (m) sin interés o crédito (m) blando
soft sell venta (f) sin presionar al cliente
software programa (m) informático o 'software' (m)
sole único, -ca o exclusivo, -va
sole agency representación (f) exclusiva
sole agent representante (m) exclusivo
sole owner propietario único, propietaria única
sole right exclusiva (f)
sole trader comerciante (m) exclusivo
solicit orders solicitar pedidos
solicitor abogado, -da
solution solución (f)
solve a problem resolver o solucionar un problema
solvency solvencia (f)
solvent (adj) solvente
soon pronto
source of income fuente (f) de ingresos
space espacio (m)
spare part pieza (f) de recambio o de repuesto
spare time tiempo (m) libre
special especial
special drawing rights (SDRs) derechos (mpl) especiales de giro (DEG)
special offer oferta (f) especial
specialist especialista (mf)
specialization especialización (f)

specialize especializar
specification especificación (f)
specify especificar *o* precisar *o* indicar
speech of thanks palabras (fpl) de agradecimiento
spend [money] gastar
spend [time] pasar
spending money dinero (m) para gastos personales
spending power poder (m) adquisitivo
spinoff efecto (m) indirecto
spoil estropear
sponsor (n) patrocinador, -ra *o* padrino (m)
sponsor (v) patrocinar
sponsorship patrocinio (m)
spot [place] lugar (m)
spot cash pago (m) al contado *o* dinero (m) en mano
spot price precio (m) de entrega inmediata
spot purchase compra (f) al contado
spread a risk repartir un riesgo
spreadsheet hoja (f) de cálculo
square (n) plaza (f)
stability estabilidad (f)
stabilization estabilización (f)
stabilize estabilizar(se)
stable estable
stable currency moneda (f) estable
stable economy economía (f) estable
stable exchange rate tipo (m) de cambio estable
stable prices precios (mpl) estables
staff (n) personal (m) *o* plantilla (f)
staff (v) contratar personal
staff appointment empleo (m) fijo
staff meeting reunión (f) *o* asamblea (f) de personal
stage (n) fase (m) *o* etapa (f)
stage (v) [organize] presentar
stage a recovery experimentar una recuperación
staged payments pagos (mpl) por etapas
stagger escalonar
stagnant estancado, -da
stagnation estancamiento (m)
stamp (n) sello (m)
stamp (n) [on document] estampilla (f) *o* timbre (m)
stamp (v) [letter] franquear *o* poner el sello
stamp (v) [mark] sellar *o* timbrar
stamp duty impuesto (m) del timbre
stand (n) local (m) de exposición *o* 'stand' (m)
stand down retirarse (de una elección)
stand security for avalar a
stand surety for someone avalar *o* afianzar
standard (adj) normal *o* estándar
standard (n) norma (f) *o* modelo (m) *o* patrón (m)
standard letter carta (f) tipo *o* carta estándar
standard rate (of tax) tasa (f) de impuestos normal
standardization normalización (f) *o* estandarización (f)
standardize normalizar *o* estandarizar
standby arrangements planes (mpl) de contingencia
standby credit crédito (m) de apoyo *o* crédito 'stand by'
standby ticket billete (m) en lista de espera
standing reputación (f)
standing order domiciliación (f) bancaria
staple (n) grapa (f)
staple (v) grapar
staple industry industria (f) principal
staple papers together grapar papeles

staple product producto (m) principal
stapler grapadora (f)
start (n) comienzo (m) *o* principio (m) *o* inicio (m)
start (v) comenzar *o* empezar
start-up puesta (f) en marcha (de un negocio)
start-up costs costes (mpl) *o* gastos (mpl) iniciales
starting (adj) inicial
starting date fecha (f) inicial
starting point punto (m) de partida
starting salary salario (m) inicial
state (n) estado (m)
state (v) declarar *o* afirmar
state-of-the-art muy moderno
statement declaración (f) *o* informe (m)
statement of account estado (m) de cuentas
statement of expenses relación (f) de gastos
station [train] estación (f)
statistical estadístico, -ca
statistical analysis análisis (m) estadístico
statistician estadístico, -ca
statistics estadísticas (fpl)
status status (m) *o* posición (f)
status inquiry petición (f) de informes sobre crédito
status symbol símbolo (m) de prestigio
statute of limitations ley (f) de prescripción
statutory statutario, -ria *o* reglamentario, -ria *o* legal
statutory holiday fiesta (f) oficial *o* vacaciones (fpl) reglamentarias
stay (n) [time] estancia (f) *o* permanencia (f)
stay (v) permanecer *o* quedarse *o* alojarse
stay of execution aplazamiento (m) de una sentencia
steadiness estabilidad (f)
sterling libra (f) esterlina

stevedore estibador (m)
stiff competition competencia (f) dura
stimulate the economy estimular la economía
stimulus estímulo (m)
stipulate estipular
stipulation estipulación (f)
stock (n) [goods] existencias (fpl)
stock (v) [goods] almacenar *o* tener existencias
stock code código (m) de almacenamiento
stock control control (m) de existencias
stock controller jefe, -fa de almacén
stock exchange bolsa (f)
stock level nivel (m) de existencias
stock list inventario (m) *o* lista (f) de existencias
stock market mercado (m) de valores *o* bolsa (f)
stock market valuation tasación (f) de acciones
stock movements movimientos (mpl) de existencias
stock of raw materials reservas (fpl) de materias primas
stock size talla (f) *o* tamaño (m) corriente
stock turnover rotación (f) de existencias
stock up acumular
stock valuation valoración (f) de existencias
stockbroker corredor, -ra *o* agente (mf) de bolsa
stockbroking correduría (f) de bolsa
stockist distribuidor, -ra
stockpile (n) reservas (fpl)
stockpile (v) acumular
stockroom almacén (m) *o* depósito (m)
stocktaking inventario (m)

stocktaking sale liquidación (f) de inventario
stop (n) parada (f) *o* alto (m)
stop (v) parar *o* frenar *o* detener
stop a cheque detener el pago de un cheque
stop an account suspender una cuenta
stop payments suspender pagos
stoppage suspensión (f) *o* paro (m)
stoppage of payments suspensión (f) de pagos
storage (n) almacenaje (m)
storage (n) [cost] coste (m) de almacenaje
storage (n) [in warehouse] depósito (m) *o* almacenamiento (m)
storage capacity capacidad (f) de almacenaje
storage facilities instalaciones (fpl) de almacenaje
storage unit unidad (f) de almacenaje
store (n) almacén (m) *o* depósito (m)
store (n) [items kept] reserva (f)
store (n) [large shop] grandes almacenes (mpl)
store (v) almacenar *o* guardar
storeroom almacén (m) *o* depósito (m)
storm damage daños (mpl) por tormenta
straight line depreciation amortización (f) anual uniforme *o* lineal
strategic estratégico, -ca
strategic planning planificación (f) estratégica
strategy estrategia (f)
street directory guía (f) urbana *o* callejero (m)
strength fuerza (f) *o* vitalidad (f)
strike (n) huelga (f)
strike: go on strike ir a la huelga
strike (v) ir a la huelga *o* declararse en huelga
striker huelguista (mf)
strong fuerte *o* vigoroso, -sa *o* firme
strong currency moneda (f) fuerte
structural estructural
structural adjustment ajuste (m) estructural
structural unemployment paro (m) estructural
structure (n) estructura (f)
structure (v) [arrange] estucturar
study (n) estudio (m)
study (v) estudiar
sub judice sub judice *o* en manos de los tribunales
subcontract (n) subcontrato (m)
subcontract (v) subcontratar
subcontractor subcontratista (mf)
subject (n) asunto (m) *o* tema (f)
subject to sujeto, -ta a
sublease (n) subarriendo (m)
sublease (v) subarrendar
sublessee subarrendatario, -ria
sublessor subarrendador, -ra
sublet subarrendar
subsidiary (adj) subsidiario, -ria *o* secundario, -ria
subsidiary (n) filial (f)
subsidiary company compañía (f) filial *o* compañía subsidiaria
subsidize subvencionar
subsidy subsidio (m) *o* subvención (f)
subtotal total (m) parcial
subvention subvención (f)
succeed [do well] tener éxito *o* prosperar
succeed [follow someone] suceder
succeed in conseguir hacer algo
success éxito (m)
successful afortunado, -da *o* próspero, -ra
successful bidder adjudicatario, -ria
sue demandar
suffer damage sufrir daños

sufficient suficiente
sum suma (f) o total (m)
summons citación (f) judicial o emplazamiento (m)
sundries or **sundry items** artículos (mpl) varios
superior (adj) [better quality] superior
supermarket supermercado (m)
superstore hipermercado (m)
supervise supervisar
supervision supervisión (f)
supervisor supervisor, -ra
supervisory de supervisión o de control
supplement suplemento (m)
supplementary suplementario, -ria
supplier suministrador, -ra o proveedor, -ra o abastecedor, -ra
supply (n) [action] oferta (f) o abastecimiento (m) o suministro (m)
supply (n) [stock of goods] reserva (f) o provisión (f)
supply (v) suministrar o abastecer o proveer
supply and demand oferta (f) y demanda
supply price precio (m) de oferta
supply side economics economía (f) de oferta
support (v) respaldar o apoyar
support price precio (m) de subvención
surcharge sobretasa (f) o recargo (m)
surety (n) [person] garante (mf) o fiador, -ra
surety (n) [security] fianza (f) o garantía (f)
surface (n) superficie (f)
surface mail correo (m) por via terrestre o marítima
surface transport transporte (m) por carretera o por via marítima
surplus excedente (m) o exceso (m) o superávit (m)

surplus dividend dividendo (m) por superávit
surrender (n) [insurance policy] rescate (m)
surrender a policy rescatar una póliza
surrender value valor (m) de rescate
survey (n) [examination] inspección (f)
survey (n) [general report] estudio (m) o informe (m)
survey (v) [inspect] inspeccionar
surveyor inspector, -ra de obra
suspend suspender
suspension suspensión (f)
suspension of deliveries suspensión (f) de entregas
suspension of payments suspensión (f) de pagos
swap (n) intercambio (m)
swap (v) cambiar o intercambiar
swatch muestra (f) pequeña
switch (v) [change] cambiar
switch over to cambiarse a o pasarse a
switchboard centralita (f)
swop (= swap) intercambio (m)
symbol (n) símbolo (m)
sympathy strike huelga (f) de solidaridad
synergy sinergia (f)
system sistema (m)
systems analysis análisis (m) de sistemas
systems analyst analista (mf) de sistemas

Tt

tabulate tabular
tabulation tabulación (f)
tabulator tabulador, -ra
tachograph tacógrafo (m)
tacit agreement acuerdo (m) tácito
tacit approval aprobación (f) tácita
take (n) [money received] ingresos (mpl) *o* recaudación (f)
take (v) tomar
take (v) [need] llevar *o* hacer falta
take (v) [receive money] ingresar en caja *o* recibir
take a call recibir una llamada
take a risk arriesgarse
take action tomar medidas
take legal action entablar un pleito
take legal advice consultar a un abogado
take note tomar nota
take off [deduct] rebajar *o* quitar
take off [plane] despegar
take on freight fletar
take on more staff emplear más personal
take out a policy hacerse un seguro
take over tomar posesión *o* hacerse cargo *o* sustituir
take place tener lugar
take someone to court llevar a alguien ante los tribunales
take stock hacer un inventario
take the initiative tomar la iniciativa
take the soft option decidirse por la opción más fácil
take time off work tomarse tiempo libre (durante el trabajo)
take up an option suscribir una opción

takeover adquisición (f)
takeover bid oferta (f) pública de adquisición (OPA)
takeover target objeto (m) de una OPA
takings ingresos (mpl) *o* recaudación (f) (de un negocio)
tangible tangible
tangible assets activo (m) tangible
tanker buque (m) cisterna *o* petrolero (m)
tare tara (f)
target (n) objetivo (m) *o* meta (f)
target (v) tener como objetivo
target market mercado (m) previsto
tariff [price] tarifa (f) *o* precio (m)
tariff barriers barreras (fpl) arancelarias
task tarea (f)
tax (n) impuesto (m)
tax (v) gravar con un impuesto
tax adjustment ajuste (m) impositivo
tax allowance desgravación (f) fiscal
tax assessment cálculo (m) de la base impositiva
tax avoidance evasión (f) *o* elusión (f) de impuestos
tax code código (m) impositivo *o* código fiscal
tax collection recaudación (f) de impuestos
tax collector recaudador, -ra de impuestos
tax concession desgravación (f) fiscal *o* privilegio (m) fiscal
tax consultant asesor, -ra fiscal
tax credit crédito (m) por impuestos pagados
tax deducted at source impuestos (mpl) retenidos en el origen
tax deductions retención (f) fiscal *o* deducción (f) de impuestos
tax evasion evasión (f) de impuestos *o* fraude (m) fiscal
tax exemption exención (f) fiscal

tax form formulario (m) de declaración de la renta
tax haven paraíso (m) fiscal
tax inspector inspector, -ra de Hacienda
tax loophole laguna (f) fiscal
tax offence infracción (f) fiscal
tax paid impuesto (m) pagado
tax rate tipo (m) impositivo *o* tipo de gravamen
tax reductions reducción (f) de los impuestos
tax relief desgravación (f) fiscal
tax return *or* **tax declaration** declaración (f) de renta
tax shelter amparo (m) fiscal
tax system sistema (m) tributario
tax year año (m) fiscal *o* ejercicio (m) fiscal
tax-deductible desgravable
tax-exempt exento, -ta de impuestos
tax-free libre de impuestos
taxable sujeto, -ta a impuesto *o* imponible
taxable income renta (f) imponible
taxation imposición (f) *o* impuesto (m)
taxpayer contribuyente (mf)
teach (v) enseñar
technique técnica (f)
telephone (n) teléfono (m)
telephone (v) telefonear *o* llamar
telephone book guía (f) telefónica
telephone call llamada (f) telefónica
telephone directory guía (f) telefónica
telephone exchange central (f) telefónica
telephone line línea (f) telefónica
telephone number número (m) de teléfono
telephone subscriber abonado (m) telefónico
telephone switchboard centralita (f) telefónica

telephonist telefonista (mf)
telesales ventas (fpl) por teléfono
teleworking (n) teletrabajo (m)
telex (n) télex (m)
telex (v) enviar por télex
teller cajero, -ra de un banco
temp (n) secretario, -ria eventual *o* interino, -ina
temp (v) hacer trabajo eventual
temp agency agencia (f) de trabajo temporal
temporary employment ocupación (f) temporal *o* empleo (m) eventual
temporary staff personal (m) eventual
tenancy [agreement] contrato (m) de arrendamiento (m)
tenancy [period] periodo (m) de arrendamiento (m)
tenant inquilino, -na *o* arrendatario, -ria
tender (n) [offer to work] oferta (f)
tender for a contract licitar para un contrato
tenderer postor (m) *o* licitador (m)
tendering oferta (f)
tenure [right] tenencia (f) *o* ocupación (f) *o* posesión (f)
tenure [time] mandato (m)
term [part of academic year] trimestre (m)
term [time of validity] plazo (m) *o* término (m)
term insurance seguro (m) temporal
term loan préstamo (m) a plazo fijo
terminal (adj) terminal
terminal bonus bonificación (f) recibida al concluir un seguro
terminate terminar
terminate an agreement poner término a un acuerdo
termination terminación (f)
termination clause cláusula (f) resolutoria
terms condiciones (fpl) *o* términos (mpl)

terms of employment condiciones (fpl) de servicio
terms of payment condiciones (fpl) de pago
terms of reference mandato (m) o campo (m) de aplicación
terms of sale condiciones (fpl) de venta
territory territorio (m)
tertiary industry industria (f) terciaria o industria de los servicios
tertiary sector sector (m) terciario o sector de los servicios
test (n) examen (m) o ensayo (m) o prueba (f)
test (v) probar o someter a prueba
text texto (m)
theft robo (m)
third party tercero (m)
third quarter tercer trimestre (m)
third-party insurance seguro (m) contra terceros
threshold umbral (m)
threshold price precio (m) umbral
throughput rendimiento (m)
ticket (n) billete (m) o entrada (f)
tie-up [link] enlace (m) o conexión (f)
tight money dinero (m) escaso
tighten up on intensificar (el control)
till (n) caja (f)
time and motion study estudio (m) de desplazamientos y tiempos
time deposit depósito (m) o imposición (f) a plazo
time limit plazo (m) o término (m)
time limitation plazo (m) de tiempo límite
time rate tarifa (f) horaria o tarifa por horas
time scale calendario (m)
time: on time a tiempo
timetable (n) horario (m) o calendario (m)
timetable (v) preparar un horario
timing medida (f) de tiempo

tip (n) [advice] confidencia (f)
tip (n) [money] propina (f)
tip (v) [give money] dar una propina
tip (v) [say what might happen] pronosticar o prevenir
TIR (= Transports Internationaux Routiers) Transporte Internacional por Carretera
token símbolo (m)
token charge precio (m) simbólico
token payment pago (m) simbólico
toll peaje (m)
toll free (US) a cobro revertido
toll free number (US) número (m) de llamada gratuita
ton tonelada (f)
tonnage tonelaje (m)
tonne tonelada (f) métrica
tool (n) herramienta (f)
tool up instalar la maquinaria en una fábrica
top (adj) superior o principal
top (n) [highest point] cima (f) o cumbre (f)
top (n) [upper surface] parte (f) superior
top (v) [go higher than] superar
top management alta dirección (f)
top quality alta calidad (f) o calidad superior
top-selling más vendido, -da
total (adj) total
total (n) total (m) o totalidad (f)
total (v) totalizar o sumar
total amount cantidad (f) total
total assets activos (mpl) totales
total cost coste (m) total
total expenditure gastos (mpl) totales
total income renta (f) total
total invoice value valor (m) total de factura
total output producción (f) total
total revenue ingreso (m) total
track record antecedentes (mpl)

trade (n) [business] comercio (m)
trade (v) comerciar
trade agreement acuerdo (m) *o* tratado (m) comercial
trade association agrupación (f) sectorial
trade cycle ciclo (m) económico
trade deficit *or* **trade gap** déficit (m) comercial
trade description descripción (f) comercial
trade directory guía (f) comercial
trade discount descuento (m) para comerciantes del sector
trade fair feria (f) comercial
trade in [buy and sell] comerciar
trade-in canje (m) parcial
trade-in price precio (m) con entrega de artículo usado
trade journal *or* **trade magazine** revista (f) profesional especializada
trade mission misión (f) comercial
trade price precio (m) al detallista
trade terms descuento (m) para comerciantes del sector
trade union sindicato (m)
trade unionist sindicalista (mf)
trademark *or* **trade name** marca (f) comercial *o* nombre (m) comercial
trader comerciante (mf)
trading comercio (m)
trading company sociedad (f) comercial
trading loss pérdida (f) de ejercicio
trading partner empresa (f) que comercia con otra
trading profit beneficios (mpl) de explotación
train (n) tren (m)
train (v) [learn] prepararse *o* formarse *o* aprender
train (v) [teach] preparar *o* capacitar *o* formar
trainee aprendiz, -za
traineeship aprendizaje (m)
training aprendizaje (m) *o* capacitación (f) *o* formación (f)
training levy impuesto (m) para financiar la formación profesional
training officer responsable (mf) de la capacitación
transact business hacer negocios
transaction transacción (f) *o* operación (f)
transfer (n) traslado (m) *o* transferencia (f)
transfer (n) [travel] transbordo (m)
transfer (v) [move to new place] trasladar *o* transferir
transfer fee traspaso (m)
transfer of funds transferencia (f) de fondos
transferable transferible
transferred charge call llamada (f) a cobro revertido
transit tránsito (m)
transit lounge sala (f) de tránsito
transit visa visado (m) de tránsito
translate traducir
translation traducción (f)
translation bureau agencia (f) de traducciones
translator traductor, -ra
transport (n) transporte (m)
transport (v) transportar *o* llevar
transport facilities medios (mpl) de transporte
treasury Tesoro (m) *o* Hacienda (f) Pública
treble triplicar
trend tendencia (f)
trial [court case] proceso (m) *o* juicio (m)
trial [test of product] prueba (f) *o* ensayo (m)
trial and error tanteo (m)
trial balance balance (m) de comprobación
trial period periodo (m) de prueba
trial sample muestra (f)
triple (adj) triple
triple (v) triplicar
triplicate: in triplicate por triplicado

troubleshooter mediador, -ra
troubleshooting (n) investigación (f) de conflictos
truck [lorry] camión (m)
truck [railway wagon] vagón (m) (de ferrocarril)
trucker camionero, -ra
trucking acarreo (m) *o* transporte (m) por carretera
true (adj) verdadero, -ra
true copy compulsa (f) *o* copia (f) exacta
trust company compañía (f) fiduciaria
turn down rechazar
turn over (v) [make sales] girar (volumen de ventas)
turnkey operation operación (f) llaves en mano
turnkey operator agente (mf) de operaciones llaves en mano
turnover [of staff] rotación (f) de personal
turnover [of stock] rotación (f) (de mercancias)
turnover [sales] volumen (m) de ventas *o* cifra (f) de negocios
turnover tax impuesto (m) sobre el volumen de ventas
turnround [goods sold] rotación (f) de existencias
turnround [making profitable] reactivación (f)
turnround [of plane] descarga (f) y carga de un avión

Uu

unaccounted for inexplicado, -da *o* desaparecido, -da *o* sin figurar
unaudited no verificado, -da
unaudited accounts cuentas (fpl) sin verificar
unauthorized expenditure gastos (mpl) no autorizados
unavailability indisponibilidad (f)
unavailable inasequible
unchanged inalterado, -da *o* invariable
unchecked figures cifras (fpl) sin comprobar
unclaimed baggage equipaje (m) no reclamado
unconditional incondicional *o* sin condiciones
unconfirmed sin confirmar
undated sin fecha
undelivered no entregado, -da
under [according to] conforme a *o* según
under [down] abajo
under [less than] por debajo de *o* menos de
under construction en construcción
under contract bajo contrato
under control bajo control
under new management cambio (m) de dirección
undercharge cobrar de menos
undercut a rival vender a precio más bajo que un rival
underdeveloped countries países (mpl) subdesarrollados
underequipped mal equipado, -da

underpaid mal pagado, -da
undersell vender más barato
undersigned abajo firmante (mf)
underspend gastar menos
understand entender *o* comprender
understanding acuerdo (m)
undertake emprender *o* encargarse de *o* comprometerse
undertaking [company] empresa (f)
undertaking [promise] compromiso (m) *o* promesa (f)
underwrite [guarantee] avalar
underwrite [pay costs] garantizar el pago
underwriting syndicate consorcio (m) asegurador *o* emisor
undischarged bankrupt quebrado (m) no rehabilitado
uneconomic rent renta (f) que no llega a cubrir los costes
unemployed parado, -da *o* desempleado, -da
unemployment paro (m) *o* desempleo (m)
unemployment pay subsidio (m) de paro
unexplained inexplicado, -da
unfair injusto, -ta
unfair competition competencia (f) desleal
unfair dismissal despido (m) injusto
unfavourable desfavorable *o* adverso, -sa
unfavourable exchange rate tipo (m) de cambio desfavorable
unfulfilled order pedido (m) no servido *o* pedido por servir
unilateral unilateral
union sindicato (m)
union recognition reconocimiento (m) de un sindicato

unique selling point *or* proposition (USP) argumento (m) de venta
unit unidad (f)
unit [in unit trust] título (m)
unit cost coste (m) unitario *o* coste por unidad
unit price precio (m) por unidad
unit trust fondos (mpl) mutuos *o* fondos de inversión
unite (v) unir
unlimited liability responsabilidad (f) ilimitada
unload (v) descargar
unload [get rid of] deshacerse de
unobtainable inalcanzable *o* imposible de conseguir
unofficial extraoficial *o* no oficial *o* oficioso, -sa
unpaid impagado, -da *o* sin pagar
unpaid invoices facturas (fpl) impagadas
unsealed envelope sobre (m) abierto
unsecured creditor acreedor, -ra común *o* sin garantía
unskilled no cualificado, -da
unsold no vendido, -da *o* sin vender
unsubsidized no subvencionado, -da
unsuccessful fracasado, -da *o* sin éxito
up front por adelantado
up to hasta
up to date actual *o* moderno, -na *o* al día
up-market de primera calidad
update (n) actualización (f)
update (v) actualizar *o* poner al día
updating (n) actualización (f) *o* puesta (f) al día
upset price precio (m) inicial
upturn mejora (f) *o* reactivación (f)
upward trend tendencia (f) alcista

urgent urgente
use (n) uso (m)
use (v) emplear *o* usar *o* utilizar
use up spare capacity utilizar capacidad ociosa
useful útil
user usuario, -ria
user-friendly de fácil uso *o* de fácil manejo
USP (= unique selling point *or* proposition) argumento (m) de venta
usual normal *o* usual *o* habitual
utilization utilización (f) *o* uso (m)

Vv

vacancy [for job] plaza (f) *o* vacante (f)
vacant vacante *o* libre *o* disponible
vacate desocupar
valid válido, -da *o* valedero, -ra
validity validez (f)
valuation valoración (f) *o* evaluación (f) *o* tasación (f)
value (n) valor (m)
value (v) valorar *o* tasar *o* evaluar
value added tax (VAT) impuesto (m) sobre el valor añadido (IVA)
valuer tasador, -ra
van camioneta (f)
variable costs costes (mpl) variables
variance variación (f) *o* discrepancia (f)
variation variación (f)
VAT (= value added tax) IVA (impuesto sobre el valor añadido)
VAT declaration declaración (f) del IVA
VAT inspector inspector, -ra del IVA
VAT invoice factura (f) con el IVA
vehicle vehículo (m)
vendor vendedor, -ra
venture (n) [business] empresa (f)
venture (v) [risk] arriesgar
venture capital capital-riesgo (m)
venue lugar (m) *o* punto (m) de reunión
verbal verbal
verbal agreement acuerdo (m) verbal
verification verificación (f)
verify verificar
vertical communication comunicación (f) vertical
vertical integration integración (f) vertical
vested interest interés (m) personal *o* intereses (mpl) creados
veto a decision vetar una decisión
via por *o* vía
viable viable
videoconference (n) videoconferencia (f)
violate (v) violar
VIP lounge salón (m) VIP (salón de personalidades)
visa visado (m)
visible imports importaciones (fpl) visibles
visible trade comercio (m) de visibles
visit (n) visita (f)
visit (v) visitar
voicemail (n) audiomensajería (f)

void (adj) [not valid] nulo, -la *o* inválido, -da
void (v) invalidar
volume volumen (m)
volume discount descuento (m) por volumen
volume of sales volumen (m) de ventas
volume of trade *or* **volume of business** volumen (m) comercial *o* volumen de negocios
voluntary liquidation liquidación (f) voluntaria
voluntary redundancy baja (f) incentivada *o* voluntaria
vote of thanks voto (m) de gracias
voucher bono (m) *o* vale (m)
voucher [document from an auditor] comprobante (m)

Ww

wage sueldo (m) *o* salario (m)
wage claim reivindicación (f) salarial
wage freeze congelación (f) de salarios
wage levels niveles (mpl) de salarios
wage negotiations negociaciones (fpl) salariales
wage scale escala (f) salarial *o* escala de salarios
waive a payment renunciar a un pago
waiver [of right] renuncia (f)
waiver clause cláusula (f) de renuncia
warehouse (n) almacén (m)
warehouse (v) almacenar
warehouseman almacenista (mf)
warehousing almacenaje (m)
warn (v) avisar
warning (n) aviso (m) *o* advertencia (f)
warrant (n) [document] autorización (f) *o* orden (f)
warrant (v) [guarantee] garantizar
warrant (v) [justify] justificar
warranty (n) garantía (f)
wastage pérdida (f) *o* desperdicio (m)
waste (n) desperdicio (m) *o* desecho (m) *o* residuos (mpl)
waste (v) [use too much] desperdiciar *o* malgastar
waybill carta (f) de porte
weak (adj) débil *o* flojo, -ja
weak market mercado (m) débil
wear and tear desgaste (m) natural *o* normal
web (n): the web la Web *o* la Red
website (n) sitio (m) web *o* website (f)
week semana (f)
weekly semanalmente
weigh pesar
weighbridge báscula (f) puente *o* puente-báscula (m)
weight peso (m)
weight limit peso (m) máximo
weighted average promedio (m) ponderado *o* media (f) ponderada
weighted index índice (m) ponderado
weighting ponderación (f)
welcome (n) acogida (f)

welfare (n) bienestar (m)
well-paid job trabajo (m) bien remunerado
wharf muelle (m) *o* embarcadero (m)
white knight rescatador, -ra de empresas
whole-life insurance seguro (m) corriente de vida
wholesale (adv) al por mayor
wholesale dealer mayorista (mf) *o* comerciante (mf) al por mayor
wholesale discount descuento (m) al por mayor
wholesale price precio (m) al por mayor
wholesale price index índice (m) de precios al por mayor
wholesaler mayorista (mf) *o* comerciante (mf) al por mayor
wide (adj) amplio, -plia
wildcat strike huelga (f) salvaje
win a contract conseguir un contrato
wind up [a company] liquidar una sociedad
wind up [a meeting] terminar *o* concluir
winding up liquidación (f)
window ventana (f)
window display escaparate (m)
withdraw retirar (una oferta) *o* sacar (dinero)
withdraw a takeover bid retirar una oferta de adquisición
withdrawal [of money] retirada (f) *o* retiro (m) *o* reintegro (m)
withholding tax retención (f) de impuestos en origen
witness (n) testimonio (m) *o* testigo (mf)
witness (v) [a document] firmar como testigo

witness an agreement actuar de testigo
word-processing tratamiento (m) de textos
wording texto (m)
work (n) trabajo (m)
work (v) trabajar
work in progress trabajo (m) en curso
work permit permiso (m) de trabajo
work-to-rule huelga (f) de celo *o* paro (m) técnico
worker trabajador, -ra *o* obrero, -ra *o* operario, -ria
worker director delegado, -da del personal
workforce mano (f) de obra
working capital capital (m) operativo *o* capital circulante
working conditions condiciones (fpl) de trabajo
working party grupo (m) de trabajo
workman obrero (m)
workshop taller (m)
workstation [at computer] estación (f) *o* puesto (m) de trabajo
world mundo (m)
world market mercado (m) mundial
worldwide (adj) mundial *o* global
worldwide (adv) mundialmente
World Wide Web Telaraña (f) mundial
worry (n) inquietud (f) *o* preocupación (f)
worth (n) [value] valor (m)
worth: be worth valer
worthless sin valor
wrap up [goods] envolver
wrapper *or* **wrapping** envoltorio (m)
wrapping paper papel (m) de envolver

wreck (n) [company] empresa (f) en ruinas
wreck (n) [ship] naufragio (m)
wreck (v) [ruin] naufragar *o* fracasar
writ orden (f) *o* mandato (m)
write escribir
write down [assets] depreciar el valor de un activo
writedown [of asset] depreciación (f) de un activo
write off [debt] anular *o* cancelar
write-off [loss] deuda (f) incobrable *o* pérdida (f) total
write out copiar *o* escribir sin abreviar
write out a cheque extender un cheque
writing escrito (m) *o* escritura (f) *o* letra (f)
written agreement acuerdo por escrito
wrong erróneo, -nea *o* equivocado, -da
wrongful dismissal despido (m) injusto

year año (m)
year end cierre (m) del ejercicio
yearly payment pago (m) anual
yellow pages páginas (fpl) amarillas
yield (n) [on investment] rendimiento (m) *o* producción (f) *o* renta (f)
yield (v) [interest] rendir *o* devengar
young joven
younger más joven *o* menor
zero cero (m)
zero-rated con un IVA del 0%
zip code (US) código (m) postal

Español-Inglés
Spanish-English

Aa

abajo down *or* under *or* below
abajo firmante (mf) undersigned (n)
abandonar leave (v) *or* abandon (v)
abandono (m) de responsabilidad disclaimer (n)
abarrotar overstock (v)
abastecedor (-ra) supplier
abastecer supply (v) *or* cater for (v)
abastecimiento (m) supply (n)
abierto (-ta) open (adj)
abierto por la noche late-night opening
abogado (-da) lawyer (n) *or* solicitor (n) *or* counsel (n)
abogado defensor defence counsel
abogado especializado en derecho marítimo maritime lawyer
abonado (-da) telefónico (-ca) telephone subscriber
abonar pay (v) *or* pay out (v)
abonar [acreditar] credit (v)
abono (m) [billete] season ticket (n)
abono (m) [crédito] credit entry (n)
abordar [embarcarse] board (v)
abrir open (v)
abrir la sesión open a meeting
abrir un negocio open (v) *or* start (v) new business
abrir una carta de crédito issue a letter of credit
abrir una cuenta open an account
abrir una cuenta bancaria open a bank account
abrir una línea de crédito open a line of credit
abundancia (f) abundance (n) *or* glut (n)
acabado (-da) finished (adj)
acaparamiento (m) hoarding
acaparar [acumular] hoard (v)
acaparar [capturar] capture (v)
acaparar el mercado corner (v) the market *or* monopolize (v)
acarreo (m) haulage (n)
acarreo [transporte] trucking (n)
acarreo: gastos de acarreo haulage costs *or* haulage rates
acatar respect (v) *or* obey (v)
accesible accessible (adj)
acceso (m) access (n)
acceso [mercado] entry (n)
accesorios (mpl) fittings (n)
accidente (m) accident (m)
accidente industrial industrial accident
accidente laboral occupational accident
acción (f) action (n)
acción (f) [finanzas] share (n)
acción de primera categoría blue chip (n)
acción legal (legal) action
acción preferente acumulativa cumulative preference share
acciones (fpl) ordinarias ordinary shares *or* equities (n)
acciones poco buscadas en la bolsa neglected shares
acciones preferentes preference shares
acciones que se cotizan en bolsa quoted shares
accionista (mf) shareholder (n)
accionista importante major shareholder
accionista mayoritario majority shareholder
accionista minoritario minority shareholder
aceite (m) oil (n)
aceptable acceptable (adj)

aceptación (f) acceptance (n)
aceptación de una oferta acceptance of an offer
aceptación irrevocable irrevocable acceptance
aceptar accept (v) *or* allow (v) *or* agree (v)
aceptar hacer algo agree to do something
aceptar la entrega de mercancías accept delivery of a shipment
aceptar la responsabilidad de algo accept liability for something
aceptar una letra accept a bill
aclaración (f) explanation (n)
aclarar clear (v) *or* clarify (v)
acogida (f) reception (n) *or* welcome (n)
acomodamiento (m) composition (n) (with creditors)
acomodo (m) [acuerdo] arrangement (n)
aconsejar advise (v) *or* recommend (v)
acordado (-da) agreed (adj)
acordar agree (v)
acordarse (de) remember (v)
acotación (f) [límite] limit (n)
acreditar credit (v)
acreedor (-ra) creditor (n)
acreedor común *o* sin garantía unsecured creditor
acreedor con garantía secured creditor
acreedor diferido deferred creditor
acreedor hipotecario mortgagee (n)
acreedor preferente preferential creditor *or* preferred creditor
acta (f) [registro] record (n)
acta (f) de la reunión minutes (n)
acta (f) notarial affidavit (n)
Acta Unica Europea Single European Act
actividad (f) activity (n)
activo (m) asset (n)

activo (-va) active (adj) *or* go-ahead (adj)
activo circulante current assets
activo congelado frozen assets
activo fijo fixed assets
activo financiero financial asset
activo intangible intangible assets
activo invisible invisible assets
activo líquido liquid assets
activo neto net assets *or* net worth
activo realizable realizable assets
activo tangible tangible assets
activo y pasivo (m) assets and liabilities
activos (mpl) totales total assets
actuación (f) performance (n)
actual present (adj) *or* current (adj)
actual [moderno] up to date (adj)
actualización (f) update (n) *or* updating (n)
actualizar update (v)
actuar act (v) *or* perform (v)
actuar de testigo en la firma de un contrato witness an agreement
actuario (-ria) actuary (n)
acuerdo (m) agreement (n) *or* compromise (n)
acuerdo: negarse a cumplir un acuerdo repudiate an agreement
acuerdo [arreglo] arrangement (n) *or* understanding (n)
acuerdo [después de un conflicto] settlement (n)
acuerdo a tanto alzado fixed-price agreement
acuerdo bilateral *o* recíproco reciprocal agreement
acuerdo comercial trade agreement
acuerdo de doble imposición double taxation agreement
acuerdo (m) de comercialización marketing agreement
acuerdo de muchos años long-standing agreement
acuerdo de productividad productivity agreement

acuerdo entre caballeros gentleman's agreement
acuerdo global package deal (n)
acuerdo modificable open-ended agreement
acuerdo multilateral multilateral agreement
acuerdo por escrito written agreement
acuerdo tácito tacit agreement
acuerdo unilateral one-sided agreement
acuerdo verbal verbal agreement
acumulación (f) accrual (n)
acumulación de interés accrual of interest
acumulación de trabajo atrasado backlog (n)
acumular accumulate (v) *or* hoard (v)
acumular [existencias] stockpile (v) *or* stock up (v)
acumular en exceso overstock (v)
acumularse accumulate (v) *or* accrue (v)
acumulativo (-va) cumulative (adj)
acusación (f) accusation (n) *or* charge (n)
acusación [parte acusadora] prosecution (n)
acusado (-da) defendant (n)
acusar accuse (v) *or* charge (v)
acusar recibo de una carta acknowledge (v) receipt of a letter
acuse (m) de recibo acknowledgement (n)
ad valorem ad valorem
adecuado (-da) adequate (adj)
adelantado (-da) advanced (adj)
adelantado: por adelantado up front
adeudar debit (v)
adeudarse run (v) into debt
adeudo (m) debit entry (n)
adicional additional (adj)
adjudicación (f) adjudication (n)
adjudicar award (v)

adjudicar un contrato (a alguien) award a contract (to someone)
adjudicar un derecho (a alguien) assign (v) a right (to someone)
adjudicatario (-ria) successful bidder (n)
adjuntar attach (v) *or* enclose (v)
adjunto (m) attachment (n) *[email]*
adjunto (-ta) deputy (n)
administración (f) administration (n)
administración de cartera portfolio management
administración local local government
administrador (-ra) judicial official receiver (n)
administrar manage (v)
administrar mal mismanage (v)
administrar una propiedad manage property
administrativo (-va) administrative (adj)
admisible acceptable (adj)
admitir admit (v)
adquirir acquire (v) *or* buy (v)
adquirir una compañía acquire a company
adquisición (f) acquisition (n) *or* takeover (n)
adquisición apalancada leveraged buyout (LBO)
aduana (f) customs (n)
Aduanas y Arbitrios Customs and Excise
aduanero (-ra) customs officer *or* customs official
adverso (-sa) unfavourable (adj)
advertencia (f) reminder (n) *or* warning (n)
aerograma (m) air letter (n)
aeropuerto (m) airport (n)
afianzar guarantee (v) *or* stand surety (v)
afiliación (f) affiliation (n) *or* membership (n)
afiliado (-da) affiliated (adj) *or* associate (adj)

afirmar firm (v)
afirmar [declarar] state (v)
afirmativo (-va) affirmative (adj)
afortunado (-da) successful (adj)
agencia (f) agency (n)
agencia de alquiler de viviendas letting agency
agencia de cambio bureau de change
agencia de cobro de morosos debt collection agency
agencia de informes comerciales credit agency
agencia de prensa news agency
agencia de publicidad advertising agency
agencia de trabajo temporal temp agency
agencia de traducciones translation bureau
agencia de transportes shipping agent
agencia exclusiva concession (n)
agenda (f) appointments book (n) *or* diary (n)
agenda de mesa desk diary
agente (mf) agent (n) *or* broker (n)
agente de aduanas customs broker
agente de operaciones llaves en mano turnkey operator
agente de patentes y marcas patent agent
agente de seguros insurance agent
agente del credere del credere agent
agente en exclusiva sole agent
agente expedidor forwarding agent *or* shipping clerk
agente marítimo shipping agent *or* ship broker
agio (m) [especulación] premium (n)
agotado (-da) out of stock
agotar las existencias sell out (v) *or* run out (v)
agrario (-ria) agricultural

agregado (-da) comercial commercial attaché
agrícola agricultural
agropecuario (-ria) agricultural
agrupación (f) group (n) *or* consolidation (n)
agrupación sectorial trade association
agrupar batch (v) *or* bracket together *or* consolidate (v)
agua: en aguas territoriales offshore
ahorrar save (v) *or* save up *or* save on
ahorrar: que ahorra energía energy-saving (adj)
ahorros (mpl) savings (n)
aire (m) air (n)
ajustado (-da) al coste de la vida index-linked
ajustar adjust (v) *or* gear (v)
ajustar [cuadrar] reconcile (v)
ajuste (m) adjustment (n)
ajuste estructural structural adjustment
ajuste financiero financial settlement
ajuste impositivo tax adjustment
ajuste fino fine tuning
ajustes (mpl) estacionales seasonal adjustments
albarán (m) delivery note (n)
alcanzar reach (v)
alcanzar el punto más alto peak (v)
alcista (mf) [bolsa] bull (n)
aleatorio (-ria) random (adj)
alegar claim (v)
alimentación (f) continua continuous feed
alimentador (m) del papel paper feed
almacén (m) warehouse (n) *or* store (n) *or* storeroom (n)
almacén [depósito] depository (n) *or* stockroom (n)
almacén central depot (n)

almacén de mercancías goods depot
almacén frigorífico cold store
almacenaje (m) storage (n) *or* warehousing (n)
almacenaje frigorífico cold storage
almacenamiento (m) storage (n)
almacenar store (v) *or* warehouse (v)
almacenar [tener existencias] stock (v)
almacenista (m) warehouseman
almuerzo (m) de negocios business lunch
alojarse stay (v)
alquilar rent (v) *or* let (v)
alquilar [fletar] charter (v)
alquilar un coche o una grúa hire (v) a car or a crane
alquilar una oficina let an office
alquiler (m) rental (n) *or* hire (n) *or* rent (n)
alquiler (m) [medio de transporte] charter (n) *or* chartering (n)
alquiler (m) elevado high rent
alternativa (f) alternative (n)
alternativo (-va) alternative (adj)
alta calidad high quality *or* premium quality *or* top quality
alta dirección top management
alto (-ta) high (adj)
alto (m)[freno] stop (n)
alza (f) rise (n)
amarradero (m) berth (n)
ámbito: de ámbito nacional nationwide (adj)
americano (-na) American (n & adj)
amo (m) owner (n)
amo [jefe] boss (n)
amortizable redeemable (adj)
amortización (f) amortization (n) *or* depreciation (n)
amortización [rescate] redemption (n)
amortización acelerada accelerated depreciation
amortización anual uniforme o lineal straight line depreciation
amortizar amortize (v) *or* depreciate (v)
amortizar [redimir] redeem (v)
amortizar una obligación redeem a bond
amparo (m) fiscal tax shelter (n)
ampliación (f) expansion (n) *or* extension (n)
ampliar expand (v) *or* extend (v)
amplio (-plia) wide (adj)
análisis (m) analysis
análisis coste-beneficio cost-benefit analysis
análisis de costes cost analysis
análisis de mercado market analysis
análisis de proyectos project analysis
análisis de sistemas systems analysis
análisis de un puesto de trabajo job analysis
análisis de ventas sales analysis
análisis estadístico statistical analysis
analista (mf) de mercado market analyst (n)
analista de sistemas systems analyst
analizar analyse (v) *or* analyze (v)
analizar las posibilidades del mercado analyse the market potential
anaquel (m) shelf (n)
andén (m) platform (n)
anexo (m) annex (n) *or* appendix (n)
anotación (f) entry (n)
anotar log (v) *or* note (v)
anotar [registrar] minute (v) *or* record (v)
anotar las llamadas recibidas log calls

anotar una contrapartida *o* **un contraasiento** contra an entry
antecedentes (mpl) track record
antedatar backdate (v) *or* antedate (v)
anteproyecto (m) draft plan *or* draft project
anterior prior (adj) *or* previous (adj)
antes: lo antes posible as soon as possible (a.s.a.p.)
anticipado (-da) advance (adj)
anticipar advance (v)
anticipar [prever] anticipate (v)
anticipo (m) advance (n)
anticipo a cuenta advance on account
anticipo de caja a cuenta cash advance
anticuado (-da) dated (adj) *or* out of date *or* old-fashioned
antiguo (-gua) old (adj) *or* old-established
antiguo: más antiguo senior
anual annual (adj)
anualmente annually (adv) *or* on an annual basis
anulación (f) cancellation (n)
anular cancel (v)
anular [deuda] write off (v)
anular un acuerdo call off a deal
anular un cheque cancel a cheque
anular un contrato cancel a contract
anunciante (mf) advertiser (n)
anunciar announce (v) *or* advertise (v)
anunciar un nuevo producto advertise a new product
anunciar una vacante advertise a vacancy
anuncio [aviso] announcement (n) *or* notice (n)
anuncio (m) [publicitario] advertisement (n) *or* commercial (n)
anuncio del producto product advertising
anuncios (mpl) breves small ads

anuncios por palabras classified ads or advertisements
añadir add (v)
añadir el 10% por el servicio add on 10% for service
año (m) year (n)
año base base year
año civil calendar year
año fiscal financial year *or* tax year
año: al año per annum *or* per year
año: de muchos años long-standing
apalancamiento (m) gearing (n)
apalancamiento financiero leverage (n)
aparato (m) device (n) *or* instrument (n) *or* machine (n)
apartamento (m) apartment (n) *or* flat (n)
apelación (f) appeal (n)
apelar appeal (v)
apéndice (m) appendix (n)
apertura (f) opening (n)
aplazado (-da) deferred (adj) *or* postponed (adj)
aplazamiento (m) deferment (n) *or* postponement (n)
aplazamiento de pago deferment of payment
aplazamiento de una sentencia stay of execution
aplazar defer (v) *or* postpone (v) *or* put back (v) *or* hold over (v)
aplazar una reunión adjourn a meeting
aplicación (f) application (n) *or* enforcement (n)
aplicar apply (v)
apoderado (-da) attorney (n) *or* proxy (n)
apoyar back up (v) *or* support (v)
apoyo (m) financiero backing (n)
apoyo: con apoyo estatal government-backed
apreciación (f) appreciation (n)
apreciar appreciate (v)
aprecio (m) appreciation (n)

apremiar chase (v)
aprendiz (-za) apprentice (n) *or* trainee (n)
aprendizaje (m) training (n) *or* traineeship (n)
aprobación (f) approval (n)
aprobación tácita tacit approval
aprobar approve (v)
aprobar los términos de un contrato approve the terms of a contract
apropiación (f) indebida de fondos conversion of funds
apropiado (-da) appropriate (adj) *or* relevant (adj)
aprovechar capitalize on (v) *or* exploit (v)
aproximadamente approximately (adv)
aproximado (-da) approximate (adj)
aproximado (-da) [cálculo] rough (adj)
aptitud (f) capacity (n) *or* ability (n)
apuntar note (v) *or* log (v)
arancel (m) duty (n)
arancel aduanero customs tariff
arancel proteccionista protective tariff
arbitraje (m) arbitration (n)
arbitrar arbitrate (v) *or* moderate (v)
arbitrar un litigio adjudicate or arbitrate in a dispute
árbitro (mf) arbitrator (n) *or* adjudicator
archivador (m) filing cabinet
archivar save (v) *or* back up (v) *or* file (v)
archivar documentos file (v) documents
archivo (m) file (n) *or* computer file
archivos (mpl) records (n)
área (f) area (n)
argumento (m) argument (n)

argumento (m) de venta unique selling point or proposition (USP)
armonización (f) harmonization (n)
arreglar fix (v) *or* mend (v)
arreglárselas cope (v) *or* manage to (v)
arreglo (m) arrangement (n)
arrendador (-ra) lessor (n)
arrendamiento (m) lease (n)
arrendamiento financiero leasing (n)
arrendar lease (v) *or* let (v)
arrendar equipo lease equipment
arrendatario (-ria) lessee (n) *or* tenant
arriendo (m) lease (n)
arriesgado (-da) risky
arriesgar risk (v) *or* venture (v)
arriesgarse take a risk
arrinconar shelve (v)
arruinado (-da) broke (adj)
arruinar bankrupt (v)
artículo (m) article (n) *or* item (n)
artículo de reclamo loss-leader
artículo único one-off item
artículos (mpl) con desperfectos seconds (n)
artículos de fácil venta fast-selling items
artículos de lujo luxury goods
artículos de papelería para oficina office stationery
artículos varios sundries (n) *or* sundry items *or* miscellaneous items
artículos perecederos perishable goods
asalariado (-da) salaried
asamblea (f) assembly (n) *or* meeting (n)
asamblea (f) de personal) staff meeting
ascender [promoción] promote (v)
ascender [total] run to (v) *or* amount to (v)
ascenso (m) promotion (n)

ascensor (m) lift (n)
asegurable insurable (adj)
asegurador (-ra) insurer (n)
asegurador de riesgos marinos marine underwriter
asegurar insure (v)
asegurar la vida de alguien assure someone's life
asequible available (adj) *or* obtainable (adj)
asesor (-ra) adviser (n) *or* advisor (n) *or* consultant (n)
asesor de empresas management consultant
asesor fiscal tax consultant
asesor jurídico legal adviser
asesoramiento (m) jurídico legal advice
asesoría (f) consultancy (firm)
asesoría jurídica legal department
asiento (m) entry (n)
asiento de débito debit entry
asignación (f) assignment (n)
asignación (f) de fondos funding
asignar allocate (v) *or* assign (v)
asignar [fondos] appropriate (v) *or* fund (v)
asignar fondos a un proyecto commit or earmark funds to a project
asignar personal man (v)
asistencia (f)[ayuda] assistance (n)
asistencia (f)[reunión] attendance (n)
asistido (-da) [atendido] attended (adj) *or* manned (adj)
asistido por ordenador computer-assisted
asistir [ayudar] assist (v)
asistir [reunión] attend (v)
asociación (f) association (n) *or* partnership (n)
asociado (-da) associate (adj)
aspirante (mf) candidate (n)
aspirar a aim (v)
asunto (m) matter (n) *or* subject (n)
asunto [de negocios] business (n)
asunto problemático problem area
atacar attack (v)
atasco (m) bottleneck (n)
atención (f) attention (n)
atención al cliente customer service
atención: a la atención de FAO (for the attention of)
atender serve (v)
atender a un cliente serve a customer
atender una demanda meet a demand
atendido (-da) manned (adj)
aterrizar land (v)
átono (-na) flat (adj) *or* dull (adj)
atracar berth (v) *or* dock (v)
atractivo (m) appeal (n) *or* attraction (n)
atractivo para los clientes customer appeal
atraer attract (v) *or* appeal to (v)
atrasado (-da) slow (adj)
atrasado [pago] late (adj) *or* overdue (adj)
atrasos (mpl) arrears (n)
audiomensajería (f) voicemail (n)
auditar audit (v)
auditor (m) externo external auditor
auditor interno internal auditor
auditoría (f) audit (n) *or* auditing (n)
auditoría externa external audit
auditoría general general audit
auditoría interna internal audit
auge (m) boom (n)
aumentar [subir] raise (v) *or* increase (v) *or* climb (v) *or* mount up
aumentar [ganar] gain (v)
aumentar [prosperar] boom (v)
aumentar a escala scale up (v)
aumentar de precio increase in price

aumento (m) increase (n) *or* increment (n)
aumento: en aumento on the increase *or* increasing (adj)
aumento [valor] appreciation (n)
aumento anual medio mean annual increase
aumento de salario o de sueldo rise (n) *or* increase (n) *or* pay rise
aumento de sueldo por coste de vida cost-of-living increase
aumento retroactivo de salarios retroactive pay rise
ausencia (f) absence (n)
ausente absent (adj)
ausente del trabajo off [away from work]
autentificar authenticate (v)
autobús (m) bus (n)
autobús del aeropuerto airport bus
autoedición (f) desk-top publishing (DTP)
autofinanciación (f) self-financing (n)
autofinanciado (-da) self-financing (adj)
autónomo (-ma) self-employed
autorregulación (f) self-regulation
autorregulado (-da) self-regulatory
autoridad (f) authority (n)
autoridades (fpl) portuarias port authority
autorización (f) authorization (n) *or* warrant (n)
autorizado (-da) authorized (adj)
autorizar authorize (v) *or* entitle (v)
autorizar [licencia] license (v)
autorizar el pago authorize payment
autoservicio (m) mayorista cash and carry
auxiliar (mf) assistant (n)
auxiliar (mf) administrativo (-va) junior clerk
aval (m) guarantee (n)

avalar guarantee (v) *or* underwrite (v)
avalar a stand security or surety for
avalar una deuda guarantee a debt
avance (m) advance (n) *or* progress (n)
avanzar advance (v) *or* progress (v)
avería (f) [máquina] breakdown (n)
avería (f) [seguro] average (n)
avería gruesa general average
averiarse break down (v)
avión (m) plane (n)
avión charter charter plane
avión de carga freighter (n) *or* freight plane
avisar notify (v) *or* warn (v)
aviso (m) notice (n) *or* warning (n)
ayuda (f) assistance (n) *or* help (n)
ayudante (mf) assistant (n)
ayudante personal personal assistant (PA)
ayudar assist (v) *or* help (v)
azar: al azar random (adj)

Bb

baja (f) decline (n) *or* fall (n) *or* drop (n)
baja: con tendencia a la baja falling
baja incentivada o voluntaria voluntary redundancy
bajada (f) de precio decrease in price
bajar lower (v) *or* drop (v)

bajar [disminuir] decline (v) or fall or fall off
bajista (mf) bear (n)
bajo contrato under contract
bajo control under control
bajo (-ja) low (adj)
bajo: más bajo lower (adj)
balance (m) de comprobación trial balance
balance general o de situación balance sheet
balanza (f) comercial balance of trade
balanza comercial favorable favourable balance of trade
balanza de pagos balance of payments
banca (f) banking
bancarrota: en bancarrota bankrupt (adj)
banco (m) bank (n)
banco central central bank
banco comercial clearing bank
banco de crédito credit bank
banco de descuento discount house or discounter
banco emisor issuing bank
Banco Europeo de Inversiones (BEI) European Investment Bank (EIB)
banco mercantil merchant bank
banquero (-ra) banker
barato (-ta) cheap
barco (m) ship (n)
barco de carga cargo ship
barrera (f) barrier
barreras (fpl) arancelarias customs barriers or tariff barriers
basar base (v)
báscula (f) puente weighbridge
base (f) base (n) or basis
base de datos database
base monetaria monetary base
básico (-ca) basic (adj) or simple
beca (f) grant (n)
beneficiario (-ria) beneficiary
beneficiarse de benefit from (v)

beneficio (m) benefit (n) or profit or gain
beneficio antes de deducir los impuestos pretax profit or profit before tax
beneficio bruto gross profit
beneficio considerable healthy profit
beneficio de explotación operating profit
beneficio ficticio paper profit
beneficio neto net profit
beneficio neto de impuestos profit after tax
beneficio sobre el papel paper profit
beneficios (mpl) returns or profits
beneficios (mpl) [participación] equity
beneficios crecientes increasing profits
beneficios de explotación trading profit
beneficios de la empresa corporate profits
beneficios distribuibles distributable profit
beneficios extraordinarios excess profits
beneficios netos de impuestos after-tax profit
bien: muy bien fine (adv) or very good
bien (m) encubierto hidden asset
bienes (mpl) goods (n)
bienes (mpl) de capital [activo fijo] capital assets
bienes de capital [equipo] capital goods
bienes de consumo consumer goods
bienes de consumo duraderos consumer durables
bienes de equipo capital equipment
bienes duraderos durable goods
bienes personales personal assets
bienes raíces real estate

bienestar (m) welfare (n)
bilateral bilateral *or* reciprocal
billete (m) banknote *or* bill (n) (US)
billete (m) [pasaje] fare (n) *or* ticket (n)
billete abierto open ticket
billete de abono season ticket
billete de banco banknote *or* currency note *or* (US) bill
billete en lista de espera standby ticket
billete de ida *o* **pasaje sencillo** one-way fare
blanco (m) blank (n)
blanco: en blanco blank (adj)
blanquear (dinero negro) launder (money)
bloqueado (-da) frozen
bloquear block (v)
bloquear los créditos freeze credits
bodega (f) [buque] hold (n)
boicot (m) boycott (n)
boicotear boycott (v)
boletín (m) bulletin *or* journal
boletín de inscripción registration form
boletín de respuesta reply coupon
boletín interno de una empresa house magazine
bolsa (f) stock exchange *or* stock market
bolsa (f) [bolsillo] pocket (n)
bolsa (f) [saco] bag
bolsa de contratación commodity market *or* commodity exchange
bolsa de papel paper bag
bolsillo (m) pocket (n)
bombo (m) publicitario hype (n)
bonificación (f) bonus
bonificación recibida al concluir un seguro terminal bonus
bono (m) bond *or* debenture
bono (m) [vale] voucher
bono (m) de interés fijo debenture
bonos (mpl) del Tesoro gilts

bonos-basura (mpl) junk bonds
boom (m) boom (n)
bordo: a bordo on board
borrador (m) (rough) draft
bosquejo (m) rough draft *or* outline
brazo (m) derecho right-hand man
británico (-ca) British
bruto (-ta) gross (adj)
buen precio good value (for money)
buena calidad good quality
buena compra good buy
buena gestión good management
bueno (-na) good
bulto (m) packet (n)
buque (m) ship (n)
buque cisterna tanker
buque de carga freighter
buque de contenedores container ship
buque de salvamento salvage vessel
buque gemelo (de la misma flota) sister ship
buque mercante merchant ship *or* merchant vessel
burocracia (f) bureaucracy *or* red tape
búsqueda (f) de clientes canvassing

Cc

caber hold (v) *or* contain (v)
cada tres meses quarterly (adv)
cadena (f) chain

cadena de grandes almacenes multiple store
cadena de montaje assembly line *or* production line
caducado (-da) out of date
caducar [expirar] expire (v)
caducar [prescribir] lapse (v)
caducidad (f) [expiración] expiry
caer fall (v) *or* plummet
caer en picado slump (v)
caída (f) drop (n) *or* fall (n)
caída repentina slump (n)
caída de las ventas drop in sales *or* slump in sales
caja (f) case (n) *or* box
caja (f) [supermercado] supermarket checkout
caja (f) [taquilla] till *or* pay desk *or* cash desk
caja de artículos sueltos para la venta dump bin
caja de cartón carton *or* cardboard box
caja de embalar packing case
caja de seguridad safe deposit
caja fuerte safe (n)
caja para gastos menores petty cash (box)
caja registradora cash register *or* cash till
caja de caudales safe (n)
cajero (-ra) cashier
cajero (-ra) de un banco teller
cajero (m) automático cash dispenser
cajetilla (f) packet
cajetilla de cigarrillos packet of cigarettes
cajón (m) crate (n)
calculadora (f) calculator
calculadora de bolsillo pocket calculator
calcular calculate *or* count (v)
calcular [estimar] estimate (v)
calcular el promedio average (v)
calcular mal miscalculate (v)
cálculo (m) calculation *or* estimate

cálculo aproximado rough estimate *or* rough calculation
cálculo de costos costing
cálculo de la base impositiva tax assessment
calendario (m) time scale *or* timetable (n)
calidad (f) quality
calidad: de baja calidad o de poca calidad low-quality *or* low-grade
calidad: de calidad superior high-grade
calidad: de primera calidad up-market
calidad de semicorrespondencia near letter-quality (NLQ)
calidad superior *o* **high quality** top quality
callejero (m) street directory
Cámara (f) de Comercio Chamber of Commerce
cambiable exchangeable
cambiar change (v) *or* switch (v) *or* swap (v)
cambiar de dueño change hands
cambiar divisas *o* **moneda extranjera** exchange (v) (currency)
cambiarse a *o* **pasarse a** switch over to
cambio (m) change
cambio (m) [divisas] exchange (n)
cambio (m) [movimiento] shift (n)
cambio de dirección under new management
cambio de moneda extranjera foreign exchange
cambio en especie bartering
cambio fijo fixed exchange rate
cambista (mf) money changer
camión (m) lorry *or* truck
camión con remolque articulated lorry *or* articulated vehicle
camión de carga pesada heavy goods vehicle (HGV)
camionero (-ra) lorry driver *or* trucker
camioneta (f) van
campaña (f) campaign

campaña de ventas sales campaign *or* sales drive
campaña publicitaria advertising campaign *or* publicity campaign
campo (m) area *or* field
campo (m) [rural] country
campo de aplicación [mandato] terms of reference
canal (m) channel (n)
canales (mpl) de distribución channels of distribution *or* distribution channels
cancelación (f) cancellation
cancelación de una cita cancellation of an appointment
cancelado (-da) off *or* cancelled
cancelar cancel *or* write off [debt]
candidato (-ta) candidate
candidato (-ta) a un puesto de trabajo applicant for a job
candidato (-ta) propuesto (-ta) nominee (n)
canje (m) parcial part exchange *or* trade-in
canjear exchange (v)
canon (m) royalty
cantidad (f) quantity (qty) *or* amount (n)
cantidad total total amount
capacidad (f) capacity
capacidad de almacenamiento o de almacenaje storage capacity
capacidad de endeudamiento borrowing power
capacidad de fabricación manufacturing capacity
capacidad hotelera hotel accommodation
capacidad industrial industrial capacity
capacitación (f) training
capacitado (-da) qualified
capacitar train (v) *or* qualify
capaz able *or* capable
capaz de capable of
capital (m) capital
capital circulante working capital
capital disponible available capital
capital en acciones equity capital *or* share capital
capital inicial initial capital
capital nominal nominal capital
capital-riesgo (m) risk capital *or* venture capital
capitalista (mf) capitalist
capitalización (f) capitalization
capitalización bursátil market capitalization
capitalización de las reservas capitalization of reserves
capitalizar capitalize
carga (f) cargo *or* shipment
carga aérea air freight
carga de un camión lorry-load
carga en cubierta deck cargo
carga por peso muerto deadweight cargo
carga útil payload
cargamento (m) load (n)
cargar load (v)
cargar en cuenta debit an account
cargar en exceso overcharge (v)
cargar un camión o un barco load a lorry *or* a ship
cargar una compra en cuenta charge a purchase
cargo (m) charge (n)
cargo: a cargo de chargeable (to)
cargo (m) [puesto] job title *or* position
cargos (mpl) adicionales additional charges
cargos en concepto de interés interest charges
carnet (m) [socio] membership card
carnet (m) [documento] carnet
caro (-ra) dear *or* expensive
caro: muy caro highly-priced
carpeta (f) folder (n)
carpeta: dar carpetazo a shelve (v)
carretera (f) road

carretilla (f) elevadora de horquilla fork-lift truck
carta (f) letter
carta adjunta *o* **explicatoria** covering letter *or* covering note
carta certificada registered letter
carta comercial business letter
carta de crédito letter of credit (L/C)
carta de crédito general circular letter of credit
carta de crédito irrevocable irrevocable letter of credit
carta de intención letter of intent
carta de nombramiento letter of appointment
carta de porte waybill
carta de presentación introduction [letter]
carta de reclamación letter of complaint
carta de recomendación letter of reference
carta de reiteración follow-up letter
carta de solicitud letter of application
carta tipo *o* **carta estándar** standard letter
carta urgente express letter
cartel (m) cartel
cartelera (f) hoarding [for posters]
cartera (f) [maletín] briefcase
cartera (de valores) portfolio
cartera con las iniciales personalized briefcase
cartón (m) cardboard *or* carton
cartulina (f) card [material]
casa (f) house [for family]
casa comercial business *or* house
casa: de la casa in-house
casa matriz parent company
cash flow (m) cash flow
cash flow actualizado discounted cash flow (DCF)
catalogar index (v)
catálogo (m) catalogue *or* list (n)

catálogo de ventas por correo mail-order catalogue
categoría (f) category
categoría (f) [clase] class *or* tax bracket
categoría: de segunda categoría second-class
causa (f) [proceso] court case
causa: a causa de owing to
cedente (mf) assignor
ceder en arriendo lease (v)
celebrar una reunión hold a meeting
censor (m) jurado de cuentas certified accountant
censor (-ra) auditor
central central
central (f) telefónica telephone exchange
centralita (f) switchboard
centralita telefónica telephone switchboard
centralización (f) centralization
centralización de las compras central purchasing
centralizar centralize
centro (m) centre
centro comercial business centre *or* shopping centre
centro de beneficios profit centre
centro de costes cost centre
centro de la ciudad city centre *or* downtown (n) (US)
centro de transporte depot
centro industrial industrial centre
centro de reparaciones service centre
cercano (-na) close to
cero (m) zero *or* nil
cerrado (-da) closed *or* shut (adj)
cerradura (f) lock (n)
cerrar close (v) *or* shut (v) *or* close down
cerrar [sobre] seal (v)
cerrar con llave lock (v)
cerrar un trato clinch a deal

cerrar una cuenta close an account
cerrar una cuenta bancaria close a bank account
cerrar una tienda *o* **una oficina** lock up a shop *or* an office
certificado (m) certificate
certificado de aduana clearance certificate
certificado de aprobación certificate of approval
certificado de depósito certificate of deposit
certificado de garantía certificate of guarantee
certificado de origen certificate of origin
certificado de registro certificate of registration
certificado (-da) registered (adj)
certificar certify (v) *or* register (v)
cesión (f) cession
cesión-arrendamiento (f) lease-back
cesionario (-ria) assignee
cheque (m) cheque
cheque abierto open cheque
cheque al portador cheque to bearer
cheque conformado certified cheque
cheque cruzado crossed cheque
cheque de administración cashier's check (US)
cheque de sueldo salary cheque *or* pay cheque
cheque en blanco blank cheque
cheque en pago de dividendos dividend warrant
cheque sin cruzar open cheque
cheque sin fondos rubber check (US)
chequeo (m) al azar random check
cheques (mpl) con el nombre impreso personalized cheques
chocar crash (v)
chófer (m) driver
choque (m) crash (n) *or* accident

cíclico (-a) cyclical
ciclo (m) cycle
ciclo de trabajo run (n) *or* work routine
ciclo del producto product cycle
ciclo económico economic cycle *or* trade cyle
ciento: por ciento per cent
cierre (m) closing (n) *or* closure
cierre: al cierre closing (adj)
cierre del ejercicio year end
cif (coste, seguro y flete) c.i.f. (= cost, insurance and freight)
cifra (f) figure
cifra de negocios turnover *or* sales
cifras (fpl) ajustadas estacionalmente seasonally adjusted figures
cifras de ventas sales figures
cifras estimadas estimated figures
cifras históricas historical figures
cifras reales actuals
cifras sin comprobar unchecked figures
cima (f) top (n) *or* peak *or* highest point
cinta (f) magnética magnetic tape *or* mag tape
circuito cerrado closed circuit TV
circulación (f) circulation [of money]
circular (f) circular (n) *or* circular letter
circular (v) run (v)
cita (f) appointment *or* meeting
citación (f) judicial summons
citar quote (v)
clarificar clear (v) * clarify (v)
claro (-ra) clear (adj) *or* easy to understand
clase (f) [categoría] class *or* tax bracket
clase: de primera clase first-class
clase económica *o* **turista** economy class
clase preferente (en aviones) business class

clasificación (f) classification *or* rating
clasificación crediticia credit rating
clasificar classify *or* index (v)
cláusula (f) clause *or* article
cláusula adicional rider
cláusula de excepción escape clause
cláusula de exclusión exclusion clause
cláusula de reembolso payback clause
cláusula de renuncia waiver clause
cláusula de rescisión cancellation clause
cláusula penal penalty clause
cláusula que prohibe la huelga no-strike agreement *or* no-strike clause
cláusula resolutoria termination clause
clausura (f) closure
clausurar una sesión close a meeting
clave (f) key
cliente (mf) client *or* customer
cliente habitual regular customer
clientela (f) clientele *or* custom
clientes (mpl) eventuales potential customers
clip (m) paperclip
club (m) club *or* society
co-propiedad (f) joint ownership
co-propietario (-ria) joint owner
coacreedor (-ra) co-creditor
coaseguro (m) co-insurance
cobertura (f) cover *or* hedge (n) *or* hedging
cobertura del dividendo dividend cover
cobertura del seguro insurance cover
cobertura periodística media coverage
cobrable cashable

cobrador (-ra) collector
cobrador (m) de alquileres rent collector
cobrar charge (v) *or* collect (v) *or* encash
cobrar: por cobrar receivable
cobrar a la entrega charges forward
cobrar de más overcharge (v)
cobrar de menos undercharge (v)
cobrar un cheque cash a cheque
cobrar una deuda collect a debt
cobro (m) collection
cobro a la entrega cash on delivery (c.o.d.)
cobro de morosos debt collection
cobro en metálico encashment
cobro por recogida collection charges *or* collection rates
cobro: a cobro revertido reversed charge *or* toll free (US)
coche (m) de alquiler hire car
coche en gran demanda best-selling car
codificación (f) coding
código (m) code
código de almacenamiento stock code
código de barras bar code
código fiscal *o* código impositivo tax code
código postal postcode *or* zip code (US) *or* area code
códigos (mpl) legibles por ordenador computer-readable codes
codirección (f) joint management
codirector (-ra) co-director
codirector (-ra) gerente joint managing director
coeficiente (m) rate (n)
coeficiente de amortización depreciation rate
coeficiente de ajuste de precios price differential
coeficiente de errores error rate
coeficiente de ocupación load factor

coeficiente de rentabilidad profitability
coincidir (con) agree with
colaboración (f) collaboration *or* contribution
colaborar collaborate
colateral collateral (adj)
colectivo (-va) collective
colgar: no cuelgue hold the line please
colocar place (v)
columna (f) del debe debit column
columna del haber credit column
comenzar begin *or* start (v)
comerciable marketable
comercial commercial (adj)
comercialización (f) commercialization *or* merchandizing
comercialización a gran escala mass marketing
comercializar commercialize (v) *or* merchandize (v)
comercializar un producto merchandize a product
comerciante (mf) dealer *or* merchant *or* trader *or* merchandizer
comerciante al por mayor wholesaler *or* wholesale dealer
comerciante al por menor retail dealer
comerciante exclusivo sole trader
comerciar handle (v) *or* sell
comerciar (en) deal in *or* trade in
comerciar con alguien deal with someone *or* do business with someone
comercio (m) commerce *or* trade (n) *or* trading
comercio al por menor retailing
comercio de exportación export trade
comercio de visibles visible trade
comercio electrónico e-commerce (n)
comercio exterior external trade *or* export trade *or* foreign trade
comercio floreciente flourishing trade
comercio interior domestic trade
comercio internacional international trade
comercio invisible invisible trade
comercio legal lawful trade
comercio marítimo maritime trade
comercio multilateral multilateral trade
comercio recíproco reciprocal trade
comercio unilateral one-way trade
cometer commit (v)
comienzo (m) beginning *or* start (n)
comisión (f) commission
comisión (f) [corretaje] brokerage *or* broker's commission
comisión de arbitraje arbitration board *or* arbitration tribunal
comisionista (mf) commission agent
comisionista al por mayor factor (n)
comité (m) commission *or* committee
cómodo (-da) convenient
compañía (f) company
compañía asociada o afiliada associate company *or* sister company
compañía de seguros insurance company
compañía fiduciaria trust company
compañía filial o compañía subsidiaria subsidiary company
compañía independiente independent company
compañía naviera o compañía marítima shipping company *or* shipping line
compañía que financia la compra a plazos hire-purchase company
comparable comparable
comparación (f) comparison
comparar compare
comparar con compare with
comparar precios shop around

compartir share (v)
compartir una oficina share an office
compensación (f) compensation
compensar [deducir] set against
compensar [indemnizar] compensate *or* make up for
competencia (f) competition
competencia (f) [pericia] expertise
competencia desleal unfair competition
competencia dura stiff competition
competencia encarnizada cut-throat competition
competente competent *or* capable
competidor (-ra) competitor
competir (con) compete (with)
competitividad (f) competitiveness
competitivo (-va) competitive *or* competing (adj)
con precio competitivo competitively priced
complementario (-ria) complementary
completamente nuevo (-va) brand new
completar complete (v)
completo (-ta) complete (adj) *or* comprehensive *or* full-scale
componer repair (v)
compra (f) purchase *or* purchasing *or* buying
compra a granel bulk buying
compra a plazos hire purchase (HP)
compra al contado cash purchase *or* spot purchase
compra apalancada leveraged buyout (LBO)
compra de futuros forward buying
compra de una empresa por sus ejecutivos management buyout (MBO)
compra febril panic buying
compra impulsiva impulse purchase
comprador (-ra) buyer *or* purchaser *or* shopper
comprador impulsivo impulse buyer
comprador genuino genuine purchaser
comprar buy *or* purchase (v)
comprar a futuros buy forward
comprar en efectivo buy for cash
compras (fpl) shopping
comprender understand
comprobación (f) check (n) *or* examination
comprobación de los recursos económicos means test
comprobante (m) voucher
comprobante de caja sales receipt
comprobar check (v) *or* monitor
comprometerse undertake (v)
compromiso (m) compromise (n)
compromiso (m) [promesa] undertaking *or* promise
compromiso (m) [cita] appointment *or* meeting
compromiso (m) [obligación] obligation *or* duty
compromisos (mpl) commitments
compulsa (f) certified copy *or* true copy
común common
común: en común jointly
comunicación (f) communication
comunicación horizontal horizontal communication
comunicación vertical vertical communication
comunicaciones (fpl) communications
comunicado (m) communication *or* message
comunicado de prensa press release
comunicar communicate *or* announce
comunidad (f) community
con cum
conceder grant (v) *or* extend (v)
conceder [adjudicar] award (v)

conceder [dar] allow *or* give
conceder una licencia license
concertación (f) harmonization *or* reconciliation
concesión (f) concession *or* right *or* franchise (n)
concesión de un préstamo lending
concesionario (-ria) concessionaire *or* dealer *or* franchisee *or* licensee
conciliación (f) conciliation
conciliación de cuentas reconciliation of accounts
concluir conclude *or* wind up *or* complete
conclusión (f) conclusion (n) *or* close (n)
condición (f) condition
condición: a condición de que on condition that *or* provided that
condición: sin condiciones unconditional
condición: en las condiciones acordadas on agreed terms
condición (f) [salvedad] proviso
condición jurídica legal status
condicionado (-da) qualified *or* with reservations
condicional conditional
condiciones (fpl) terms *or* conditions
condiciones: en condiciones favorables on favourable terms
condiciones de empleo conditions of employment
condiciones de pago terms of payment
condiciones de servicio terms of employment
condiciones de trabajo working conditions
condiciones de venta conditions of sale *or* terms of sale
condominio (m) joint ownership
conducir drive (v)
conductor (m) driver
conectar connect *or* interface (v)

conexión (f) connection *or* tie-up *or* link
conexión (f) [informática] computer port
confeccionar make out
conferencia (f) de prensa press conference
confesar confess *or* declare
confianza (f) confidence
confianza: de confianza reliable
confiar entrust
confidencia (f) tip (n)
confidencial confidential
confidencialidad (f) confidentiality
confirmación (f) confirmation
confirmar confirm
confirmar: sin confirmar unconfirmed
confirmar a alguien en su puesto de trabajo confirm someone in a job
confirmar una reserva confirm a booking
confiscación (f) forfeiture
confiscar confiscate *or* seize
conflicto (m) de intereses conflict of interests
conflictos (mpl) colectivos industrial disputes
conflictos laborales labour disputes
conforme a [según] according to *or* under
conformidad (f) [acuerdo] compliance
congelación (f) freeze (n)
congelación de créditos credit freeze
congelación de salarios wage freeze
congelado (-da) frozen
congelar freeze (v)
congelar salarios y precios freeze wages and prices
conglomerado (m) conglomerate
congreso (m) congress *or* conference
conjuntamente jointly

conjunto (m) de medidas económicas package of economic measures
conjunto (-ta) joint
conjunto: en conjunto overall
conmutar commute *or* exchange
conocimiento (m) de embarque bill of lading
conseguir get *or* manage to
conseguir hacer algo succeed in
conseguir fondos secure funds *or* raise money
conseguir un contrato win a contract
consejero (-ra) consultant *or* adviser
consejero (-ra) [director] director
consejo (m) (de administración) board (n) of directors
conservación (f) maintenance
conservar maintain
considerar consider
consigna (f) left luggage office
consignación (f) consignment
consignador (-ra) consignor
consignar consign *or* dispatch (v)
consignar [asignar] appropriate (v)
consignatario (-ria) consignee
consolidación (f) de fondos funding (of debt)
consolidación de un préstamo restructuring of a loan
consolidado (-da) consolidated
consolidar consolidate *or* establish
consorcio (m) consortium
consorcio emisor *o* asegurador underwriting syndicate
constante constant *or* recurrent
constar de consist of
constitución (f) de una sociedad incorporation
constituir en sociedad incorporate (a company)
constituirse parte civil bring a civil action
construcción: en construcción under construction

construir build *or* develop
consultar consult
consultar a un abogado take legal advice
consultoría (f) consultancy firm
consumidor (-ra) consumer
consumo (m) consumption
consumo doméstico *o* consumo interior home consumption
contabilidad (f) accounting *or* bookkeeping
contabilidad de costes cost accounting
contabilidad de costes actuales current cost accounting
contabilidad de ingresos revenue accounts
contable (mf) accountant *or* bookkeeper
contable de costes cost accountant
contable jefe chief accountant *or* controller (US)
contactar contact (v)
contacto (m) contact (n)
contado: al contado cash (adv)
contar count (v)
contenedor (m) container
contener contain *or* hold (v)
contener [parar] check (v) *or* stop
contenerización (f) containerization
contenido (m) contents
contestación (f) answer (n) *or* reply (n)
contestador (m) automático answering machine
contestar answer (v) *or* reply (v)
contestar el teléfono answer the telephone
contestar una carta answer a letter
contingencia (f) contingency
continuación (f) continuation
continuamente continually
continuar continue *or* proceed (v)
continuo (-nua) continual *or* continuous

contra OPA (f) reverse takeover
contraasiento (m) contra entry
contracción (f) shrinkage
contractual contractual
contraer deudas incur debts
contraoferta (f) counterbid *or* counter-offer
contrapartida (f) contra entry
contrario (-ria) contrary
contraste (m) contrast (n)
contratar contract (v)
contratar personal hire staff
contratista (mf) contractor
contratista de transporte por carretera haulage contractor
contratista del Estado government contractor
contrato (m) contract (n) *or* agreement (n)
contrato: según contrato contractually *or* according to the contract
contrato a plazo fijo fixed-term contract
contrato de Bolsa contract note
contrato de corta duración short-term contract
contrato de empleo contract of employment
contrato de seguros insurance contract
contrato de venta bill of sale
contrato en exclusiva exclusive agreement
contrato permanente permanent contract
contribución (f) contribution
contribución de capital contribution of capital
contribuir contribute
contribuyente (mf) contributor *or* taxpayer
control (m) control (n) *or* check *or* inspection
control: de control supervisory
control de alquileres o de rentas rent control
control de calidad quality control
control de crédito credit control
control de divisas exchange control
control de existencias stock control *or* inventory control (US)
control de materiales materials control
control de precios price control
control presupuestario budgetary control
controlado (-da) por el Estado government-controlled
controlar control (v) *or* monitor (v)
controlar un negocio control a business
convenido (-da) agreed
conveniente convenient
convenio (m) agreement *or* covenant (n)
convenio salarial colectivo collective wage agreement
conversaciones fructíferas productive discussions
conversión (f) conversion
conversión de divisas currency conversion
conversión de un préstamo refunding of a loan
convertibilidad (f) convertibility
convertir convert
convocar call *or* convene
cooperación (f) co-operation
cooperar co-operate
cooperativa (f) co-operative (n)
cooperativo (-va) co-operative (adj)
coparticipación (f) copartnership
copia (f) copy (n) *or* duplicate (n)
copia auténtica o certificada certified copy
copia carbón carbon copy
copia de reserva o de seguridad backup copy
copia exacta true copy
copia falsa forgery
copia impresa hard copy

copia impresa [de ordenador] computer printout
copiar copy (v) *or* duplicate (v)
copiar [escribir] write out
copiar una factura duplicate an invoice
copropiedad (f) co-ownership *or* part-ownership
copropietario (-ria) co-owner *or* part-owner
corona (f) krone *or* krona
corporación (f) corporation *or* guild
corrección (f) correction
correcto (-ta) correct (adj) *or* right *or* accurate
corredor (m) de seguros insurance broker
corredor (-ra) de bolsa stockbroker
correduría (f) de bolsa stockbroking
corregir correct (v) *or* rectify *or* revise
correo (m) mail (n) *or* post (n)
correo aéreo airmail (n)
correo electrónico electronic mail (email)
correo entrante incoming mail
correo por vía terrestre o marítima surface mail
correos (mpl) post (n)
correr un riesgo run a risk
correspondencia (f) correspondence *or* mail
correspondencia de salida outgoing mail
correspondencia recibida incoming mail
corresponder agree with
corresponder a algo correspond with something
correspondiente (mf) correspondent
corresponsal (mf) correspondent *or* journalist
corretaje (m) brokerage *or* broker's commission
corriente common *or* frequent
corriente [actual] current
corriente [ordinario] ordinary *or* regular
corriente: precio corriente average price
corrientes: de los corrientes instant (adj)
corto: a corto plazo short-term (adj) *or* on a short-term basis
costar cost (v)
costas (fpl) costs
costas judiciales legal costs *or* legal charges *or* legal expenses
coste (m) *o* charge (n) cost (n)
coste de almacenaje storage (n)
coste de la gestión de deudas factoring charges
coste de producción production cost
coste del transporte haulage costs *or* haulage rates
coste de ventas cost of sales
coste de vida cost of living
coste descargado landed costs
coste directo direct cost
coste incremental incremental cost *or* marginal cost
coste inicial historic(al) cost
coste marginal marginal cost
coste total total cost
coste unitario *o* coste por unidad unit cost
coste, seguro y flete (cif) cost, insurance and freight (c.i.f.)
costear los gastos de alguien defray someone's expenses
costes (mpl) de distribución distribution costs
costes de envío shipping charges *or* shipping costs
costes de fabricación manufacturing costs
costes de lanzamiento launching costs
costes de puesta en marcha start-up costs
costes excesivos excessive costs

costes fijos fixed costs
costes laborales labour costs
costes laborales indirectos indirect labour costs
costes sociales social costs
costes variables variable costs
costo (m) cost (n)
costo más honorarios cost plus
costoso (-sa) costly *or* expensive
costumbre (f) routine (n)
cotejar check (v) *or* compare (v)
cotidiano (-na) day-to-day
cotización (f) quote (n) *or* quotation
cotización de apertura opening price
cotizar [calcular] quote (v)
cotizar [contribuir] contribute (v)
crack (m) financial crash (n)
crear una compañía set up a company
creciente increasing *or* mounting
crecimiento (m) growth
crecimiento económico economic growth
crédito (m) credit (n)
crédito: a crédito on credit
crédito a corto plazo short-term credit
crédito a largo plazo long credit *or* extended credit
crédito abierto open credit
crédito al consumidor consumer credit
crédito bancario bank credit
crédito barato cheap money
crédito blando soft loan
crédito congelado frozen credits
crédito de apoyo standby credit
crédito instantáneo instant credit
crédito por impuestos pagados tax credit
crédito renovable revolving credit
crédito sin interés interest-free credit
crédito 'stand by' standby credit

crisis (f) de liquidez liquidity crisis
crisis del dólar dollar crisis
crisis económica [depresión] slump (n) *or* depression
crisis financiera financial crisis
crónico (-ca) chronic
cruzar un cheque cross a cheque
cuadrar [ajustar] reconcile
cuadrar [saldar] balance (v)
cuadrícula (f) grid
cualificado (-da) skilled *or* qualified
cualificado: no cualificado unskilled
cualificado: muy cualificado highly qualified
cuanto: en cuanto a regarding
cuarta parte (f) *o* **cuarto (m)** quarter [25%]
cuarto trimestre fourth quarter
cúbico (-ca) cubic
cubierta (f) deck
cubierto: precio del cubierto cover charge
cubierta (f) [funda] cover (n)
cubrir cover (v)
cubrir gastos break even *or* cover costs *or* meet expenses
cubrir un riesgo cover a risk
cuenta (f) account
cuenta (f) [restaurante] bill (n)
cuenta: a cuenta on account
cuenta: anticipo a cuenta advance on account
cuenta: anticipo de caja a cuenta cash advance
cuenta: por cuenta y riesgo del comprador caveat emptor
cuenta a plazo deposit account
cuenta abierta open account *or* charge account
cuenta acreedora account in credit
cuenta administrada por un apoderado nominee account
cuenta bancaria bank account

cuenta bloqueada frozen account *or* account on stop
cuenta compensada contra account
cuenta con saldo positivo account in credit
cuenta conjunta joint account
cuenta corriente current account *or* drawing account *or* cheque account
cuenta de ahorro savings account
cuenta de caja cash account
cuenta de capital capital account
cuenta de crédito credit account
cuenta de depósito deposit account
cuenta de garantía bloqueada escrow account
cuenta de gastos de representación expense account
cuenta de no residente external account
cuenta de pérdidas y ganancias profit and loss account
cuenta detallada itemized account
cuenta en descubierto overdrawn account
cuenta en participación joint account
cuenta inactiva dead account
cuenta numerada numbered account
cuenta presupuestaria budget account
cuentas a cobrar *o* **por cobrar** accounts receivable
cuentas a pagar *o* **por pagar** accounts payable
cuentas anuales annual accounts
cuentas de fin de mes month-end accounts
cuentas de gestión management accounts
cuentas de mediados de mes mid-month accounts
cuentas semestrales half-yearly accounts
cuentas sin verificar unaudited accounts
cuestión (f) matter (n) *or* question (n)
cuestionar question (v)
cuestionario (m) questionnaire
culpa (f) blame (n)
culpa (f) [falta] fault *or* blame
culpar blame (v)
cumbre (f) peak (n) *or* top (n) *or* highest point
cumplidor (-ra) reliable
cumplimiento (m) [realización] fulfilment
cumplimiento (m) [ejecución] execution
cumplir carry out *or* fulfil (v)
cumplir [satisfacer] meet
cumplir [ejecutar] execute
cumplir un plazo establecido meet a deadline
cumplir una promesa keep a promise
cuota (f) quota *or* fee
cuota de depreciación allowance for depreciation
cuota de importación import quota
cuota de inscripción registration fee
cuota de mercado market share
cupo (m) quota
cupo de importación import quota
cupón (m) coupon
cupón: con cupón de interés cum coupon
cupón: sin cupón de interés ex coupon
cupón de anuncio coupon ad
cupón de regalo gift coupon
curriculum (vitae) (m) curriculum vitae (CV)
cursar un pedido place an order
curso (m) comercial commercial course
curso de actualización *o* **curso de reciclaje** refresher course

curso de gestión empresarial management course
cursos (mpl) de iniciación induction courses *or* induction training
curva (f) curve
curva de ventas sales curve

Dd

dañado (-da) damaged
dañar damage (v)
daño (m) damage (n)
daños (mpl) causados por incendio fire damage
daños materiales damage to property
daños por tormenta storm damage
daños y perjuicios damages
dar give
dar [conceder] allow
dar [producir] produce (v)
dar carpetazo shelve (v)
dar empleo employ (v)
dar instrucciones brief (v) *or* issue instructions
dar por resultado result in
dar publicidad publicize *or* plug (v)
dar una entrada pay *or* put money down
dar una propina tip (v)
darse cuenta realize *or* understand
darse prisa hurry up
datos (mpl) data
datos de salida computer output
debajo: por debajo de under *or* less than

debate (m) debate *or* discussion
debe (m) debit *or* debtor side
debe y haber debits and credits
deber owe
debidamente duly *or* legally
debido a due to *or* owing to
debido (-da) owing
débil slack *or* weak
débito (m) debit (n) *or* charge (n)
decidir decide *or* resolve
decidirse por la opción más fácil take the soft option
decimal (m) decimal (n)
decisión (f) decision
decisión (f) [fallo] ruling (n)
decisivo (-va) deciding
declaración (f) declaration *or* statement *or* announcement
declaración (f) [renta] return (n)
declaración de aduana customs declaration
declaración de ingresos nulos nil return
declaración de quiebra declaration of bankruptcy
declaración de renta tax return *or* tax declaration
declaración de siniestro insurance claim
declaración del IVA VAT declaration
declaración oficial official return
declarado (-da) declared
declarar declare *or* state (v)
declarar [renta] return (v)
declarar a alguien en quiebra declare someone bankrupt
declarar mercancías en la aduana declare goods to customs
decomisar forfeit (v)
decomiso (m) forfeiture *or* forfeit (n)
decreciente decreasing (adj) *or* falling
decretar rule (v) *or* give decision
deducción (f) deduction

deducción (f) de impuestos tax deductions
deducciones (fpl) personales personal allowances
deducible deductible
deducir deduct (v)
deducir [compensar] set against
deducir [inferir] deduce *or* infer (v)
deducir del sueldo dock (v)
defectivo (-va) defective
defecto (m) defect *or* (mechanical) fault *or* imperfection
defecto: en su defecto failing that
defectuoso (-sa) defective *or* faulty
defender defend
defenderse en juicio defend a lawsuit
defensa (f) defence
defensor (m) del pueblo ombudsman
déficit (m) deficit *or* shortfall
déficit comercial trade deficit *or* trade gap
deflación (f) deflation
deflacionista deflationary
defraudación (f) fraud
DEG (derechos especiales de giro) special drawing rights (SDRs)
dejar [abandonar] leave (v)
dejar de hacer algo fail to do something
dejar un margen allow for
dejar un margen del 10% para el porte allow 10% for carriage
delegación (f) delegation
delegado (-da) delegate (n) *or* deputy (n)
delegado (-da) del personal worker director
delegar delegate (v)
delito (m) por omisión nonfeasance
demanda (f) demand (n)
demanda (f) [reclamación] claim (n)

demanda de pago call (n) for money
demanda de pago de acciones call (n)
demanda efectiva effective demand
demanda estacional seasonal demand
demanda excesiva run (n)
demanda por daños y perjuicios action for damages
demanda: oferta y demanda supply and demand
demandado (-da) defendant
demandante (mf) claimant *or* plaintiff
demandar sue
demora (f) delay (n)
demorar delay (v)
demostración (f) demonstration
demostrar demonstrate
departamental departmental
departamento (m) department *or* division *or* section
departamento de 'marketing' marketing department
departamento de atención al cliente customer service department
departamento de compras buying department *or* purchasing department
departamento de contabilidad accounts department
departamento de diseño design department
Departamento de Estado government department
departamento de exportación export department
departamento de facturación invoicing department
departamento de informática computer department
departamento de personal personnel department
departamento de producción production department

departamento de publicidad publicity department
departamento de reclamaciones claims department
departamento de relaciones públicas public relations department
departamento de reservas room reservations
depender de depend on
dependienta (f) saleswoman *or* shop assistant
dependiente (m) salesman *or* shop assistant
depositante (mf) depositor
depositar [ingresar] deposit (v) *or* bank (v)
depósito (m) bank deposit *or* down payment
depósito (m) [almacén] store (n) *or* storeroom *or* stockroom
depósito (m) [almacenamiento] storage (n)
depósito (m) [almacén de mercancías] goods depot
depósito a la vista demand deposit
depósito a plazo time deposit
depósito a plazo fijo fixed deposit
depósito aduanero bonded warehouse
depósito no reembolsable non-refundable deposit
depósito reembolsable refundable deposit
depósitos (mpl) bancarios bank deposits
depósitos con interés interest-bearing deposits
depreciación (f) depreciation
depreciación de un activo writedown (n)
depreciar(se) depreciate *or* amortize
depreciar el valor de un activo write down [an asset]
depresión (f) depression *or* slump (n)

derecho (m) law *or* right (n) *or* entitlement
derecho (-cha) right (adj)
derecho civil civil law
derecho de aduana customs duty
derecho de contratos contract law
derecho de ocupación security of tenure
derecho de paso right of way
derecho de retención lien
derecho de veto right of veto
derecho internacional international law
derecho marítimo maritime law
derecho mercantil commercial law
derechohabiente (m) rightful claimant
derechos (mpl) admission fee
derechos de autor royalty
derechos de dársena port charges *or* port dues
derechos de exportación export duty
derechos de importación import duty
derechos especiales de giro (DEG) special drawing rights (SDRs)
derechos portuarios harbour dues
derivar de derive from *or* result from
derrumbamiento (m) collapse (n)
derrumbarse collapse (v)
desaceleración (f) slowdown
desacelerar slow down
desaconsejar advise against
desacreditar discredit (v)
desacuerdo (m) disagreement
desaparecido (-da) missing *or* unaccounted for
desarrollar develop
desarrollo (m) development *or* growth
desarrollo de productos product development
desarrollo económico economic development

desbordar flood (v)
descanso (m) break (n) or rest (n)
descarga (f) y carga de un avión turnround
descargar unload
descargar mercancías en un puerto land goods at a port
descargo (m) [deuda] discharge (n)
descargo (m) final final discharge
descender fall (v) or drop (v)
descenso (m) decline (n) or downturn or decrease
descentralización (f) decentralization
descentralizar decentralize or hive off
descontable discountable
descontar discount (v) or knock off or deduct (v)
descontar del sueldo dock (v)
describir describe
descripción (f) description
descripción comercial trade description
descripción del puesto de trabajo job description or job specification
descubierto (m) [sobregiro] overdraft
descuento (m) discount (n) or rebate
descuento: con descuento off or reduced by
descuento al por mayor wholesale discount
descuento básico basic discount
descuento para comerciantes del sector trade discount or trade terms
descuento por cantidad quantity discount
descuento por pago al contado cash discount
descuento por volumen volume discount
descuidado (-da) negligent
desechable disposable
desecho (m) waste (n)
desembarcar land (v)

desembolsar disburse or pay out
desembolso (m) disbursement or expenditure or outlay
desembolsos (mpl) outgoings or expenditure
desempleado (-da) unemployed
desempleo (m) unemployment
desfalcador (-ra) embezzler
desfalcar embezzle
desfalco (m) embezzlement
desfavorable unfavourable
desgastar erode
desgaste (m) natural (fair) wear and tear
desglosar break down (v) or itemize
desglose (m) breakdown (n)
desgravable tax-deductible
desgravación (f) concession
desgravación fiscal tax allowance or tax relief or tax concession
deshacerse de unload or offload or get rid of
deshacerse de las existencias sobrantes dispose of excess stock
deshacerse de algo get rid of something
deshonorar dishonour
desistir de una acción abandon an action
desocupar vacate (v)
despachar dispatch (v)
despachar pedidos atrasados release dues
despachar un pedido fulfil an order
despacho (m) [envío] dispatch (n) or sending (out)
despacho (m) [oficina] office
despacho aduanero o de aduanas customs clearance
despacho de billetes booking office
despacho de pedidos order fulfilment
desparejado (-da) odd
despedir discharge or pay off
despedir a alguien sack someone

despedir a un empleado dismiss an employee
despedir por falta de trabajo lay off workers
despegar take off
desperdiciar waste (v) *or* use too much
desperdicio (m) waste (n) *or* wastage
desperfectos (mpl) breakages
despido (m) dismissal *or* sacking
despido (m) [excedente de plantilla] redundancy
despido injusto unfair dismissal *or* wrongful dismissal
desregulación (f) deregulation
destacado (-da) outstanding *or* exceptional
destinatario (-ria) addressee *or* receiver
destino (m) destination
destitución (f) removal *or* sacking
destreza (f) skill
desvalorización (f) devaluation
desvalorizar devalue
detallado (-da) detailed
detallar detail (v) *or* itemize *or* break down
detalle (m) detail (n)
detalles (mpl) particulars
detallista (mf) retailer
detener [frenar] plug (v) *or* block (v) *or* stop (v)
detener el pago de un cheque stop a cheque
deteriorado (-da) damaged *or* shop-soiled
determinar determine
deuda (f) debt *or* indebtedness
deuda incobrable irrecoverable debt *or* write-off
deuda morosa bad debt
deudas (fpl) liabilities
deudas a corto plazo short-term debts
deudas a largo plazo long-term debts
deudas a pagar debts due

deudas garantizadas secured debts
deudas pendientes outstanding debts
deudor (-ra) debtor *or* defaulter
deudor (-ra) hipotecario (-ria) mortgager *or* mortgagor
deudor (-ra) judicial judgment debtor
devaluación (f) devaluation
devaluar devalue (v)
devengar earn (v) *or* bear (v) *or* yield (v) *or* accrue (v) (interest)
devolución (f) return (n)
devolución (f) [reembolso] refund (n)
devolver return (v) *or* send back
devolver una carta al remitente return a letter to sender
devolver una letra dishonour a bill
día (m) day
día: al día per day *or* up-to-date
día de ajuste quarter day
día festivo bank holiday
diagrama (m) diagram
diagrama de flujo flow chart *or* flow diagram
diario (m) de bolsillo pocket diary
diario (-ria) daily *or* day-to-day
dictado (m) dictation
dictáfono (m) dictating machine
dictar dictate
diferencia (f) difference *or* discrepancy
diferencial differential (adj)
diferencias (fpl) de precio differences in price
diferente different
diferido (-da) deferred
diferir differ
diferir [aplazar] defer *or* adjourn
diferir el pago defer payment
difícil difficult
dificultad (f) difficulty (n)
difundir a través de la red de emisoras network (v)
difusión (f) circulation

dígito (m) digit
dilución (f) del capital dilution of equity
dimensiones (fpl) dimensions *or* size *or* measurements
dimisión (f) resignation
dimitir resign
dinero (m) money
dinero: sin dinero broke (adj)
dinero barato cheap money
dinero efectivo cash (n)
dinero en mano spot cash
dinero escaso tight money
dinero para gastos menores petty cash
dinero para gastos personales spending money
dinero suelto change (n)
diplomado (-da) certificated
dique (m) dock (n)
dirección (f) direction
dirección (f) [gerencia] management
dirección (f) [señas] address (n)
dirección comercial business address
dirección conjunta joint management
dirección de personal personnel management
dirección de reenvío forwarding address
dirección postal accommodation address
dirección telegráfica cable address
directamente direct (adv)
directiva (f) directive
directivo (-va) managerial
directo (-ta) direct (adj)
director (-ra) director *or* manager
director (-ra) adjunto (-ta) deputy manager
director (-ra) comercial sales manager
director (-ra) de banco bank manager
director (-ra) de una empresa company director
director (-ra) de exportación export manager
director (-ra) de finanzas finance director
director (-ra) de hotel hotel manager
director (-ra) de 'marketing' marketing manager
director (-ra) de planta floor manager
director (-ra) de producción production manager
director (-ra) de proyecto project manager
director (-ra) de publicidad publicity manager
director (-ra) de reclamaciones claims manager
director (-ra) de sucursal branch manager
director (-ra) ejecutivo (-va) executive director
director (-ra) externo (-na) outside director
director (-ra) en funciones acting manager
director (-ra) general general manager
director (-ra) general adjunto (-ta) deputy managing director
director (-ra) gerente managing director (MD)
director (-ra) no ejecutivo (-va) non-executive director
director (-ra) principal senior manager *or* senior executive
director (-ra) regional area manager
directorio (m) directory
directorio comercial classified directory
directriz (f) guideline *or* directive
dirigido (-da) a un mercado popular down-market
dirigir direct (v) *or* channel (v)
dirigir [gestionar] manage

dirigir [llevar] run (v)
dirigir [obrar] operate
dirigir un negocio control a business
disco (m) disk
disco duro hard disk
discrepancia (f) discrepancy *or* variance
disculpa (f) apology
disculparse apologize
discurrir flow (v)
discusión (f) discussion *or* argument
discusión (f) [debate] debate
discutir discuss
diseñar design (v)
diseño (m) design (n)
diseño de productos product design
diseño industrial industrial design
diseño registrado registered design
disminución (f) decrease *or* lowering
disminución (f) [impuestos] abatement
disminución de valor decrease in value
disminuir decline (v) *or* decrease (v) *or* fall off
disolver dissolve
disolver una sociedad dissolve a partnership
dispararse soar
disponer arrange *or* set out
disponibilidad (f) availability
disponible available *or* vacant
disposición (f) provision
dispositivo (m) device
disquete (m) *o* **diskette (m)** diskette
disquetera (f) disk drive
distinto (-ta) different
distribución (f) distribution
distribución exclusiva distributorship
distribuidor (-ra) distributor *or* stockist
distribuir distribute
distribuir un dividendo pay a dividend
distrito (m) district *or* area
distrito comercial commercial district
disuadir advise against
diversificación (f) diversification
diversificar diversify
dividendo (m) dividend
dividendo: con dividendo cum dividend
dividendo: sin dividendo ex dividend
dividendo final final dividend
dividendo mínimo minimum dividend
dividendo por acción earnings per share *or* earnings yield
dividendo por superávit surplus dividend
dividendo provisional interim dividend
dividir divide *or* share (v)
dividir [separar] separate (v)
divisas (fpl) foreign exchange
divisas de reserva reserve currency
división (f) division
divulgación (f) disclosure
divulgar disclose *or* release (v)
doble double (adj)
doble imposición (f) double taxation
doble reserva (f) double-booking
docena (f) dozen
documentación (f) documentation
documental documentary
documento (m) document
documento adjunto enclosure
documento escrito instrument
documento falso forgery
documento no negociable non-negotiable instrument

documentos (mpl) documents *or* papers
documentos falsos faked documents
dólar (m) dollar
domiciliación (f) bancaria direct debit *or* standing order
domicilio (m) domicile
domicilio: a domicilio house to house *or* door to door
domicilio particular home address
domicilio social registered office *or* headquarters (HQ)
dorso (m) back (n)
dotación (f) de personal manning
dpto. (= departamento) dept (= department)
dracma (m) [moneda] drachma
dueña (f) proprietress *or* landlady *or* owner
dueño (m) proprietor *or* landlord *or* owner
dumping (m) dumping
duplicación (f) duplication
duplicado (m) duplicate (n)
duplicar duplicate (v) *or* double (v)
duro (-ra) hard

Ee

echar al correo post *or* mail (v)
ecológico (-ca) environmentally friendly
economía (f) economy *or* economics
economía de libre mercado free market economy
economía de oferta supply side economics
economía dirigida controlled economy
economía estable stable economy
economía madura mature economy
economía mixta mixed economy
economía sumergida black economy
economías de escala economies of scale
económico (-ca) economic *or* economical
economista (mf) economist
economista de mercado market economist
economizar economize (v) *or* save (on)
ecu *o* **ECU (m)** ecu *or* ECU (European currency unit)
edad (f) de jubilación retirement age
edificio (m) building *or* facility *or* premises
edificio principal main building
efectivo (m) ready cash
efectivo: en efectivo cash
efectivo en caja cash in hand
efectivo (-va) effective *or* actual
efecto (m) effect (n) *or* instrument (n)
efecto de favor accommodation bill
efecto indirecto spinoff
efecto negociable bankable paper
efecto secundario knock-on effect
efectos a cobrar receivables
efectos embargados (vendidos a bajo precio) distress merchandise
efectuar effect (v)
eficacia (f) effectiveness *or* efficiency
eficaz efficient
eficiencia (f) efficiency *or* effectiveness
eficiente efficient

ejecución (f) execution *or* implementation *or* enforcement
ejecutar execute (v) *or* implement (v) *or* enforce (v)
ejecutivo (m) de cuentas account executive
ejecutivo de ventas sales executive
ejecutivo (-va) executive
ejecutivo (-va) auxiliar junior executive *or* junior manager
ejecutivo (-va) en formación management trainee
ejemplar (m) copy (n)
ejercer exercise (v) *or* perform (v)
ejercer derecho de opción exercise an option
ejercicio (m) exercise (n)
ejercicio del derecho de opción exercise of an option
ejercicio económico financial year
ejercicio fiscal tax year
elaboración (f) de datos data processing
elaborar process (v)
elaborar [producto] manufacture (v)
elaborar cifras process figures
elasticidad (f) elasticity
elección (f) election *or* choice
elegir elect *or* choose
elemento (m) factor (n)
elevador (m) de granos grain elevator
eludir evade
elusión (f) evasion
elusión de impuestos tax avoidance
embalador (-ra) packer
embalaje (m) packaging *or* packing *or* package
embalaje de exposición display pack
embalaje de plástico tipo burbuja blister pack *or* bubble pack
embalaje hermético airtight packaging

embalaje vacío *o* ficticio dummy pack
embalar pack (v)
embalar [caja] case (v) *or* crate (v)
embalar mercancías en cajas de cartón pack goods into cartons
embarcadero (m) wharf
embarcar embark
embarcarse board (v)
embarcarse en embark on
embargador (-ra) sequestrator
embargar seize
embargo (m) embargo *or* seizure *or* sequestration
embarque (m) embarkation
embaucar fiddle (v)
embolsar pocket (v)
embotellamiento (m) bottleneck
emergencia (f) emergency
emisión (f) issue (n)
emisión de acciones share issue
emisión de acciones gratuitas scrip issue
emisión de derechos rights issue
emisión gratuita bonus issue
emisión publicitaria TV commercial
emitir issue (v)
emolumentos (mpl) fee
empaletar palletize
empaquetador (-ra) packer
empaquetar parcel (v) *or* pack (v)
empezar start (v) *or* begin (v)
empezar un negocio a cero cold start
emplazamiento (m) summons
empleado (-da) employee *or* employed
empleado (-da) de oficina office worker *or* clerk
empleado (-da) del servicio de información information officer
empleado (-da) para mantener llenos los estantes shelf filler
emplear employ *or* use (v)
emplear de nuevo re-employ
emplear más personal take on more staff

empleo (m) employment *or* appointment *or* job
empleo: sin empleo unemployed
empleo a tiempo parcial part-time work *or* part-time employment
empleo de la capacidad capacity utilization
empleo eventual temporary employment
empleo fijo staff appointment
empleo seguro secure job
emprendedor (-ra) go-ahead (adj)
emprender undertake
emprender un negocio go into business
empresa (f) enterprise *or* business *or* company *or* undertaking
empresa a pequeña escala small-scale enterprise
empresa comercial commercial undertaking
empresa competidora rival company
empresa con fines de lucro profit-oriented company
empresa conjunta joint venture
empresa de alquiler de maquinaria plant-hire firm
empresa de transporte público common carrier
empresa de transportes haulage contractor *or* carrier
empresa de ventas por correo mail-order business *or* mail-order firm
empresa en ruinas wreck (n)
empresa familiar family company
empresa mediana middle-sized company
empresa privada private enterprise
empresa que comercia con otra trading partner
empresarial entrepreneurial
empresario (-ria) employer *or* entrepreneur *or* businessman *or* businesswoman
empresas (fpl) rivales rival firms *or* competing firms
empréstito (m) loan capital
empuje (m) drive (n) *or* energy
encargado (-da) [almacén, tienda] manager
encargado (-da) de compras buyer
encargado (-da) del libro de compras bought ledger clerk
encargado (-da) del libro de ventas sales ledger clerk
encargar [confiar] entrust
encargar [hacer un pedido] order (v)
encargarse de undertake
encarte publicitario [de una revista] magazine insert
encauzar channel (v)
enchufe (m) electric plug *or* connection
enchufe (m) [influencia] useful contact
encogimiento (m) shrinkage
encontrar find (v) *or* meet (v)
encontrar: no encontrar miss (v)
encontrarse (con) meet
encubrimiento (m) de activos concealment of assets
encuesta (f) opinion poll *or* questionnaire
endémico (-ca) chronic
endeudado (-da) indebted
endeudarse get into debt *or* run into debt
endosante (mf) endorser
endosar un cheque endorse a cheque
endosatario (-ria) endorsee
endoso (m) endorsement
energía (f) energy
enjuiciar prosecute
enlace (m) tie-up *or* link
enmendar amend
enmienda (f) amendment
ensayo (m) test (n) *or* trial
enseñar show (v) *or* teach (v)
entablar enter into

entablar negociaciones open negotiations
entablar un pleito take legal action
entender understand
entrada (f) entrance *or* admission *or* entering
entrada (f) [billete] ticket
entrada (f) [depósito] down payment
entrada de favor complimentary ticket
entradas (fpl) receipts
entrar en enter *or* go in
entrar en dársena dock (v)
entrar en vigor operate (v)
entrega (f) delivery
entrega con acuse de recibo recorded delivery
entrega futura future delivery
entrega gratuita free delivery
entrega urgente express delivery
entregado: no entregado undelivered
entregar deliver *or* hand in *or* hand over
entregar: para entregar a care of *or* c/o
entrevista (f) interview (n)
entrevistado (-da) interviewee
entrevistador (-ra) interviewer
entrevistar interview (v)
enumerar list (v)
envasado (-da) al vacío shrink-wrapped
envasar pack (v)
envase (m) [embalaje] packing *or* packaging *or* pack (n)
envase (m) [recipiente] container
envase al vacío shrink-wrapping
envase no retornable non-returnable packing
envases (mpl) devueltos returned empties
enviar send *or* dispatch
enviar por carga aérea airfreight (v)

enviar por correo post (v) *or* mail (v)
enviar por correo aéreo airmail (v)
enviar por correo urgente express (v)
enviar por fax fax (v)
enviar por télex telex (v)
enviar un paquete por correo aéreo send a package by airmail
enviar un paquete por vía terrestre o marítima send a package by surface mail
enviar una carga por vía marítima send a shipment by sea
enviar una factura por correo send an invoice by post
envío (m) dispatch (n)
envío (m) [carga] shipment
envío (m) [expedición] shipping *or* forwarding
envío (m) [giro] remittance
envío (m) [remesa] consignment
envío agrupado de mercancías consolidated shipment
envío de publicidad por correo direct mailing *or* mailing shot
envío de revistas por correo magazine mailing
envío por correo mailing
envíos (mpl) a granel bulk shipments
envoltorio (m) wrapping *or* wrapper
envolver wrap up *or* parcel (v)
epígrafes (mpl) de un acuerdo heads of agreement
equilibrar balance (v)
equilibrio (m) balance (n)
equipaje (m) luggage *or* baggage
equipaje de mano hand luggage
equipaje no reclamado unclaimed baggage
equipar equip
equiparación (f) equalization
equipo (m) equipment
equipo de consumidores consumer panel

equipo de oficina office equipment
equipo de ventas sales team
equipo defectuoso faulty equipment
equipo directivo management team
equipo pesado heavy equipment
equipos (mpl) de oficina business equipment
equitativo (-va) fair (adj)
equivocación (f) mistake *or* error
equivocado (-da) wrong
erosionar erode
errar miss (v)
erróneo (-nea) erroneous *or* wrong
error (m) error (n) *or* slip (n) *or* mistake (n)
error aleatorio random error
error de cálculo miscalculation
error de copia *o* **de oficina** clerical error
error de ordenador computer error
escala (f) scale *or* range (n)
escala: sin escalas non-stop
escala de rendimiento earning capacity
escala móvil de salarios incremental scale
escala salarial *o* **escala de salarios** wage scale
escalar escalate
escalonar stagger
escaparate (m) shop window *or* window display
escasez (f) shortage
escasez de mano de obra manpower shortage
escaso (-sa) short of
escogido (-da) choice (adj)
escribir write
escribir a alguien correspond with someone
escribir sin abreviar write out (in full)
escrito (m) writing
escrito (-ta) a mano handwritten

escritorio (m) desk
escritura (f) writing *or* handwriting
escritura (f) [título] deed
escritura de cesión deed of assignment
escritura de constitución articles of association
escritura de convenio deed of covenant
escritura de sociedad deed of partnership
escritura de transferencia deed of transfer
escudo (m) [moneda] escudo
escuela (f) de secretariado secretarial college
escuela empresarial business school
escuela superior de comercio commercial college
esencial essential
esfuerzo (m) effort
espacio (m) space *or* room
espacio en blanco blank (n)
espacio para oficinas office space
espacio publicitario advertising space
especial special
especialista (mf) specialist
especialización (f) specialization
especializado (-da) [trabajador] skilled
especializar specialize
especificación (f) specification
especificar specify
esperar instrucciones await instructions
espionaje (m) industrial industrial espionage
esquina (f) corner (n)
estabilidad (f) stability *or* steadiness
estabilidad de los precios price stability
estabilización (f) stabilization
estabilizar los precios peg prices

estabilizar (se) stabilize *or* level out
estable stable
establecer establish *or* set (v)
establecerse settle
establecimiento (m) establishment [business]
estación (f) season
estación (f) [tren] train station
estación de ferrocarril railway station
estación de mercancías freight depot
estación de trabajo [de ordenador] computer workstation
estacional seasonal
estadísticas (fpl) statistics
estadístico (-ca) (adj) statistical
estadístico (-ca) statistician
estado (m) [país] state (n) *or* country
estado (m) [condición] condition *or* state
estado de cuenta bank balance
estado de cuenta mensual monthly statement
estado de cuentas statement of account
estado de cuentas semestral half-yearly statement
estado de flujo de caja cash flow statement
estadounidense (mf) American
estafa (f) fraud (n)
estafador (-ra) racketeer
estampilla (f) stamp (n)
estancado (-da) stagnant
estancamiento (m) stagnation
estancia (f) stay
estándar standard (adj)
estandarización (f) standardization
estandarizar (normalizar) standardize
estantería (f) shelves *or* shelving
estantería (f) [vitrina] display unit *or* display stand
estar de acuerdo agree with
estar en punto muerto be deadlocked
estatal government (adj)
estatutos (mpl) articles of association
estibador (m) stevedore
estimación (f) estimate (n) *or* estimation
estimado (-da) estimated
estimar estimate (v)
estimular boost (v)
estimular la economía stimulate the economy
estímulo (m) stimulus *or* boost (n) *or* incentive
estipulación (f) stipulation *or* provision
estipular stipulate
estrategia (f) strategy
estrategia comercial business strategy
estrategia de 'marketing' marketing strategy
estratégico (-ca) strategic
estropear spoil
estropearse break down (v)
estructura (f) structure (n)
estructura cuadricular grid structure
estructural structural
estucturar structure (v)
estudiar study (v)
estudio (m) study (n) *or* survey (n)
estudio de desplazamientos y tiempos time and motion study
estudio de mercado market research
estudios (mpl) sobre el terreno field work
etapa (f) stage (n)
etiqueta (f) label (n)
etiqueta (de señas) address label
etiqueta de correo aéreo airmail sticker
etiqueta de precio price tag *or* price ticket *or* price label
etiquetado (m) labelling
etiquetar label (v)

eurocheque (m) Eurocheque
eurodivisa (f) Eurocurrency
eurodólar (m) Eurodollar
euromercado (m) Euromarket
europeo (-a) European
evadir evade
evadir impuestos evade tax
evaluación (f) valuation *or* evaluation
evaluación de la rentabilidad measurement of profitability
evaluar evaluate
evaluar los costes evaluate costs
evasión (f) evasion
evasión de capital(es) flight of capital
evasión de impuestos tax avoidance *or* tax evasion
eventual prospective
eventualidad (f) contingency
evitar avoid *or* prevent
exactamente exactly
exacto (-ta) exact *or* accurate
examen (m) examination *or* test
examinar examine
excedencia (f) leave of absence
excedente (m) surplus *or* excess
excedente de plantilla [despido] redundancy (n)
excedente laboral overmanning
exceder exceed
excelente excellent *or* first-class
excepcional exceptional
excepto excluding
excepto except
excesivo (-va) excessive
exceso (m) excess *or* surplus
exceso de capacidad excess capacity
exceso de equipaje excess baggage
exceso de existencias overstocks
excluir exclude
exclusión (f) exclusion
exclusiva sole right
exclusividad (f) exclusivity
exclusivo (-va) sole

excusa (f) apology
exención (f) exemption
exención fiscal tax exemption *or* exemption from tax
exento (-ta) exempt (adj)
exento de alquiler rent-free
exento de impuestos exempt from tax *or* tax-exempt
exhibición (f) exhibition *or* display
exhibidor (-ra) demonstrator
exhibir *o* exponer display (v)
exigir require *or* demand (v) *or* claim (v)
exigir el reembolso ask for a refund
eximir exempt (v)
existencias (fpl) stock *or* inventory (n)
existencias finales closing stock
existencias iniciales opening stock
éxito (m) success
éxito: con éxito successful
éxito: sin éxito unsuccessful
expandir expand
expansión (f) expansion
expansión industrial industrial expansion
expedición (f) forwarding *or* shipping *or* consignment (n)
expedidor (-ra) shipper
expedidor (-ra) forwarding agent
expediente (m) dossier *or* file *or* record
expedir ship (v) *or* dispatch (v)
experimentado (-da) experienced
experimentar una recuperación stage a recovery
experto (-ta) experienced
expiración (f) expiration *or* expiry
expirar expire
explicación (f) explanation
explicar explain
explorar explore
explotar exploit
exponer exhibit (v) *or* display (v)
exponer [describir] describe

exportación (f) export (n)
exportación: de exportación exporting (adj)
exportaciones (fpl) exports
exportador (-ra) exporter *or* exporting (adj)
exportar export (v)
exposición (f) display (n) *or* exhibition *or* show
exposición (f) [riesgo] exposure
expositor (-ra) exhibitor
expresar express (v)
expreso (-sa) express (adj)
expropiación (f) forzosa compulsory purchase
extender make out
extender un cheque write out a cheque
extensión (f) telephone extension
exterior external
exterior [externo] outside
externo (-na) external *or* outside
extirpar excise (v)
extra extra
extracto (m) de cuentas bank statement
extranjero (m) overseas (n)
extranjero: en el extranjero abroad *or* overseas (adj)
extranjero (-ra) foreign
extraoficial unofficial
extraoficialmente off the record
extraordinario (-ria) extraordinary
extras (mpl) extras
extras (mpl) opcionales optional extras

fábrica (f) factory
fábrica (f) [planta] plant (n) *or* factory
fabricación (f) manufacturing *or* manufacture (n)
fabricante (m) manufacturer *or* producer
fabricar manufacture (v) *or* produce
fabricar en serie mass-produce
fabricar coches en serie mass-produce cars
fácil easy
facilidad (f) facility
facilidad de venta saleability
facilidades (fpl) de crédito credit facilities
facilidades de pago easy terms
factibilidad (f) feasibility
factor (m) factor (n)
factor de riesgo (en una inversión) downside factor
factor del coste cost factor
factor decisivo deciding factor
factor negativo minus factor
factor positivo plus factor
factores (mpl) cíclicos cyclical factors
factores de producción factors of production
factura (f) bill (n) *or* invoice (n)
factura con el IVA VAT invoice
factura de hotel hotel bill
factura detallada itemized invoice *or* detailed account
factura por duplicado duplicate receipt *or* duplicate of a receipt or invoice
factura pro forma pro forma (invoice)
facturación (f) billing *or* invoicing

facturación (f) [ingresos] sales revenue
facturar bill (v) *or* invoice (v)
facturar [el equipaje] check in [at airport]
facturas (fpl) impagadas unpaid invoices
fallar fail *or* not to succeed *or* miss
fallecido (-da) dead (adj)
fallo (m) [decisión] ruling (n)
fallo (m) [defecto] mechanical fault
falseado (-da) false
falsear fiddle (v)
falsificación (f) falsification *or* forgery *or* fake (n)
falsificado (-da) counterfeit (adj)
falsificar falsify *or* forge *or* fake (v)
falsificar [embaucar] fiddle (v)
falsificar dinero counterfeit (v) (money)
falso (-sa) false
falso (-sa) [falsificado] counterfeit (adj)
falta (f) fault *or* blame
falta (f) [escasez] shortage
falta de entrega non-delivery
falta de fondos lack of funds
fama (f) fame
fase (m) phase *or* stage (n)
favor: de favor complimentary
favorable favourable
fax (m) fax (n)
fe: de buena fe bona fide
fecha (f) date (n)
fecha: con fecha de dated
fecha: en fecha futura forward
fecha: sin fecha undated
fecha de amortización *o* de rescate redemption date
fecha de caducidad sell-by date *or* expiry date
fecha de cumplimiento completion date
fecha de entrada en vigor effective date
fecha de entrega delivery date
fecha de lanzamiento launching date
fecha de recepción date of receipt
fecha de vencimiento maturity date
fecha inicial starting date
fecha tope *o* fecha límite closing date *or* deadline
fechador (m) date stamp
fechar date (v)
feria (f) show (n) *or* fair
feria comercial trade fair
ferrocarril (m) rail *or* railway (GB) *or* railroad (US)
ferry (m) ferry
ferry roll-on roll-off roll on/roll off ferry
fiabilidad (f) reliability
fiable reliable
fiador (-ra) guarantor *or* surety
fianza (f) guarantee *or* security *or* surety
ficha (f) filing card *or* index card
ficha de ordenador computer file
fichero (m) file (n) *or* card index (n)
fichero (m) [de ordenador] computer file
fichero de tarjetas card-index file
fidelidad (f) a la marca brand loyalty
fidelidad a un establecimiento customer loyalty
fiesta (f) civil bank holiday
fiesta oficial statutory holiday
fiesta nacional public holiday
fijación (f) fixing
fijación colectiva de precios common pricing
fijación de los precios pricing
fijación de precios competitivos competitive pricing
fijación de precios marginal marginal pricing
fijar fix *or* arrange *or* set
fijar los daños assess damages
fijar objetivos set targets

fijar una reunión para las 3 de la tarde fix a meeting for 3 p.m.
fijo (-ja) fixed *or* set (adj)
fijo (-ja) [uniforme] flat (adj)
filial (adj) affiliated
filial (f) subsidiary (n)
fin (m) end (n)
fin: con fines lucrativos profit-making
fin: sin fines lucrativos non profit-making
fin de mes month end
final (adj) final *or* closing (adj)
final (m) end (n)
finalización (f) completion
finalizar finalize
finalizar [terminar] end (v)
financiación (f) funding *or* financing
financiación del déficit presupuestario deficit financing
financiamiento (m) financing
financiar finance (v) *or* fund (v)
financiar una operación finance an operation
financieramente financially
financiero (-ra) financial
finanzas (fpl) finance (n) *or* finances
finanzas públicas public finance
fingir fake (v)
finiquito (m) settlement
firma (f) signature
firma (f) [empresa] firm (n)
firma de un contrato completion of a contract
firmante (mf) signatory
firmar sign (v)
firmar como testigo witness (v)
firmar un cheque sign a cheque
firmar un contrato sign a contract
firme firm (adj) *or* strong
fiscal (adj) fiscal (adj)
fiscal (m) prosecution counsel
fletador (-ra) charterer
fletamento (m) chartering
fletamento (m) [flete] freightage

fletar charter (v)
fletar [cargar] take on freight
fletar un avión charter an aircraft
flete (m) freight *or* freightage
flete aéreo air freight
flete de vuelta homeward freight
flexibilidad (f) flexibility
flexible flexible
flojo (-ja) slack *or* loose
flojo (-ja) [débil] weak
florecer flourish
floreciente booming *or* flourishing
florín (m) [moneda] guilder
flotación (f) float (n)
flotante floating
flotar una divisa float (v) a currency
fluctuación (f) fluctuation
fluctuante fluctuating
fluctuar fluctuate
fluir flow (v)
flujo (m) flow (n)
flujo de caja cash flow
flujo de caja negativo negative cash flow
flujo de caja positivo positive cash flow
flujo de caja descontado discounted cash flow (DCF)
FMI (Fondo Monetario Internacional) IMF (= International Monetary Fund)
folleto (m) leaflet *or* prospectus
folleto publicitario brochure
folleto publicitario enviado por correo mailing piece
fondo (m) bottom
fondo (m) [finanzas] fund (n)
fondo de caja cash float
fondo de comercio goodwill
fondo de pensiones pension fund
fondo para gastos menores petty cash
fondo para imprevistos contingency fund
Fondo Monetario Internacional (FMI) International Monetary Fund (IMF)

fondos (mpl) mutuos o **fondos de inversión** unit trust
fondos públicos public funds
formación (f) training (n)
formación (f) de mandos management training
formación en el puesto de trabajo in-house training
formación profesional en el trabajo on-the-job training
formación profesional fuera del trabajo off-the-job training
formal formal
formalidad (f) formality
formalidades aduaneras customs formalities
formar form (v)
formarse train (v) or learn
formulario (m) form (n)
formulario de declaración de la renta tax declaration form
formulario de solicitud application form
fórmulas (fpl) judiciales form of words
fotocopia (f) photocopy (n) or photocopying
fotocopiadora (f) copier or photocopier
fotocopiaje (m) photocopying
fotocopiar photocopy (v)
fracasado (-da) unsuccessful
fracasar fail or flop (v)
fracaso (m) failure or flop (n)
frágil fragile
franco (m) [moneda] franc
franco [libre] franco
franco a bordo free on board (f.o.b.)
franco a domicilio carriage paid
franco de porte carriage free
franco en almacén price ex warehouse
franco en fábrica price ex works
franco en muelle price ex quay
franco sobre vagón o **franco vagón FF.CC.** free on rail
franquear frank (v) or stamp (v)

franqueo (m) postage
franqueo (m) concertado postage paid or postpaid
franqueo y embalaje postage and packing (p. & p.)
franquicia (f) franchise or franchising
franquiciador (-ra) franchiser
franquiciar franchise (v)
fraude (m) fraud
fraude fiscal tax evasion
fraudulentamente fraudulently
fraudulento (-ta) fraudulent
frecuencia (f) de visitas de un representante call rate
frecuente frequent
frenar plug (v) or block (v) or stop (v)
freno (m) brake or check (n)
frontera (f) border
fuego (m) fire (n)
fuente (f) de ingresos source of income
fuera de control out of control
fuera de horas de oficina outside office hours
fuera de horas punta off-peak
fuerte strong
fuerte competencia keen competition
fuerza (f) strength
fuerza: a la fuerza forced
fuerza mayor act of God or force majeure
fuerzas (fpl) del mercado market forces
fuga (f) flight
fuga de capital(es) flight of capital
funcionamiento (m) [maquinaria] operating or running (n)
funcionamiento (m) [rendimiento] performance
funcionario (-ria) official (n) or civil servant
funcionario (-ria) de aduanas customs officer or customs official
función: en funciones acting
funda (f) cover (n) or top (n)

fundamental basic (adj) *or* fundamental
fundar una compañía set up a company *or* float a company
furgoneta (f) de reparto delivery van
fusión (f) merger
fusionar merge
futura: en fecha futura forward
futuros (mpl) futures

Gg

galería (f) comercial shopping mall
gama (f) range (n)
gama de precios price range
gama de productos product line
gama de productos de una compañía product mix
ganancia (f) gain (n) *or* profit (n) *or* return (n)
ganancia neta clear profit
ganancias (fpl) earnings
ganancias netas net earnings *or* net income
ganancias: cuenta de pérdidas y ganancias profit and loss account
ganar gain (v)
ganar [sueldo] earn (v)
ganar dinero make money
ganga (f) bargain (n)
garante (m) backer *or* guarantor *or* surety (n)
garantía (f) guarantee *or* warranty *or* collateral (n)
garantía (f) [fianza] surety (n) *or* security
garantizar guarantee (v) *or* warrant (v)
garantizar el pago underwrite
gasolina a precio reducido cut-price petrol
gastar spend
gastar excesivamente overspend
gastar más de lo presupuestado overspend one's budget
gastar menos underspend
gasto (m) expense *or* expenditure *or* outlay
gasto de tramitación handling charge
gastos (mpl) expenses
gastos: sin gastos de franqueo post free
gastos a cobrar a la entrega charges forward
gastos adicionales y complementarios extra charges
gastos administrativos administrative expenses
gastos aparte extras
gastos bancarios bank charges
gastos corrientes running costs *or* running expenses
gastos de capital capital expenditure
gastos de demora demurrage
gastos de descarga landing charges
gastos de embalaje packing charges
gastos de explotación operating costs *or* operating expenses
gastos de franqueo postal charges *or* postal rates
gastos de mantenimiento running costs *or* running expenses
gastos de producción overheads *or* overhead costs *or* expenses
gastos de publicidad publicity expenditure
gastos de transporte freight costs

gastos del consumidor *o* **de consumo** consumer spending
gastos generales *o* **gastos de producción** overheads *or* overhead costs *or* expenses
gastos generales de fabricación manufacturing overheads
gastos iniciales start-up costs
gastos menores petty expenses *or* incidental expenses
gastos no autorizados unauthorized expenditure
gastos reembolsables out-of-pocket expenses
gastos totales total expenditure
general general *or* across-the-board
general [completo] full-scale (adj)
género (m) merchandise (n)
genuino (-na) genuine
gerencia (f) management
gerente (mf) manager
gestión (f) management
gestión de cartera portfolio management
gestión de deudas con descuento factoring
gestión lineal line management
gestionar negotiate (v)
gestionar deudas con descuento factor (v)
girar draw (v)
girar (volumen de ventas) turn over (v)
girar en descubierto overdraw
giro (m) [envío] remittance
giro (m) [letra] draft (n)
giro a la vista sight draft
giro bancario bank draft *or* banker's draft *or* giro system
giro bancario [letra bancaria] bank bill (GB)
giro postal postal order *or* money order
giro postal internacional foreign money order
global overall *or* comprehensive
global [mundial] worldwide (adj)
gobierno (m) government (n)

gobierno: del gobierno government (adj)
grado: de grado inferior low-level
graduado (-da) graduated
gradual gradual
gráfico (n) *o* **gráfica (f)** graph (n) *or* chart (n)
gráfico circular *o* **gráfico sectorial** pie chart
gráfico de barras bar chart
gráfico de ventas sales chart
gramo (m) gram *or* gramme
gran demanda (f) keen demand
gran gasto (m) heavy expenditure
grande large *or* big
grande [importante] heavy *or* important
grandes almacenes (mpl) store (n) *or* large shop *or* department store
grandes costes (mpl) heavy costs *or* heavy expenditure
granel: a granel loose
grapa (f) staple (n)
grapadora (f) stapler
grapar staple (v)
grapar papeles staple papers together
gratificación (f) por méritos merit award *or* merit bonus
gratis gratis *or* free *or* free of charge
gratuitamente gratis *or* free (adv)
gratuito (-ta) free (adj)
gravamen (m) lien
gravamen sobre las importaciones import levy
gravar impose
gravar con un impuesto tax (v)
gremio (m) guild
grúa (f) crane
gruesa (f) gross (n) (= 144)
grupo (m) group
grupo de trabajo working party
grupos (mpl) socioeconómicos socio-economic groups
guardar save (v) *or* store (v)

guardar [ordenador] back up (v) *or* save (v)
guardar [tener] hold (v) *or* keep (v)
guardia (m) de seguridad security guard
guerra (f) de precios price war *or* price-cutting war
guía (f) comercial commercial directory *or* trade directory
guía telefónica telephone book *or* telephone directory
guía urbana street directory
guía (mf) de turismo courier *or* guide (n)

Hh

haber (m) credit balance *or* credit side
habilidad (f) skill
habitación (f) room
habitaciones (fpl) de hotel hotel accommodation
habitante (mf) inhabitant *or* occupier
habitante (mf) [residente] resident (n)
habitual usual *or* routine (adj)
hacer do (v) *or* make (v)
hacer bajar los precios force prices down
hacer cumplir enforce
hacer efectivo encash
hacer falta take (v) *or* need (v)
hacer frente (a) cope (v) (with)
hacer funcionar run (v) *or* work (a machine)
hacer negocios transact business
hacer publicidad con mucho bombo hype (v)
hacer subir los precios force prices up
hacer trabajo eventual temp (v)
hacer un asiento post an entry
hacer un borrador draft (v)
hacer un depósito pay money down
hacer un inventario take stock
hacer un muestreo sample (v)
hacer un pedido order (v)
hacer una lista make a list *or* list (v)
hacerse cargo take over
hacerse un seguro take out a policy
hacia abajo down *or* downward
hacia el centro downtown (adv)
Hacienda (f) Publica the Treasury
hasta up to
hecho a medida o a la orden custom-built *or* custom-made
hectárea (f) hectare
herramienta (f) implement (n) *or* tool (n)
hipermercado (m) hypermarket *or* superstore
hipoteca (f) mortgage (n)
hipotecar mortgage (v)
historial (m) personal record
hoja (f) de cálculo spreadsheet
hoja de papel sheet of paper
hoja de sueldo o de salario pay slip
holding (m) holding company
hombre (m) man (n)
hombre de confianza right-hand man
hombre de negocios businessman
honorarios (mpl) fee *or* honorarium
hora (f) hour
hora: por hora hourly *or* per hour
hora de apertura opening time
hora de cierre closing time

hora-hombre (f) man-hour
horario (m) timetable (n)
horario bancario banking hours
horario comercial opening hours
horario de oficina office hours
horario de presentación (en el aeropuerto) check-in time
horas (fpl) de oficina business hours
horas extraordinarias overtime
horas punta peak period *or* rush hour
hotel (m) hotel
hotel homologado graded hotel
hueco (m) gap
hueco de un mercado niche
hueco en el mercado gap in the market
huelga (f) strike (n)
huelga de brazos caídos sit-down strike
huelga de celo go-slow *or* work-to-rule
huelga de protesta protest strike
huelga de solidaridad sympathy strike
huelga general general strike
huelga salvaje wildcat strike
huelguista (mf) striker
hundimiento (m) collapse (n)
hundirse collapse (v) *or* sink (v)
hundirse [caer en picado] slump (v)
hurto (m) pilferage *or* pilfering (n)
hurto en las tiendas shoplifting

Ii

I+D (investigación y desarrollo) research and development (R & D)
igual equal (adj)
igualar equal (v)
igualdad (f) equality *or* parity
ilegal illegal
ilegalidad (f) illegality
ilegalmente illegally
ilícito (-ta) illicit
imagen (f) de marca brand image
imagen pública public image
imagen pública de una empresa corporate image
imitación (f) imitation *or* fake (n)
impagado (-da) unpaid
impago (m) de una deuda non-payment
impar odd
impedir prevent
imperfección (f) imperfection
imperfecto (-ta) imperfect
imponer impose (v)
importación (f) import *or* importing (n)
importación-exportación import-export
importaciones (fpl) imports
importaciones (fpl) visibles visible imports
importador (-ra) importer (n) *or* importing (adj)
importancia (f) importance
importante important *or* major
importante [grande] heavy
importar import (v)
importar [valer] matter (v)
importe (m) amount
importe debido amount owing
importe pagado amount paid

imposible de conseguir unobtainable
imposición (f) [depósito] deposit
imposición (f) [impuesto] taxation
imposición alta high taxation
imposición directa direct taxation
imposición en efectivo cash deposit
imposición indirecta indirect taxation
impositor (-ra) depositor
imprenta (f) printer
imprescindible essential
impresión (f) printout
impreso (m) form (n)
impreso de solicitud application form
impreso de declaración de aduana customs declaration form
impresora (f) printer *or* computer printer
impresora de líneas line printer
impresora de rueda de margarita daisy-wheel printer
impresora láser laser printer
impresora matricial dot-matrix printer
imprimir print out
impuesto (m) tax (n) *or* taxation (n)
impuesto ad valorem ad valorem tax
impuesto atrasado back tax
impuesto básico basic tax
impuesto de circulación road tax
impuesto de sociedades corporation tax
impuesto de venta purchase tax
impuesto del timbre stamp duty
impuesto directo direct tax
impuesto indirecto indirect tax
impuesto no incluido exclusive of tax
impuesto pagado tax paid
impuesto para financiar la formación profesional training levy
impuesto progresivo graded tax

impuesto progresivo sobre la renta graduated income tax
impuesto sobre el consumo excise duty
impuesto sobre el valor añadido (IVA) value added tax (VAT)
impuesto sobre el volumen de ventas turnover tax
impuesto sobre la renta income tax
impuesto sobre la venta sales tax
impuesto sobre las plusvalías capital gains tax
impuesto sobre las ventas de bienes o servicios output tax
impuestos (mpl) duty
impuestos incluidos inclusive of tax
impuestos retenidos en el origen tax deducted at source
impulsar boost (v)
impulso (m) impulse *or* boost (n)
inalcanzable unobtainable
inalterado (-da) unchanged
inasequible unavailable
inauguración (f) opening (n)
inaugural opening (adj)
incapaz incapable
incautación (f) seizure
incautar seize (v)
incendio (m) fire (n)
incentivo (m) incentive
incluido (-da) inclusive
incluido: no incluido exclusive of
incluir include (v)
incluir incorporate
inclusive *o* inclusivo (-va) inclusive
incompetencia (f) [incapacia] incompetence (n)
incompetencia (f) [ineficacia] inefficiency
incompetente [incapaz] incompetent
incompetente [ineficaz] inefficient
incondicional unconditional
incorporado (-da) built-in

incorporar incorporate (v)
incorrectamente incorrectly
incorrecto (-ta) incorrect
incremental incremental
incremento (m) increment (n) *or* increase (n)
incumplimiento (m) default (n)
incumplir default (v) *or* break (v)
incumplir los pagos default on payments
incurrir en incur
indemnidad (f) *o* **indemnización (f)** indemnity *or* indemnification
indemnización por daños y perjuicios compensation for damage
indemnizar indemnify
indemnizar [resarcir] make good
indemnizar [compensar] compensate
indemnizar a alguien por una pérdida indemnify someone for a loss
independiente independent
indexación (f) indexation
indicador (m) indicator *or* index number
indicadores (mpl) económicos economic indicators
indicar show (v) *or* specify (v)
indicar [citar referencia] quote (v)
índice (m) index number
índice de crecimiento growth index
índice de ocupación occupancy rate
índice de precios al comsumo retail price index
índice de precios al consumo (IPC) consumer price index
índice de precios al por mayor wholesale price index
índice del coste de vida cost-of-living index
índice ponderado weighted index
indiciación (f) indexation
indirecto (-ta) indirect
indisponibilidad (f) unavailability

industria (f) industry
industria clave key industry
industria con alto coeficiente de capital capital-intensive industry
industria de servicios service industry *or* tertiary industry
industria nacionalizada nationalized industry
industria pesada heavy industry
industria principal staple industry
industria próspera o en pleno auge boom industry
industria secundaria secondary industry
industria terciaria tertiary industry
industrial industrial
industrial (mf) industrialist (n)
industrialización (f) industrialization
industrializar industrialize
ineficacia (f) inefficiency
ineficaz inefficient
inexplicado (-da) unexplained *or* unaccounted for
inferior lower (adj)
inflación (f) inflation
inflación de costes cost-push inflation
inflacionario (-ria) *o* **inflacionista** inflationary
influencia (f) influence (n)
influir influence (v)
información (f) information
información de vuelos flight information
información privilegiada insider dealing
información publicitaria sales literature
informar inform (v) *or* report (v)
informar [advertir] advise
informar [dar instrucciones] brief (v)
informar sobre la marcha report on progress
informático (-ca) computerized
informatizado (-da) computerized
informatizar computerize

informe (m) report (n) or survey (n)
informe (m) [registro] record (n)
informe anual annual report
informe confidencial confidential report
informe de viabilidad (de un proyecto) feasibility report
informe provisional interim report
informe sobre la marcha de un trabajo progress report
infracción (f) aduanera infringement of customs regulations
infracción fiscal tax offence
infraestructura (f) infrastructure
infringir break (v) or infringe (v)
infringir la ley break the law
ingeniero (-ra) de producto product engineer
ingeniero (-ra) de obra site engineer
inglés (-esa) English or British
ingresar bank (v) or deposit (v)
ingresar en caja take (v)
ingreso (m) revenue
ingreso (m) [depósito] deposit (n)
ingreso (m) [entrada] entry or admission
ingreso fijo regular income
ingreso real real income or real wages
ingreso total total revenue
ingresos (mpl) income or earnings or salary
ingresos (mpl) [entradas] receipts
ingresos (mpl) [recaudación] take (n) or money taken
ingresos brutos gross earnings
ingresos de un negocio takings
ingresos de ventas sales revenue
ingresos invisibles invisible earnings
ingresos libres de impuestos non-taxable income
ingresos netos net receipts or net earnings or net income
ingresos por publicidad revenue from advertising
ingresos por alquiler rental income
iniciación (f) induction
iniciado (m) insider
inicial initial (adj) or starting (adj)
iniciar initiate or pioneer (v)
iniciar conversaciones initiate discussions
iniciativa (f) initiative
inicio (m) start (n)
injusto (-ta) unfair
inmediatamente immediately
inmediato (-ta) immediate or instant (adj) or prompt
inmovilizar capital lock up capital
innovación (f) innovation
innovador (-ra) innovator (n) or innovative (adj)
innovar innovate
inquietud (f) concern (n) or worry (n)
inquilino (-na) tenant or lessee or occupant
inquilino (-na) en posesión sitting tenant
inscribir [registrar] enter
inscribir (en un registro) register (v)
inscribir una compañía en un registro register a company
inscribirse [registrarse] register (v)
inscripción (f) registration
inscripción (f) [entrada] entering
insignificante petty or negligible
insistir en hold out for
insolvencia (f) insolvency or bankruptcy
insolvente insolvent or bankrupt
inspección (f) inspection or survey (n)
inspección aduanera customs examination
inspección de daños damage survey
inspeccionar inspect or survey (v)
inspector (-ra) inspector or controller

inspector (-ra) de calidad quality controller
inspector (-ra) de fábrica factory inspector
inspector (-ra) de Hacienda tax inspector
inspector (-ra) de obra surveyor
inspector (-ra) del IVA VAT inspector
instalaciones (fpl) facilities
instalaciones de almacenaje storage facilities
instalaciones portuarias harbour facilities
instalar la maquinaria en una fábrica tool up (v)
instantáneo (-nea) instant (adj) *or* immediate
institución (f) institution
institución financiera financial institution
institucional institutional
instituir institute (v)
instituto (m) institute (n)
instrucción (f) instruction *or* directive
instrucciones (fpl) directions for use
instrucciones de envío forwarding instructions *or* shipping instructions
instrumento (m) instrument *or* implement (n)
instrumento (m) [medio] medium (n)
instrumento negociable negotiable instrument
insuficiencia (f) insufficiency *or* shortfall
intangible intangible
integración (f) horizontal horizontal integration
integración vertical vertical integration
intensificar (el control) tighten up on
intercambiable exchangeable

intercambiar exchange (v) *or* swap (v)
intercambio (m) exchange (n) swap (n)
interés (m) interest (n)
interés (m) [atracción] appeal (n) *or* attraction
interés acumulado accrued interest
interés acumulativo cumulative interest
interés compuesto compound interest
interés elevado high interest
interés fijo fixed interest
interés personal vested interest
interés simple simple interest
interesar interest (v)
interesar [atraer] appeal to (v) *or* attract
intereses (mpl) creados vested interest
interfaz (m) interface (n)
interino (-na) temp (n)
interino (-na) [en funciones] acting (adj)
interior internal
interior [nacional] domestic *or* inland (GB)
intermediario (-ria) intermediary *or* middleman
intermediario (-ria) [agente] broker
internacional international
Internet (m) Internet (n)
interno (-na) internal
interno (-na) [de la casa] in-house
interpretar interpret
intérprete (mf) interpreter
interrumpir discontinue
interrupción (f) interruption *or* breakdown (n)
intervención (f) audit (n)
intervenir las cuentas audit (v)
interventor (-ra) auditor
introducción (f) introduction
introducir introduce

introducir datos input information
introducir gradualmente phase in
inundación (f) flood (n)
inundar flood (v)
inundar el mercado glut (v) *or* flood (v) the market
invalidación (f) invalidation
invalidar void (v) *or* invalidate
invalidez (f) invalidity
inválido (-da) invalid *or* void (adj)
invariable unchanged *or* constant
inventariar inventory (v) *or* take stock
inventario (m) inventory *or* stocktaking *or* stock list
inventario de posición (en almacén) picking list
inversión (f) investment
inversión (f) [revocación] reversal
inversión: gastos de inversión capital expenditure
inversión segura safe investment *or* secure investment
inversión sin riesgo risk-free investment
inversiones de interés fijo fixed-interest investments
inversiones en valores seguros blue-chip investments
inversiones exteriores foreign investments
inversionista (mf) investor
inversor (-ra) investor
inversores (mpl) institucionales institutional investors
invertir invest
investigación (f) investigation *or* research (n)
investigación (f) [petición de informes] inquiry
investigación de conflictos problem solving *or* troubleshooting
investigación sobre el consumo consumer research
investigación y desarrollo (I+D) research and development (R & D)
investigador (-ra) researcher *or* research worker
investigar investigate *or* research (v)
investigar [perseguir] follow up
invitación (f) invitation
invitar invite
IPC (índice de precios al consumo) consumer price index
ir go
ir a la huelga strike (v) *or* go on strike
ir de compras o de tiendas shopping
ir haciendo get along
irregular irregular
irregularidades (fpl) irregularities
irrevocable irrevocable
irse leave (v)
itinerario (m) itinerary
IVA (impuesto sobre el valor añadido) VAT (= value added tax)
izquierdo (-da) left

Jj Kk

jefe (adj) chief (adj)
jefe (-fa) manager *or* head *or* boss
jefe ejecutivo chief executive
jefe (-fa) de almacén stock controller
jefe (-fa) de compras purchasing manager
jefe (-fa) de departamento o de sección departmental manager *or* head of department
jefe (-fa) de distribución distribution manager
jefe (-fa) de equipo de ventas field sales manager

jefe (-fa) de oficina chief clerk
jefe (-fa) de publicidad advertising manager
jefe (-fa) de personal personnel manager
jornada (f) day *or* working day
joven young
joven: más joven junior *or* younger
jubilación (f) retirement
jubilarse retire (from one's job)
judicial legal
juego (m) game *or* set (n)
juego completo en caja de presentación boxed set
juez (mf) judge (n)
juicio (m) lawsuit *or* court case *or* trial
juicio (m) [sentencia] judgement *or* judgment
junta (f) de directores management *or* managers
junta directiva board of directors
junta general general meeting
junta general anual annual general meeting (AGM)
juntar join (v)
jurídico (-ca) legal
jurisdicción (f) jurisdiction
justificar justify *or* warrant (v)
justificar [responder] account for
justo (-ta) fair (adj)
juzgar judge (v)
kilo (m) *o* **kilogramo (m)** kilo *or* kilogram
kilometraje (m) distance *or* mileage (allowance)

laboral occupational *or* labour
lado (m) side
laguna (f) fiscal tax loophole
lanzamiento (m) launch (n) *or* launching
lanzamiento float (n) *or* flotation (of company)
lanzamiento de una sociedad floating of a company
lanzar launch (v)
lanzar al mercado bring out
largo (-ga) long
largo plazo long-term
largo plazo: a largo plazo long-range
leasing (m) leasing
legal legal *or* lawful *or* statutory
legalizar authenticate
legible por ordenador computer-readable
legislación (f) legislation
legítimo (-ma) rightful
lenguaje (m) burocrático officialese
lenguaje de programación programming language
lenguaje informático *o* **de ordenador** computer language
lento (-ta) slow
letra (f) handwriting
letra (f) [bancaria] bill (n) *or* draft
letra a largo plazo long-dated bill
letra al propio cargo note of hand *or* promissory note
letra bancaria bank bill (GB)
letra de cambio bill of exchange
letras (fpl) a cobrar bills receivable
letras a corto vencimiento short-dated bills

letras a pagar bills payable
letras por cobrar bills for collection
letrero (m) notice *or* sign (n)
levantar lift (v) *or* remove
levantar acta minute (v)
levantar un embargo lift an embargo
levantar una sesión close a meeting
ley (f) law
ley de la oferta y la demanda law of supply and demand
ley de prescripción statute of limitations
ley de rendimientos decrecientes law of diminishing returns
ley de sociedades anómimas company law
liberación (f) release (n)
liberalización (f) liberalization *or* deregulation
liberalizar liberalize *or* decontrol
liberar free (v) *or* release (v)
libra (f) pound
libra esterlina pound sterling
librado (-da) drawee
librador (-ra) drawer
libramiento (m) order (n)
libre free (adj) *or* vacant
libre [franco] franco
libre cambio *o* **libre comercio** free trade
libre de derechos de aduana free of duty
libre de impuestos duty-free *or* free of tax *or* tax-free
libre: de libre dedicación freelance (adj)
libreta (f) de ahorros bank book
libro (m) book (n)
libro de caja cash book
libro de pedidos order book
libro de registro register (n)
libro de ventas sales book
libro diario [contabilidad] journal *or* accounts book

libro mayor ledger
libro mayor de compras purchase ledger *or* bought ledger
libro mayor de resultados nominal ledger
libro mayor de ventas sales ledger
libro registro de accionistas register of shareholders
licencia (f) licence *or* permit
licencia (f) [autorización] licensing
licencia de exportación export licence *or* export permit
licencia de importación import licence *or* import permit
licencia por maternidad maternity leave
licenciado (-da) en prácticas graduate trainee
licitación (f) bidding (n)
licitador (m) tenderer *or* bidder
licitar para un contrato tender for a contract
lícito (-ta) lawful *or* legal
líder (m) del mercado market leader
limitación (f) limitation *or* restriction
limitado (-da) limited
limitar limit (v) *or* restrict
limitar el crédito restrict credit
límite (m) limit (n)
límite de crédito credit limit *or* lending limit
límite de descubierto bancario overdraft facility
límite de precios price ceiling
línea (f) line (n)
línea aérea airline
línea de carga load line
línea de productos product line
línea exterior outside line
línea ocupada [teléfono] engaged
línea telefónica telephone line
línea de flotación load line
liquidación (f) liquidation *or* winding up

liquidación (f) [rebajas] sale (n)
liquidación de una deuda clearing (of a debt)
liquidación de activo realization of assets
liquidación de inventario stocktaking sale
liquidación forzosa compulsory liquidation
liquidación total por cierre closing-down sale
liquidación voluntaria voluntary liquidation
liquidar sell off
liquidar existencias clear (v) or liquidate stock
liquidar propiedades realize property
liquidar una compañía liquidate a company
liquidar una cuenta settle an account
liquidar una deuda clear a debt
liquidar una sociedad wind up a company
liquidez (f) liquidity
lira (f) lira
lista (f) list (n)
lista de bultos packing list or packing slip
lista de contenidos packing list or packing slip
lista de correos poste restante
lista de destinatarios mailing list
lista de direcciones address list
lista de existencias stocklist
lista de precios price list or scale of charges
lista de precios fija fixed scale of charges
lista del contenido de un paquete docket
lista negra black list (n)
listado (m) de ordenador computer listing
listo (-ta) ready
litro (m) litre
llamada (f) (phone) call
llamada a cobro revertido reverse charge call or collect call (US)
llamada de fuera incoming call
llamada internacional international call
llamada local local call
llamada rutinaria routine call
llamada telefónica phone call or telephone call
llamadas internacionales directas international direct dialling
llamar (por teléfono) call (v) or phone (v) or telephone (v)
llamar a cobro revertido reverse the charges
llave (f) key
llegada (f) arrival
llegadas (fpl) arrivals
llegar arrive or reach
llegar: que está por llegar due
llegar a un acuerdo reach an agreement
llegar al máximo peak (v)
llenar fill (a gap)
lleno (-na) full
llevar take (v) or carry or transport (v)
llevar [dirigir] run (v) or manage
llevar [producir] bear (v)
llevar a alguien ante los tribunales take someone to court
llevar negociaciones conduct negotiations
llevar un negocio carry on a business
local local (adj)
local (m) [edificio] premises
local comercial business premises
local de exposición (exhibition) stand
local sin vivienda incorporada lock-up premises
logotipo (m) logo
lonja (f) commodity market or commodity exchange
lote (m) batch (n) or lot

lucrativo (-va) money-making *or* profit-making *or* profitable
lugar (m) place (n) *or* site *or* venue *or* spot
lugar de trabajo place of work
lugar de reunión meeting place

Mm

macroeconomía (f) macro-economics
magistratura (f) del trabajo industrial tribunal
mal equipado (-da) underequipped
mal pagado (-da) underpaid
mala administración (f) maladministration *or* mismanagement
mala calidad (f) poor quality
mala compra (f) bad buy
malentendido (m) misunderstanding
maleta (f) case (n) *or* suitcase
maletas (fpl) baggage *or* luggage
maletín (m) briefcase
malgastar waste (v)
malversación (f) misappropriation *or* embezzlement
malversador (-ra) embezzler
malversar misappropriate *or* embezzle
mandante (m) principal (n)
mandar por correo post (v) *or* mail (v)
mandar trabajo fuera farm out work
mandato (m) mandate *or* writ
mandato (m) [campo de aplicación] terms of reference
mandato (m) [periodo] tenure
mando (m) control (n)
mando a distancia remote control
mandos (mpl) intermedios middle management
manejable manageable
manejar handle (v) *or* manage *or* operate
manejo (m) handling
manejo: de fácil manejo user-friendly
manejo de materiales materials handling
manera (f) means *or* ways
manifiesto (m) manifest
manipulación (f) handling
mano: de segunda mano secondhand
mano: en manos de los tribunales sub judice
mano: escrito a mano handwritten
mano (f) de obra manpower *or* workforce *or* labour force
mano de obra barata cheap labour
mano de obra cualificada skilled labour
mano de obra local local labour
mantener maintain *or* keep up
mantenimiento (m) maintenance
mantenimiento de relaciones maintenance of contacts
mantenimiento de suministros maintenance of supplies
manual (adj) manual (adj)
manual (m) manual (n)
manual de funcionamiento operating manual
manual de mantenimiento service manual
manufacturar manufacture (v)
manzana (f) [edificios] block (n)
maqueta (f) mock-up *or* model (n)
máquina (f) machine
máquina de cambio change machine

máquina franqueadora franking machine
maquinaria (f) plant (n) *or* machinery
maquinaria pesada heavy machinery
maquinista (mf) machinist *or* operator
marca (f) brand
marca (f) [señal] mark (n)
marca comercial trademark *or* trade name *or* brand name
marca registrada registered trademark
marcador (m) marker pen
marcar mark (v)
marcar [teléfono] dial (v)
marcar directamente dial direct
marcar un número dial a number
marcha (f) progress (n)
marcha: en marcha going
marcharse leave (v) *or* go away
marco (m) frame (n)
marco alemán mark (n) *or* Deutschmark
margen (m) margin
margen de beneficio profit margin *or* mark-up
margen de beneficio bruto gross margin
margen de cobertura backwardation
margen de error margin of error
margen neto net margin
marginal marginal
marina (f) mercante merchant navy
marino (-na) marine
marítimo (-ma) maritime
más more *or* plus
masa (f) mass
master (m) en administración de empresas Master's degree in Business Administration (MBA)
material (m) de embalaje packaging material
material de exposición display material

materias (fpl) primas raw materials
matrícula (f) registration (fee)
matriz (f) [de un talonario] counterfoil *or* cheque stub
maximización (f) maximization
maximizar maximize
máximo (m) maximum (n)
máximo (-ma) maximum (adj)
mayor [importante] major
mayor [principal] main
mayor [superior] senior
mayoría (f) majority
mayorista (mf) wholesale dealer *or* wholesaler
mechera (f) shoplifter
media (f) mean (n)
media ponderada weighted average
media docena (f) half a dozen *or* a half-dozen
mediación (f) mediation
mediador (-ra) mediator
mediador de conflictos problem solver *or* troubleshooter
mediana (f) median
mediano (-na) medium *or* medium-sized *or* average (adj)
mediar mediate
medición (f) de la rentabilidad measurement of profitability
medida (f) de tiempo timing
medida de volumen *o* de capacidad cubic measure
medida: hecho a la medida custom-built *or* custom-made
medidas (fpl) measures *or* measurements
medidas de precaución safety precautions
medidas de seguridad safety measures
medidas de seguridad (en una oficina) office security
medidas fiscales fiscal measures
medio (m) medium (n)
medio (m) [manera] means
medio (-dia) [mitad] half (adj)

medio (-dia) mean (adj) or average (adj) or medium (adj)
mediocre mediocre or low-quality
medios (mpl) [instalaciones] facilities
medios (mpl) [recursos] means
medios de comunicación mass media
medios de transporte transport facilities
medios fraudulentos false pretences
mejor (el, la) best
mejor postor highest bidder
mejora (f) upturn or improvement
mejorar recover or get better
memorandum (m) memo or memorandum
memoria (f) (computer) memory
memoria (f) [informe] report (n)
mencionar mention or refer to
menor junior (adj) or younger
menos minus or less
menos de under or less than
menos de lo necesario [escaso] short of
mensaje (m) message
mensajero (-ra) messenger or courier
mensual monthly (adj)
mensualmente monthly (adv)
mercadeo (m) merchandizing
mercado (m) market (n) or marketplace
mercado (m) [salida] outlet
mercado a futuros forward market
mercado alcista bull market
mercado bajista bear market
mercado cautivo captive market
mercado cerrado closed market
Mercado Común Europeo Common Market
mercado de compradores buyer's market
mercado de divisas foreign exchange market
mercado de valores stock market
mercado de vendedores seller's market
mercado débil weak market
mercado interior home market or domestic market
mercado libre open market
mercado limitado limited market
mercado mundial world market
mercado nacional home market or domestic market
mercado negro black market
mercado potencial potential market
mercado previsto target market
Mercado Unico Europeo Single European Market
mercados (mpl) extranjeros overseas markets
mercados monetarios money markets
mercadotecnia (f) marketing
mercancía (f) commodity
mercancías (fpl) goods or merchandise (n)
mercancías a precio reducido cut-price goods
mercancías con impuestos aduaneros pagados duty-paid goods
mercancías dañadas por un incendio fire-damaged goods
mercancías en tránsito goods in transit
mérito (m) merit
mermas (fpl) leakage
mes (m) month
mes: del presente mes instant (adj)
mes civil calendar month
mesa (f) de despacho desk
meta (f) target (n)
mezclado (-da) mixed
microeconomía (f) micro-economics
microordenador (m) microcomputer
miembro (m) member

miembros: los miembros membership
mil millones (mpl) billion
millón (m) million
millonario (-ria) millionaire
mínimo (m) low (n) *or* minimum (n)
mínimo (-ma) minimum (adj)
ministerio (m) (government) department
ministerio (m) de Hacienda Exchequer
ministro (m) del gobierno secretary *or* government minister
minoría (f) minority
minorista (mf) retail dealer *or* retailer
minusvalías (fpl) capital loss
minuto (m) minute (n)
misceláneo (-nea) miscellaneous
misión (f) comercial trade mission
mitad (f) half (n)
mitad de precio half-price sale
mixto (-ta) mixed
modelo (m) model (n) *or* standard (n)
modelo a escala model (n) *or* mock-up
modelo de prueba demonstration model
modelo económico economic model
modem (m) modem
moderado (-da) moderate (adj)
moderar moderate (v)
moderno (-na) modern *or* up to date
moderno: muy moderno state-of-the-art
modificación (f) alteration
modificar alter
modo (m) mode
modo de empleo directions for use
modo de pago mode of payment
moneda (f) coin *or* currency

moneda bloqueada blocked currency
moneda convertible convertible currency *or* hard currency
moneda de curso legal legal currency *or* legal tender
moneda débil soft currency
moneda estable stable currency
moneda extranjera foreign currency
moneda fuerte strong currency
moneda inflacionista inflated currency
moneda suelta change (n) *or* small change
monetario (-ria) monetary
monopolio (m) monopoly *or* corner (n)
monopolio absoluto absolute monopoly
monopolización (f) monopolization
monopolizar monopolize
montacargas (m) goods elevator
montaje (m) assembly
moratoria (f) moratorium
moroso ([extra charge]) slow payer
mostrador (m) counter
mostrador de facturación check-in counter
mostrar (el funcionamiento de algo) demonstrate
mostrar show (v)
mostrar un beneficio show a profit
motivación (f) motivation
motivado (-da) motivated
motor (m) drive (n)
movilidad (f) mobility
movilizar mobilize
movilizar capital mobilize capital
movimiento (m) movement
movimientos (mpl) de capital movements of capital
movimientos de existencias stock movements
mudanza (f) move *or* removal

mudar(se) move (house, office)
muebles (mpl) accesorios fittings
muebles de oficina office furniture
muelle (m) quay *or* dock (n) *or* wharf
muerto (-ta) dead (adj)
muestra (f) (trial) sample
muestra aleatoria random sample
muestra de inspección check sample
muestra gratuita free sample
muestra pequeña swatch
muestreo (m) sample *or* sampling
muestreo aleatorio random sampling
muestreo de aceptación acceptance sampling
muestreo por áreas sampling
mujer (f) de negocios businesswoman
multa (f) fine (n)
multar fine (v)
multicopista (f) copying machine
multilateral multilateral
multinacional (f) multinational (n)
múltiple multiple (adj)
multiplicación (f) multiplication
multiplicar multiply
multitud (f) crowd *or* multitude *or* mass of people
mundial worldwide (adj)
mundialmente worldwide (adv)
mundo (m) world
mutua (f) de seguros mutual (insurance) company
mutuo (-tua) mutual (adj)
muy cualificado (-da) *o* **muy capacitado (-da)** highly qualified

Nn

nación (f) más favorecida most-favoured nation
nacional national *or* domestic
nacional: de ámbito nacional nationwide
nacionalización (f) nationalization
nada (f) nothing
naufragar wreck (v)
naufragio (m) wreck (n)
nave (f) de carga loading bay
necesario (-ria) necessary
necesidad (f) need
necesitar need (v)
negar(se) refuse (v)
negarse a cumplir un acuerdo repudiate an agreement
negarse a pagar dishonour
negativa (f) refusal
negligencia (f) negligence
negociable negotiable
negociación (f) bargaining *or* negotiation
negociaciones (fpl) conjuntas joint discussions
negociaciones salariales wage negotiations
negociador (-ra) negotiator
negociar negotiate (v) *or* bargain (v)
negociar en deal in (v)
negocio (m) bargain (n) *or* deal (n)
negocio (m) [empresa] business *or* concern (n)
negocio descuidado neglected business
negocio deshonesto (pero no ilegal) sharp practice
negocio duro hard bargain *or* hard bargaining
negocio ilícito racketeering

negocio suplementario sideline
negocios (mpl) business
negocios: por asuntos de negocios on business
neto (-ta) net (adj)
nivel (m) level
nivel: de bajo nivel low-level
nivel de existencias stock level
nivelarse level off *or* level out
niveles (mpl) de dotación de personal manning levels
niveles de salarios wage levels
noche (f) night
nombramiento (m) appointment
nombramiento de administrador judicial letters of administration
nombrar appoint
nombrar por coopción co-opt someone
nombre (m) name
nombre: en nombre de on behalf of
nombre (m) comercial brand name *or* trademark *or* trade name
norma (f) norm *or* standard (n)
norma (f) [regla] rule (n)
normal [estándar] normal *or* standard (adj)
normal [corriente] regular *or* usual
normalización (f) standardization
normalizar standardize
normas (fpl) regulations
normas de conducta code of practice
normas de producción production standards
normas de seguridad safety regulations
nota (f) note (n)
nota de abono credit note
nota de adeudo debit note
nota de aviso advice note
nota de cobertura cover note
nota de crédito credit note
nota de envío *o* **de expedición** shipping note *or* consignment note *or* dispatch note
notable outstanding *or* exceptional
notario (m) notary public
noticia (f) news *or* item
notificación (f) notice (n) *or* notification
notificación de despido *o* **de dimisión** notice
notificación de renovación renewal notice
notificar notify
novedad (f) novelty *or* (new) departure
nuevo nombramiento (m) reappointment
nuevo pedido (m) reorder (n)
nulo (-la) null *or* void
numerar number (v)
numérico (-ca) numeric *or* numerical
número (m) number (n)
número (m) [ejemplar] copy (n) *or* issue (n)
número de apartado de correos box number
número de cheque cheque number
número de cuenta del Girobank giro account number
número de factura invoice number
número de llamada gratuita toll free number (US)
número de lote batch number
número de pedido order number
número de referencia reference number
número de registro *o* **número de matrícula** registration number
número de serie serial number
número de teléfono phone number *or* telephone number
números (mpl) impares odd numbers

Oo

obedecer obey *or* comply with
objetivo (m) objective (n) *or* target (n) *or* aim (n)
objetivo: cumplir un objetivo meet a target
objetivo: no cumplir un objetivo miss a target
objetivo de producción production targets
objetivo de ventas sales target
objetivos (mpl) a largo plazo long-term objectives
objeto (m) de una OPA takeover target
objetos (mpl) salvados salvage (n)
obligación (f) obligation *or* duty
obligación perpetua irredeemable bond
obligación redimible callable bond
obligaciones (fpl) loan stock
obligaciones (fpl) [responsabilidades] responsibilities
obligaciones a corto plazo current liabilities
obligacionista (mf) debenture holder
obligatorio (-ria) compulsory *or* binding
obrero (m) workman *or* (manual) worker
obreros (mpl) cualificados skilled workers
obreros semicualificados semi-skilled workers
obsequiar give *or* present (v)
obsequio (m) (free) gift *or* present (n)
obsequio publicitario premium offer
obsolescencia (f) obsolescence
obsolescente obsolescent
obsoleto (-ta) obsolete
obtener obtain *or* get
obtener beneficios brutos gross (v)
obtener beneficios netos net (v)
obtener el título de qualify as
obtener la libertad de alguien bajo fianza bail someone out
ocupación (f) [empleo] occupation *or* employment
ocupación (f) [posesión] tenure *or* occupancy
ocupación temporal temporary employment
ocupado (-da) busy *or* engaged
ocupante (mf) occupant *or* occupier
ocupar un vacío fill a gap
ocuparse de attend to
oferta (f) offer (n)
oferta (f) [puja] bid (n)
oferta (f) [suministro] supply (n)
oferta (f) [trabajo] tendering *or* tender
oferta de adquisición disputada *o* rebatida contested takeover
oferta de lanzamiento introductory offer
oferta de ocasión bargain offer
oferta de venta offer for sale
oferta en metálico cash offer
oferta especial special offer
oferta final closing bid
oferta inicial opening bid
oferta monetaria money supply
oferta pública de adquisición (OPA) takeover bid
oferta y demanda supply and demand
ofertas (fpl) bidding
ofertas de trabajo appointments vacant *or* situations vacant
ofertas lacradas sealed tenders
oficial official (adj)

oficial: no oficial unofficial
oficina (f) office
oficina: de oficina clerical
oficina central head office
oficina central de correos general post offfice
oficina de colocación employment agency *or* employment bureau
oficina de distribución modificable open-plan office
oficina de expedición dispatch department
oficina de información information bureau
oficina de informática computer bureau
oficina de reclamaciones complaints department
oficina del registro civil registry office
oficina general general office
oficina principal main office
oficinas (fpl) de alquiler offices to let
oficinista (mf) clerk
oficioso (-sa) unofficial
ofrecer offer (v)
OIT (Organización Internacional del Trabajo) ILO (= International Labour Organization)
omisión (f) omission
omitir omit
opción (f) de compra option to purchase
opcional optional
OPEP (Organización de los Países Exportadores de Petróleo) OPEC (= Organization of Petroleum Exporting Countries)
operación (f) operation *or* transaction
operación al contado cash transaction
operación en multiples divisas multicurrency operation
operación fraudulenta fraudulent transaction
operación llaves en mano turnkey operation
operacional operational
operaciones (fpl) en bolsa dealing (on the Stock Exchange)
operador (-ra) de cambios foreign exchange broker *or* foreign exchange dealer
operador (-ra) de teclado keyboarder
operario (-ria) operator *or* worker
operativo (-va) operative (adj)
opinión (f) pública public opinion
oportunamente duly
oportunidad (f) opportunity
oportunidades de mercado market opportunities
optar [decidir] decide
optar por una línea de conducta decide on a course of action
optativo (-va) optional
orden (mf) order (n)
orden (f) [mandato] writ *or* warrant (n)
orden (f) de compra purchase order
orden (f) de domiciliación (bancaria) banker's order
orden (f) de expedición delivery order
orden (f) de pago bank mandate *or* money order
orden (m) alfabético alphabetical order
orden (m) cronológico chronological order
orden (m) del día agenda
ordenador (m) computer
ordenador (m) personal personal computer (PC)
ordenar order (v) *or* arrange *or* put in order
ordinario (-ria) ordinary *or* regular
organigrama (m) organization chart *or* flow chart
organismo (m) organization
organismo paraestatal quango
organización (f) organization

organización lineal line organization
Organización de los Países Exportadores de Petróleo (OPEP) Organization of Petroleum Exporting Countries (OPEC)
Organización Internacional del Trabajo (OIT) International Labour Organization (ILO)
organización y métodos organization and methods
organizar organize *or* arrange
organizativo (-va) organizational
órgano (m) administrativo administrative body *or* authority
órgano decisorio decision-making body
órganos (mpl) de gestión managerial posts
origen (m) origin
original original (adj)
oro (m) en lingotes bullion
oscilación (f) fluctuation
oscilar [fluctuar] fluctuate
oscilar [variar] range (v)
otorgar grant (v) *or* award (v)

Pp

pactar [convenir] covenant (v)
pacto (m) covenant (n) *or* agreement (n)
padrino (m) sponsor (n)
paga (f) pay (n)
paga de vacaciones holiday pay
paga extraordinaria de Navidad Christmas bonus
pagadero (-ra) payable
pagadero a la entrega payable on delivery
pagadero a la vista payable on demand
pagadero a sesenta días payable at sixty days
pagadero por adelantado payable in advance
pagado (-da) paid
pagado: muy bien pagado highly-paid
pagado (-da) por adelantado prepaid
pagador (-ra) payer
pagar pay (v) *or* pay out
pagar: sin pagar unpaid
pagar (costes) bear (v) (costs)
pagar [devolver] repay
pagar a plazos pay in instalments
pagar al contado *o* en efectivo pay cash
pagar con cheque pay by cheque
pagar con tarjeta de crédito pay by credit card
pagar intereses pay interest
pagar la cuenta y marcharse check out
pagar los intereses de una deuda service a debt
pagar por adelantado prepay *or* pay in advance
pagar una cuenta pay a bill
pagar una deuda discharge a debt *or* redeem a debt
pagar una factura pay an invoice *or* settle an invoice
pagar una reclamación settle a claim
pagaré (m) accommodation bill *or* promissory note *or* note of hand
pagaré (m) [vale] IOU (= I owe you)
pagaré (m) de interés fijo debenture
páginas (fpl) amarillas yellow pages
pago (m) payment *or* repayment

pago (m) [de una deuda] discharge (n)
pago (m) [finiquito] settlement
pago a cuenta interim payment *or* payment on account
pago a destajo payment by results
pago al contado cash terms *or* spot cash
pago anticipado advance payment
pago anual yearly payment
pago aplazado deferred payment
pago atrasado back payment
pago en efectivo cash payment *or* payment in cash
pago en especie payment in kind
pago en exceso overpayment
pago en metálico payment in cash
pago íntegro full payment
pago mediante cheque payment by cheque
pago mínimo minimum payment
pago parcial partial payment
pago por adelantado prepayment *or* money up front
pago simbólico token payment
pago total de una deuda full discharge of a debt
pago único lump sum
pagos (mpl) a cuenta progress payments
pagos de la hipoteca mortgage payments
pagos mensuales monthly payments
pagos por etapas staged payments
pagos semestrales half-yearly payment
país (m) country *or* state
país de origen country of origin
país en vías de desarrollo developing country
países (mpl) exportadores de petróleo oil-exporting countries
países productores de petróleo oil-producing countries
países subdesarrollados underdeveloped countries
palabras (fpl) de agradecimiento speech of thanks
paleta (f) pallet
panel (m) panel
pantalla (f) monitor (n) *or* screen
papel (m) carbón carbon paper
papel carbón: sin papel carbón carbonless
papel continuo continuous stationery
papel de envolver wrapping paper
papel de estraza brown paper
papel reciclado recycled paper
papeleo (m) paperwork
papeleo (m) [burocracia] red tape
papeles (mpl) [documentos] papers
paquete (m) parcel (n) *or* pack (n) *or* packet
paquete (m) [acciones] block (n) (of shares)
paquete de cigarrillos packet of cigarettes
paquete de sobres pack of envelopes
par par
parada (f) stop (n)
parado (-da) unemployed
paraíso (m) fiscal tax haven
parar stop (v) *or* check (v)
parar: sin parar non-stop
parecer appear *or* seem
paridad (f) parity
paro (m) stoppage *or* stopping
paro (m) [desempleo] unemployment
paro estructural structural unemployment
paro técnico work-to-rule
parte (f) part *or* party
parte (f) [proporción] proportion
parte acusadora prosecution
parte contratante contracting party
parte superior top (n)
parte (m) de baja doctor's certificate

participación (f) share (n)
participación de beneficios equity
participación en los beneficios profit-sharing
particular private
partida (f) batch (n)
partida (f) [de un balance] item (n)
partidas (fpl) excepcionales exceptional items *or* extraordinary items
pasado (-da) de moda old-fashioned
pasaje (m) fare
pasaje sencillo one-way fare
pasante (mf) junior clerk
pasar [tiempo] spend
pasar a cuenta nueva carry over a balance *or* carry forward
pasar información a un fichero card-index (v)
pasar modelos model (v)
pasar por la criba screen (v)
pasarse a switch over to
pasivo (m) liabilities
pasivo a largo plazo long-term liabilities
pasivo circulante current liabilities
paso (m) de información a un fichero card-indexing
patentado (-da) patented
patentar un invento patent an invention
patente (f) patent
patente de invención letters patent
patente solicitada *o* patente en tramitación patent applied for *or* patent pending
patrimonio (m) capital *or* net worth *or* heritage
patrocinado (-da) por el Estado government-sponsored
patrocinador (-ra) sponsor (n)
patrocinar sponsor (v)
patrocinio (m) sponsorship
patrón (m) standard (n)
peaje (m) toll

pedido (m) order (n)
pedido (-da) on order
pedido cursado al representante comercial journey order
pedido no servido *o* por servir unfulfilled order
pedido por correo mail-order
pedido suplementario repeat order
pedido urgente rush order
pedidos (mpl) pendientes back orders *or* outstanding orders
pedidos (mpl) por servir dues *or* back orders
pedir ask *or* ask for
pedir [solicitar] request (v)
pedir información inquire (v)
pedir más detalles ask for further details *or* particulars
pedir perdón apologize (v)
pedir prestado borrow (v)
peligro (m) de incendio fire risk
pena (f) penalty
penalizar penalize (v)
pendiente outstanding *or* pending
penetración (f) en el mercado market penetration
penetrar un mercado penetrate a market
pensión (f) pension
pequeño (-ña) small
pequeñas empresas (fpl) small businesses
pequeño empresario (m) small businessman
pequeño hurto (m) pilferage *or* pilfering
pequeños accionistas (mpl) minor shareholders
per [a, por] per
per cápita per capita
perder lose (something)
perder [tren, avión] miss (v)
perder dinero lose money
perder un depósito forfeit a deposit
perder un pedido lose an order

perder valor depreciate *or* lose value
pérdida (f) loss *or* wastage
pérdida de clientela loss of customers
pérdida de ejercicio trading loss
pérdida de trabajadores por jubilación natural wastage
pérdida de un pedido loss of an order
pérdida de valor depreciation *or* loss of value
pérdida neta net loss
pérdida parcial partial loss
pérdida sobre el papel paper loss
pérdida total write-off *or* dead loss
pérdidas (fpl) leakage
pérdidas de capital capital loss
perecedero (-ra) perishable
pericia (f) expertise
periféricos (mpl) peripherals
periódico (m) newspaper
periódico (-ca) periodic *or* periodical (adj)
periodo (m) period
periodo de conservación de un producto shelf life of a product
periodo de preaviso period of notice
periodo de prueba probation *or* trial period
periodo de reembolso payback period
periodo de reflexión cooling off period
periodo de validez period of validity
permanecer stay (v)
permanencia (f) stay (n)
permiso (m) permit (n) *or* permission *or* leave (n)
permiso de exportación export licence *or* export permit
permiso de residencia residence permit
permiso de trabajo work permit
permitir permit *or* allow
permitirse un gasto afford

perseguir chase *or* follow up
persona: por persona per head
persona (f) autorizada licensee
persona dedicada a las relaciones públicas public relations man
personal personal
personal (m) personnel *or* staff (n)
personal administrativo office staff *or* managerial staff
personal clave key personnel *or* key staff
personal de atención al público counter staff
personal de oficina clerical staff
personal de ventas sales force *or* sales people
personal de ventas muy motivado highly motivated sales staff
personal del hotel hotel staff
personal eventual temporary staff
personal fijo regular staff
personal reducido al mínimo skeleton staff
personalidad (f) jurídica legal status
perspectivas (fpl) prospects
pertenecer belong to
pertinente relevant
pesado (-da) heavy
pesar weigh
pesar en exceso be overweight
peso (m) weight
peso (m) [moneda] peso
peso bruto gross weight
peso escaso false weight
peso máximo weight limit
peso muerto deadweight
peso neto net weight
petición (f) request (n)
petición: a petición on request
petición de informes inquiry
petición de informes sobre crédito status inquiry
petición de pago (de acciones) call (n)
petróleo (m) oil
petrolero (m) oil tanker

PIB (Producto Interior Bruto)
GDP (= gross domestic product)
pieza (f) piece
pieza de recambio *o* **pieza de repuesto** spare part
piloto (mf) pilot (n)
pionero (-ra) pioneer (n)
piso (m) floor
piso (m) [apartamento] flat (n) *or* appartment (US)
plan (m) plan (n) *or* project (n)
plan (m) [sistema] arrangement
plan de emergencia contingency plan
plan de pensiones pension scheme
plan de trabajo de una empresa corporate plan
plan general overall plan
plan periódicamente actualizado rolling plan
plan remunerativo money-making plan
planear plan (v)
planes de contingencia standby arrangements
planificación (f) planning
planificación a largo plazo long-term planning
planificación de la mano de obra manpower planning
planificación económica economic planning
planificación empresarial corporate planning
planificación estratégica strategic planning
planificador (-ra) planner
planificar plan (v)
planificar las inversiones plan investments
plano (m) plan (n) *or* drawing (n)
planta (f) floor plan
planta (f) [fábrica] plant (n) *or* factory
plantear raise (v)
plantilla (f) staff *or* establishment
plata (f) en lingotes bullion

plaza (f) (job) vacancy *or* position (n)
plaza (f) [mercado] market (n)
plaza del mercado marketplace *or* square
plazo (m) term *or* notice *or* instalment
plazo (m) [límite] time limit
plazo (m) [periodo] period
plazo: a plazo forward
plazo de entrega delivery time
plazo de espera lead time
plazo de tiempo límite time limitation
plazo límite deadline
plazo medio medium-term
pleito (m) lawsuit
plena: en plena dedicación full-time
pluriempleado (-da) moonlighter
pluriempleo (m) moonlighting
plus (m) de carestía de vida cost-of-living bonus
plusvalía (f) capital gains
PNB (Producto Nacional Bruto) GNP (= gross national product)
poder (m) power
poder (m) [procuración] proxy
poder adquisitivo purchasing power *or* spending power
poder de negociación bargaining power
poder notarial *o* **poderes (mpl)** power of attorney
poderhabiente (mf) proxy
política (f) policy
política comercial de reciprocidad arancelaria fair trade
política crediticia credit policy
política de precios pricing policy
política de precios flexibles flexible pricing policy
política presupuestaria budgetary policy
póliza (f) de seguros insurance policy *or* assurance policy
póliza (f) a todo riesgo all-risks policy

póliza provisional cover note
ponderación (f) weighting
poner put (v) *or* place (v)
poner a la venta release (v)
poner al día update (v)
poner el sello stamp (v)
poner en contenedores containerize (v)
poner en la lista negra blacklist (v)
poner en libertad free (v)
poner en práctica un acuerdo implement an agreement
poner en una caja case (v) *or* put in a box
poner la dirección *o* las señas address (v) (a letter, a parcel)
poner las iniciales a initial (v)
poner por escrito put in writing
poner precio a price (v)
poner término a un acuerdo terminate an agreement
poner un negocio set up in business
popular popular
por via
porcentaje (m) percentage
porcentaje de aumento percentage increase
porcentaje de comisión cost plus
porcentaje de descuento percentage discount
porcentaje fijo flat rate
pormenores (mpl) particulars
portacontenedores container ship
portador (-ra) bearer *or* payee
portátil portable
porte (m) carriage *or* freight
porte debido carriage forward *or* freight forward
porte pagado carriage paid *or* postpaid *or* postage paid
poseedor (-ra) holder
poseer possess (v) *or* own (v)
posesión (f) possession *or* ownership *or* tenure
posfechar postdate

posibilidad (f) possibility
posibilidad de comparación comparability
posible possible
posible comprador (-ra) prospective buyer
posición (f) position *or* place (n)
posición (f) [status] status
positivo (-va) positive
posponer postpone *or* hold over
postal postal
postal (f) card *or* postcard
postor (m) bidder *or* tenderer
postura (f) position
postura (f) negociadora bargaining position
potencial potential (adj)
potencial (m) potential (n)
practicar el 'dumping' dump goods on a market
prácticas (fpl) comerciales justas fair dealing
prácticas restrictivas restrictive practices
práctico (-ca) handy
precauciones (fpl) safety precautions
precintar seal (v)
precinto (m) seal (n)
precinto de aduana customs seal
precio (m) price (n) *or* charge (n)
precio (m) [tarifa] rate (n) *or* tariff
precio: a precio reducido cut-price
precio a destajo piece rate
precio acordado *o* precio convenido agreed price
precio actual current price
precio al cierre closing price
precio al contado cash price
precio al detallista trade price
precio al por mayor wholesale price
precio al por menor retail price
precio competitivo competitive price

precio con entrega de artículo usado trade-in price
precio de apertura opening price
precio de catálogo list price *or* catalogue price
precio de compra purchase price
precio de conversión conversion price *or* conversion rate
precio de coste cost price
precio de descuento discount price
precio de entrada admission charge
precio de entrega delivered price
precio de entrega inmediata spot price
precio de fábrica factory price
precio de intervención intervention price
precio de mercado market price *or* market rate
precio de ocasión bargain price
precio de oferta offer price *or* supply price
precio de reventa resale price
precio de subvención support price
precio de transporte freight rates
precio de venta selling price
precio de venta recomendado manufacturer's recommended price (MRP)
precio del crudo *o* del petróleo oil price
precio en fábrica price ex works
precio en firme firm price
precio excesivo overcharge (n)
precio facturado invoice price
precio fijo set price
precio inicial starting price *or* upset price
precio irrisorio bargain price
precio justo fair price
precio máximo maximum price
precio máximo autorizado ceiling price
precio medio average price
precio mínimo aceptable reserve price
precio módico moderate price
precio neto net price
precio por unidad unit price
precio reducido cut price *or* reduced rate
precio simbólico token charge
precio sin descuento full price
precio todo incluido inclusive charge *or* all-in price
precio tope ceiling price
precio umbral threshold price
precio vigente going rate
precios (mpl) competitivos keen prices
precios estables stable prices
precios exagerados inflated prices
precios flexibles flexible prices
precios mínimos *o* precios de saldo knockdown prices
precios populares popular prices
precios reventados rock-bottom prices
precipitarse rush (v)
precisar specify
predecir forecast (v)
preempaquetar prepack *or* prepackage
preferencia (f) preference *or* choice (n)
preferencial *o* preferente preferential
preferir prefer
prefijo (m) dialling code
prefinanciación (f) pre-financing
pregunta (f) question (n)
preguntar ask (v) *or* inquire (v) *or* question (v)
premio (m) award (n)
prensa (f) press (n)
preocupación (f) concern (n) *or* worry
preparación (f) de pedidos order processing

preparación de presupuestos budgeting
preparado (-da) ready
preparar train (v)
preparar [elaborar] process (v)
preparar [redactar] draw up
preparar un contrato draw up a contract
preparar un horario timetable (v)
preparar una factura raise an invoice
prepararse train (v)
prescribir prescribe (v)
preselección (f) shortlist (n)
preseleccionar shortlist (v)
presentación (f) presentation *or* production
presentación (f) [introducción] introduction
presentar present (v) *or* produce (v)
presentar [entregar] hand in
presentar [introducir] introduce
presentar [organizar] stage (v) *or* organize
presentar [petición, demanda] file (v) (a petition)
presentar excusas apologize
presentar una cuenta *o* una factura render an account
presentar una letra a la aceptación present a bill for acceptance
presentar una letra al pago present a bill for payment
presentar una reconvención counter-claim (v)
presentarse report (v) (to a place)
presentarse a una entrevista report for an interview
presente present (adj)
presente: del presente mes instant
presidente (-ta) chairman
presidente y director gerente chairman and managing director
prestamista (mf) (money)lender
préstamo (m) borrowing *or* loan
préstamo a corto plazo short-term loan
préstamo a largo plazo long-term loan
préstamo a plazo fijo term loan
préstamo bancario bank loan
préstamo garantizado secured loan
préstamo sin interés soft loan
préstamos (mpl) bancarios bank borrowings
prestar lend (v) *or* loan (v)
prestatario (-ria) borrower *or* debtor
prestigio (m) prestige
presupuestar budget (v)
presupuestario (-ria) budgetary
presupuesto (m) budget (n)
presupuesto (m) [cotización] quote (n) *or* quotation *or* estimate
presupuesto de explotación operational budget *or* operating budget
presupuesto de gastos generales overhead budget
presupuesto de promoción promotion budget
presupuesto de publicidad advertising budget
presupuesto de ventas sales budget
presupuesto del Estado (government) budget
presupuesto provisional provisional budget
presupuesto publicitario publicity budget
pretender [alegar] claim (v)
prevención (f) prevention
prevenir prevent *or* pre-empt
preventivo (-va) preventive
prever forecast (v) *or* foresee *or* anticipate
prever [estipular] provide for
previo (-via) previous *or* prior
previsión (f) forecast *or* forecasting
previsión a largo plazo long-term forecast

previsión de mano de obra manpower forecasting
previsión de mercado market forecast
previsión de ventas sales forecast
previsión provisional de ventas provisional forecast of sales
previsto (-ta) projected
prima (f) bonus (n)
prima al comisionista del credere
prima de incentivo incentive bonus *or* incentive payments
prima de productividad productivity bonus
prima de renovación renewal premium
prima de riesgo risk premium
prima de seguros (insurance) premium
prima por ausencia de siniestralidad no-claims bonus
primario (-ria) primary
primer trimestre first quarter
primera opción first option
primeras entradas, primeras salidas first in first out (FIFO)
primero (-ra) first
primero (-ra) [inicial] initial (adj)
primero (-ra) [principal] prime
principal principal (adj) *or* chief *or* main
principal (m) [capital] principal (n)
principio (m) principle
principio (m) [inicio] start (n)
prisa (f) rush (n)
privado (-da) private
privatización (f) privatization
privatizar privatize
privilegio (m) fiscal tax concession
probar sample (v) *or* test (v)
probatorio (-ria) probationary
problema (m) problem
proceder proceed
procedimiento (m) process (n) *or* procedure
procedimiento de selección selection procedure

procedimientos (mpl) judiciales judicial processes
procesamiento (m) prosecution *or* legal action
procesamiento por lotes batch processing
procesar prosecute
proceso (m) [juicio] trial *or* court case *or* lawsuit
proceso de datos data processing
proceso judicial legal proceedings
procesos (mpl) decisorios decision-making processes
procesos industriales industrial processes
procuración (f) proxy
procurador (-ra) attorney
producción (f) production *or* output
producción en serie mass production
producción interior *o* **producción nacional** domestic production
producción total total output
producir produce (v) *or* make *or* bring in
producir [devengar] carry (v)
producir [ordenador] output (v)
producir a gran escala mass-produce
producir en exceso overproduce
productividad (f) productivity
productivo (-va) productive *or* profitable
producto (m) product
producto defectuoso reject (n)
producto destinado a un mercado de masas mass-market product
producto derivado by-product
producto ficticio dummy
producto final end product
Producto Interior Bruto (PIB) gross domestic product (GDP)
Producto Nacional Bruto (PNB) gross national product (GNP)
producto prestigioso prestige product
producto principal staple product

producto sensible a los cambios de precio price-sensitive product
productor (-ra) producer
productos (mpl) produce (n)
productos acabados finished goods
productos competitivos competitive products
productos de marca propia own label goods *or* own brand goods
productos de primera calidad high-quality goods
productos devueltos sin vender returns *or* unsold goods
productos en competencia competing products
productos manufacturados manufactured goods
productos perecederos perishables
productos semiacabados semi-finished products
profesional (adj) professional (adj)
profesional (mf) professional (n)
programa (m) programme *or* program
programa de investigación research programme
programa de ordenador computer program
programa informático software
programa piloto pilot scheme
programación (f) scheduling
programación de ordenador computer programming
programador (-ra) de ordenadores computer programmer
programar un ordenador program a computer
progresar progress (v)
progresivo (-va) progressive *or* gradual
progreso (m) progress (n)
prohibición (f) ban (n) *or* embargo (n)
prohibición de hacer horas extras overtime ban
prohibición de importar import ban
prohibir ban (v) *or* forbid *or* embargo (v)
prohibitivo (-va) prohibitive
prolongación (f) extension
prolongar extend
promedio (m) average (n) *or* mean (n)
promedio ponderado weighted average
promesa (f) promise (n) *or* undertaking
prometer promise (v)
promoción (f) promotion *or* publicity
promoción: en *o* de promoción promotional
promoción de un producto promotion of a product
promoción de ventas sales promotion *or* sales drive
promocionar promote *or* advertise
promocionar la imagen pública de una empresa promote a corporate image
promocionar un nuevo producto promote a new product
pronosticar forecast (v) *or* tip (v)
pronóstico (m) forecast (n)
pronto (-ta) prompt
pronto early *or* soon
pronto pago (m) prompt payment
propicio (-cia) favourable
propiedad (f) ownership (n) *or* property (n)
propiedad colectiva collective ownership *or* common ownership
propiedad conjunta multiple ownership
propiedad inmobiliaria real estate
propiedad privada private property *or* private ownership
propietaria (f) proprietress *or* landlady
propietario (m) proprietor *or* landlord
propietario (-ria) owner

propietario (-ria) legítimo (-ma) rightful owner
propietario (-ria) único (-ca) sole owner
propina (f) tip (n)
proponer propose
proponer una enmienda move an amendment
proponer(se) propose to
proponerse [aspirar a] aim (v)
proporción (f) proportion
proporcional proportional
proposición (f) proposition *or* proposal *or* suggestion
propósito (m) aim (n)
propuesta (f) proposal *or* proposition
prorrata pro rata
prórroga (f) renewal *or* extension
prorrogar extend *or* renew
prorrogar un arrendamiento renew a lease
proseguir continue
prospecto (m) prospectus *or* leaflet
prosperar flourish *or* boom (v)
próspero (-ra) prosperous *or* flourishing *or* booming
protección (f) protection *or* defence
protección (f) [cobertura] hedging *or* hedge
protección al consumidor consumer protection
proteccionista protective *or* protectionist
protector (-ra) protective
proteger protect *or* safeguard *or* defend
protesta (f) protest (n)
protestar (contra algo) protest (v) (against something)
protestar una letra protest a bill
protesto (m) protest (n)
prototipo (m) de contrato model agreement
proveedor (-ra) supplier
proveer provide (v) *or* supply (v)

provisión (f) de fondos provision *or* allocation of funds
provisional provisional
próximo (-ma) close to
proyectado (-da) projected
proyectar project (v) *or* plan (v) *or* design (v)
proyecto (m) project *or* plan
proyecto (m) [borrador] draft (n) *or* rough plan
proyecto de ley bill (n)
prueba (f) proof
prueba (f) [ensayo] trial *or* test
prueba: a prueba on approval
prueba: de prueba probationary
prueba documentada documentary proof
prueba gratuita free trial
pruebas (fpl) documentales documentary evidence
publicación (f) asistida por ordenador desk-top publishing (DTP)
publicación (f) periódica periodical (n)
publicar [anunciar] advertise
publicar [divulgar] release (v) *or* make public
publicidad (f) publicity *or* advertising
publicidad a escala nacional national advertising
publicidad en el punto de venta point of sale material (POS material)
publicidad exagerada hype (n)
publicidad por correo direct-mail advertising *or* mail shot
publicidad sin interés (por correo) junk mail
público (-ca) public (adj)
público (-ca) [común] common
puente-báscula (m) weighbridge
puerta (f) door
puerta: de puerta en puerta door-to-door
puerto (m) port *or* harbour

puerto de contenedores container port
puerto de embarque port of embarkation
puerto de escala port of call
puerto de registro port of registry
puerto distribuidor entrepot port
puerto franco free port
puesta (f) en marcha (de un negocio) start-up
puesta al día updating
puesta en práctica implementation
puesto (m) post (n) or position or job or place (n)
puesto aduanero customs entry point
puesto clave key post
puesto de trabajo [empleo] job
puesto de trabajo [informática] workstation
puja (f) bid (n)
pujar más alto outbid
punto (m) point
punto (m) [discusión] item (on agenda)
punto de partida starting point
punto de referencia benchmark
punto de reunión venue
punto de venta point of sale (p.o.s. or POS)
punto decimal decimal point
punto máximo peak (n)
punto muerto breakeven point or deadlock (n)
punto porcentual percentage point
puntos (mpl) de venta electrónicos electronic point of sale (EPOS)
PYME (pequeña y mediana empresa) small and middle-sized businesses

Qq

quebrado (m) bankrupt (n)
quebrado no rehabilitado undischarged bankrupt
quebrado rehabilitado certificated bankrupt
quebrar crash (v) or fail
quedar remain or be left
quedarse stay (v) or remain
quedarse atrás fall behind
queja (f) complaint
quejarse complain (about)
querellante (mf) plaintiff
quiebra (f) bankruptcy
quiebra: en quiebra bankrupt (adj)
quiebra comercial commercial failure
quitar remove
quitar [rebajar] take off or deduct
quórum (m) quorum

Rr

racionalización (f) rationalization
racionalizar rationalize
radicar base (v)
rama (f) branch (n)
rampa (f) de carga loading ramp
rápidamente rapidly or fast (adv)
rápido (-da) rapid or prompt or fast (adj)

rápido (-da) [urgente] express (adj)
ratero (-ra) de tiendas shoplifter
ratificación (f) ratification
ratificar ratify
raya (f) line (n)
razón (f) [motivo] reason
razón (f) [relación] ratio
razón social corporate name
reacción (f) feedback *or* response
reactivación (f) recovery *or* turnround *or* upturn
reajustar adjust *or* readjust
reajuste (m) adjustment *or* readjustment
real real *or* actual
realización (f) fulfilment
realizar realize
realizar activos realize assets
realizar un proyecto *o* un plan realize a project *or* a plan
realizar una operación de cesión-arrendamiento lease back
reanudar resume
reanudar las negociaciones resume negotiations
reasegurador (-ra) reinsurer
reasegurar reinsure
reaseguro (m) reinsurance
rebaja (f) rebate *or* discount *or* reduction
rebaja (f) [recorte] cut (n)
rebajar mark down *or* deduct *or* reduce
rebajar un precio reduce a price
rebajas (fpl) de fin de temporada end of season sale
rebajas a mitad de precio half-price sale
rebajas de precios price reductions
recadero (m) deliveryman
recado (m) message
recargar mark up
recargo (m) surcharge (n) *or* overcharge (n)

recargo de importación import surcharge
recaudación (f) takings *or* take (n)
recaudación de impuestos levy (n) *or* tax collection
recaudador (-ra) collector
recaudador (-ra) de impuestos tax collector
recaudar levy (v)
recepción (f) reception (desk)
recepcionista (mf) receptionist *or* reception clerk
recesión (f) recession
rechazar reject (v) *or* turn down
rechazo (m) rejection *or* refusal
recibir receive *or* take (v) *or* get
recibir una llamada take a call
recibo (m) receipt
recibo de aduana customs receipt
recibo de depósito deposit slip *or* paying-in slip
reciclaje (m) profesional retraining
reciclar recycle *or* retrain
recipiente (m) container
reciprocidad (f) reciprocity
recíproco (-ca) reciprocal
reclamación (f) claim (n)
reclamación de pago demand (n) (for payment)
reclamar claim (v) *or* demand (v)
recobrar recover (v) *or* repossess (v)
recoger collect (v)
recogida (f) collection
recomendación (f) recommendation
recomendar recommend
reconciliación (f) reconciliation
reconocer a un sindicato recognize a union
reconocer una firma honour a signature
reconocimiento (m) recognition
reconocimiento de un sindicato union recognition
reconvención (f) counter-claim (n)

récord (adj) record *or* record-breaking
récord (m) record (n)
récord de ventas record sales
recordar remind *or* remember
recordatorio (m) reminder
recortar cut (v)
recorte (m) cut (n)
rectificación (f) rectification *or* correction
rectificar rectify *or* correct (v)
recuperable recoverable
recuperación (f) recovery *or* retrieval
recuperación (f) [precios] rally (n)
recuperación de datos data retrieval
recuperar [recobrar] recover *or* repossess
recuperar [rescatar] retrieve *or* get back
recuperarse [mejorar] recover
recuperarse [precios] rally (v)
recursos (mpl) resources *or* means
recursos financieros financial resources
recursos naturales natural resources
red (f) network (n)
Red (f) Web (n)
red de distribución distribution network
redactar draft (v) *or* draw up
redactar un contrato draft a contract *or* draw up a contract
redactar una carta draft a letter
redimir pay off *or* redeem (v)
redistribuir redistribute
rédito (m) interest (n) *or* rate of interest
redondear por defecto round down
redondear por exceso round up
reducción (f) reduction *or* decrease (n) *or* lowering *or* shrinkage
reducción (f) [desaceleración] slowdown

reducción de costes cost-cutting
reducción de empleos job cuts
reducción de gastos retrenchment
reducción de los impuestos tax reductions
reducir reduce
reducir [desacelerar] slow down
reducir a escala scale down
reducir gradualmente phase out
reducir drásticamente [los precios] slash prices
reducir gastos reduce expenditure *or* cut down on expenses
reducir los precios lower prices
reducir un precio reduce a price
redundante redundant
reelección (f) re-election
reelegir re-elect
reembolsable refundable *or* repayable
reembolsar refund (v) *or* repay *or* pay back
reembolsar [redimir] pay off
reembolso (m) repayment
reembolso (m) [reintegro] reimbursement *or* rebate *or* refund (n)
reembolso de gastos reimbursement of expenses
reembolso total full refund
reemplazar replace
reemplazo (m) replacement
reempleo (m) re-employment
reestructuración (f) restructuring
reestructuración de la compañía restructuring of the company
reestructurar restructure
reexportación (f) re-export (n)
reexportar re-export (v)
referencia (f) reference
referente a relating to
referirse refer
referirse a apply to
refinanciación (f) de un préstamo refinancing of a loan
refinanciar un crédito *o* una deuda roll over credit *or* a debt

refrendar countersign
refugio (m) shelter
regalar give (away)
regalar [obsequiar] present (v)
regalo (m) present (n) or gift
regatear haggle (v) or bargain (v)
región (f) region or area
regional regional
regir rule (v) or run or be in force
registrado (-da) registered
registrador (-ra) registrar
registrar record (v) or register (v)
registrar una marca comercial register a trademark
registrar una propiedad register a property
registrarse [inscribirse] register (v) or check in
registro (m) register (n) or registry
registro (m) [informe] record
registro (m) [inscripción] registration
registro (m) [inspección] examination or inspection
registro de compañías companies' register
Registro Marítimo de Lloyd Lloyd's register
Registro Mercantil Registrar of Companies
regla (f) law or rule (n)
reglamentación (f) regulation
reglamentar regulate
reglamentario (-ria) statutory
reglamento (m) regulations
reglamento sobre incendios fire regulations
regreso (m) return (n)
regulación (f) regulation
regulado (-da) por el Estado government-regulated
regular (adj) regular (adj)
regular regulate (v)
rehusar refuse (v)
reimportación (f) reimport (n)
reimportar reimport (v)

reintegro (m) reimbursement or withdrawal
reinversión (f) reinvestment
reinvertir reinvest (v)
reivindicación (f) claim (n)
reivindicación salarial wage claim
relación (f) relation or connection
relación (f) [lista] list (n)
relación (f) [razón] ratio
relación: con relación a further to
relación de directivos de una empresa register of directors
relación de gastos statement of expenses
relación precio-ganancias price/earnings ratio (P/E ratio)
relacionar connect
relaciones (fpl) relations
relaciones laborales industrial relations
relaciones públicas public relations (PR)
relativo a regarding or relating to
rematar knock down (v) or reduce
remate (m) distress sale
remesa (f) [envío] consignment
remesa (f) [partida] batch (n)
remite (m) return address
remitente (mf) sender or consignor
remitir remit (v) or refer
remitir adjunto enclose
remitir por cheque remit by cheque
remontarse soar
remuneración (f) remuneration or payment
remunerar remunerate
remunerativo (-va) money-making
rendimiento (m) [actuación] performance
rendimiento (m) [capacidad] (production) capacity
rendimiento (m) [producción] output (n) or throughput
rendimiento (m) [rentabilidad] yield (n) or return
rendimiento bruto gross yield

rendimiento corriente current yield
rendimiento de la inversión return on investment (ROI)
rendimiento efectivo effective yield
rendimiento máximo peak output
rendimiento neto net yield
rendir yield (v) *or* bear (v)
rendir cuentas a alguien report to someone
renovación (f) renewal
renovación de existencias restocking
renovación urbana redevelopment *or* urban renewal
renovar redevelop *or* renew
renovar existencias restock
renovar un abono o una suscripción renew a subscription
renovar un pedido reorder (v) *or* repeat an order
renta (f) [alquiler] rent (n)
renta (f) [ingresos] income (n)
renta (f) [rendimiento] yield (n)
renta bruta gross income
renta de inversiones investment income
renta fija fixed income
renta imponible taxable income
renta nominal nominal rent
renta personal personal income
renta por alquiler rental income
renta que no llega a cubrir los costes uneconomic rent
renta real real income *or* real wages
renta total total income
renta vitalicia life interest
rentabilidad (f) profitability *or* cost-effectiveness
rentabilidad del dividendo dividend yield
rentable paying (adj) *or* cost-effective
rentable [lucrativo] profit-making *or* profitable

renuncia (f) renunciation *or* resignation
renuncia (f) [abandono de responsabilidad] disclaimer
renuncia (f) [desistimiento] waiver
renunciar a abandon
renunciar a un pago waive a payment
reorganización (f) reorganization
reorganizar reorganize
reparación (f) repair (n)
reparar repair (v)
repartir distribute (v) *or* share out
repartir [entregar] deliver (v)
repartir un riesgo spread a risk
reparto (m) distribution (n) *or* delivery (n)
reparto de mercancías delivery of goods
repercusión (f) knock-on effect
repertorio (m) index (n) *or* list (n)
repetir repeat
repetirse: que se repite recurrent
reponer replace (v)
repostar restock
representación (f) exclusiva sole agency
representante (mf) representative
representante (mf) [vendedor] salesman *or* sales representative
representante a comisión commission rep
representante exclusivo sole agent
representar represent
representativo (-va) representative (adj)
repudiar repudiate
repuesto (m) replacement
reputación (f) reputation *or* standing
requerimiento (m) de pago demand (n) for payment
requerir require *or* need
requisitos (mpl) requirements

resarcir repay (v) *or* indemnify (v) *or* compensate (v)
resarcirse de las pérdidas recoup one's losses
rescatable redeemable
rescatador (-ra) de empresas white knight
rescatar retrieve (v)
rescatar una póliza surrender a policy
rescatar una prenda redeem a pledge
rescate (m) retrieval *or* recovery *or* salvage (n)
rescate (m) [póliza] surrender (n) (of insurance policy)
rescate (m) [préstamo] redemption (of a loan)
rescindir rescind
rescindir un contrato cancel a contract
reserva (f) booking *or* reservation
reserva (f) [almacén] reserve *or* store (n)
reserva (f) [provisión] supply (n) *or* provision
reserva anticipada advance booking
reserva en bloque block booking
reserva en dólares dollar balance
reservar reserve (v) *or* book (v)
reservar con exceso overbook
reservar la misma plaza a dos personas double-book
reservas (fpl) reserve (n) *or* reserves *or* supplies *or* stockpile
reservas: con reservas qualified
reservas de divisas currency reserves
reservas de caja cash reserves
reservas de materias primas stock of raw materials
reservas ocultas hidden reserves
reservas para imprevistos emergency reserves
resguardo (m) slip (n) *or* receipt (n)
residencia (f) residence
residente resident (adj)
residente (mf) resident (n)
residuos (mpl) waste (n)
resignar resign
resolución (f) resolution
resolver resolve (v)
resolver un problema solve a problem
respaldar back up (v) *or* support
respaldo (m) financiero financial backing
respetar respect (v)
responder answer (v) *or* reply (v) *or* respond (v)
responder de account for
responsabilidad (f) responsibility *or* liability
responsabilidad contractual contractual liability
responsabilidad ilimitada unlimited liability
responsabilidad limitada limited liability
responsabilidades (fpl) responsibilities
responsable responsible (for)
responsable de liable for
responsable (mf) de la capacitación training officer
responsable (mf) del progreso de un trabajo progress chaser
responsable (mf) de relaciones públicas public relations officer
respuesta (f) reply (n) *or* answer (n) *or* response (n)
respuesta (f) [reacción] feedback
resto (m) rest *or* remainder
restricción (f) restraint *or* restriction
restricción a las importaciones import restrictions
restricción comercial restraint of trade
restrictivo (-va) restrictive
restringir restrict (v)
resultado (m) result (n)
resultados (mpl) (company) results

resultar result in
resultar de result from
retención (f) de impuestos en origen withholding tax
retención fiscal tax deductions
retener keep back *or* withhold
retirada (f) withdrawal
retirar withdraw
retirar gradualmente phase out
retirar una oferta withdraw an offer
retirar una oferta de adquisición withdraw a takeover bid
retirarse [jubilarse] retire (v)
retirarse (de una elección) stand down
retiro (m) withdrawal
retiro (m) [jubilación] retirement *or* pension
retornable returnable
retrasar hold up (v) *or* delay
retrasarse fall behind
retraso (m) hold-up (n) *or* delay
retraso: con retraso late (adv)
retroactivo (-va) retroactive
reunión (f) meeting *or* assembly
reunión de ventas sales conference
reunión del consejo de administración board meeting
reunión de personal staff meeting
reunir recursos pool resources
reunirse meet (v)
revaluación (f) revaluation *or* reassessment
revaluar revalue *or* reassess
revelación (f) disclosure
revelación de información confidencial disclosure of confidential information
revelar disclose
revelar una información disclose a piece of information
reventa (f) resale
reverso (m) back (n)
revertido (-da) reverse (adj)
revés (m) setback

revisar revise (v) *or* inspect (v)
revisar [máquina] service (v)
revisar las cuentas audit the accounts
revisión (f) [máquina] service (n)
revisión de sueldos salary review
revista (f) magazine *or* journal *or* periodical (n)
revista profesional especializada trade magazine *or* trade journal
revocar revoke *or* reverse (v) *or* countermand
riesgo (m) risk (n) *or* exposure
riesgo financiero financial risk
rincón (m) corner (n)
ritmo (m) de producción rate of production
robo (m) theft
rollo (m) publicitario sales pitch
romper las negociaciones break off negotiations
romper un acuerdo break an agreement
romperse break down (v)
rotación (f) turnover
rotación de existencias stock turnover
rotulador (m) marker pen
rótulo (m) sign (n)
roturas (fpl) breakages
rubricar initial (v)
ruego (m) request (n)
ruptura (f) breakdown (n)
ruta (f) habitual run (n) *or* regular route
rutina (f) routine (n)
rutinario (-ria) routine (adj)

Ss

sacar [dinero] draw *or* withdraw [money]
sacar el título de qualify as
saco (m) bag
sala (f) room
sala de conferencias conference room
sala de embarque departure lounge
sala de exposición showroom
sala de exposiciones exhibition hall
sala de juntas boardroom
sala de subastas auction rooms
sala de tránsito transit lounge
salario (m) salary *or* wage
salario inicial starting salary
salario interesante attractive salary
salario mínimo minimum wage
salario mínimo interprofesional guaranteed minimum wage
salario neto net income *or* net salary
saldar balance (v)
saldar una cuenta settle an account
saldo (m) balance (brought down *or* brought forward)
saldo (m) [rebajas] sale (n)
saldo a cuenta nueva balance carried down *or* carrried forward
saldo acreedor *o* **saldo a favor** credit balance
saldo a (nuestro) favor balance due to us
saldo de caja cash balance
saldo deudor debit balance
saldo final closing balance *or* bottom line
saldo inicial opening balance
saldo insuficiente insufficient funds (US)
salida (f) departure
salidas (fpl) departures
saliente retiring *or* outgoing
salir go (out)
salón (m) de exposiciones exhibition hall
salón VIP (salón de personalidades) VIP lounge
saltarse la cola jump the queue
saltarse un plazo miss an instalment
salud (f) health
saluda (m) compliments slip
salvamento (m) salvage (n)
salvar salvage (v)
salvedad (f) proviso
salvo except
salvo error u omisión errors and omissions excepted (e. & o.e.)
sancionar penalize (v)
satisfacción (f) satisfaction
satisfacción del cliente customer satisfaction
satisfacción laboral job satisfaction
satisfacer satisfy (v) *or* meet (v)
satisfacer una demanda meet a demand *or* satisfy a demand
satisfacer la demanda keep up with the demand
saturación (f) saturation
saturar saturate
saturar el mercado saturate the market
se admiten ofertas open to offers
sección (f) section *or* division
sección (de tienda) department
sección de 'marketing' marketing division
sección de compras purchasing department
sección de ventas sales department
secretario (-ria) secretary

secretario (-ria) de una empresa company secretary
secretario (-ria) eventual temp (n)
secreto (m) secret (n)
secreto (-ta) secret (adj)
sector (m) sector
sector primario primary industry
sector privado private sector
sector público public sector
sector terciario *o* **sector de los servicios** tertiary sector
secuestrar sequester *or* sequestrate *or* seize
secundario (-ria) subsidiary (adj) *or* secondary
sede (f) headquarters (HQ)
seguir follow *or* proceed
según depending on *or* according to *or* under
según contrato contractually
según factura as per invoice
según muestra as per sample
según nota de expedición as per advice
segundo (-da) second (adj)
segunda solicitud (f) reapplication
segundo trimestre (m) second quarter
seguridad (f) safety *or* security
seguridad de empleo security of employment
seguridad en el empleo job security
seguridad social social security
seguro (m) insurance
seguro (m) [de vida] life assurance
seguro (-ra) safe (adj)
seguro a todo riesgo comprehensive insurance
seguro contra incendios fire insurance
seguro contra terceros third-party insurance
seguro corriente de vida whole-life insurance
seguro de automóviles motor insurance
seguro de enfermedad health insurance
seguro de la vivienda house insurance
seguro de vida life assurance
seguro general general insurance
seguro marítimo marine insurance
seguro temporal term insurance
selección (f) selection *or* choice (n)
selección de artículos para preparar un pedido order picking
seleccionar candidatos (-tas) select *or* screen candidates
selecto (-ta) choice (adj)
sellar stamp (v)
sellar [precintar] seal (v)
sello (m) stamp (n)
semana (f) week
semana: a mediados de semana mid-week
semanalmente weekly
semestre (m) half-year
señal (f) sign (n) *or* mark (n)
señal (f) [entrada] deposit (n)
señal de comunicar engaged tone
señal de línea dialling tone
señalar mark (v)
señas (fpl) address (n)
señas: poner las señas address (v)
sencillo (-lla) single
sentada (f) sit-down protest
sentencia (f) [fallo] award (n)
sentencia (f) [juicio] judgement *or* judgment
separado (-da) separate (adj)
separado: por separado under separate cover
separar separate (v)
ser despedido get the sack
ser distinto differ (v)
ser igual a equal (v)
ser responsable ante alguien be responsible to someone
ser válido [regir] run (v) *or* be in force

serie (f) [remesa] batch (n)
servicio (m) service (n)
servicio de contestación answering service
servicio de fotocopias photocopying bureau
servicio de habitaciones de un hotel room service
servicio de mantenimiento service department
servicio de paquetes postales parcel post
servicio de post-venta *o* **servicio posventa** after-sales service
servicio de recortes de prensa clipping service
servicio deficiente poor service
servicio rápido prompt service
servicios (mpl) de informática computer services
servir serve
servir un pedido deal with an order
signatario (-ria) signatory
signatario colectivo joint signatory
significado (m) content
signo (m) de calidad quality label
símbolo (m) symbol *or* token
símbolo de prestigio status symbol
sindicalista (mf) trade unionist
sindicato (m) (trade) union
síndico (m) liquidator *or* (official) receiver
síndrome del fénix phoenix syndrome
sinergia (f) synergy
siniestro (m) total dead loss
sistema (m) system
sistema (m) [organización] setup
sistema de ordenador a tiempo real real-time system
sistema de recuperación retrieval system
sistema económico economy *or* economic system

sistema informático computer system
Sistema Monetario Europeo (SME) European Monetary System (EMS)
sistema operativo operating system
sistema tributario tax system
sistemas (mpl) de control control systems
sitio (m) [lugar] site *or* place (n)
sitio web website (n)
situación (f) situation *or* position
situación financiera financial position
situado (-da) situated
S.L. (= sociedad limitada) Ltd (= limited company)
SME (Sistema Monetario Europeo) EMS (= European Monetary System)
sobornar bribe (v)
soborno (m) bribe (n) *or* backhander
sobre (m) abierto unsealed envelope
sobre cerrado sealed envelope
sobrecapacidad (f) overcapacity
sobrecontratación (m) overbooking
sobregiro (m) overdraft
sobrepasar exceed
sobreprima (f) additional premium
sobreproducción (f) overproduction
sobrepujar [pujar] outbid
sobresaliente outstanding (adj)
sobrestimar [sobrevalorar] overestimate (v) *or* overvalue (v)
sobretasa (f) surcharge
sobretasa de importación import surcharge
sobrevalorar overvalue *or* overestimate (v)
social social
sociedad (f) society
sociedad (f) [asociación] partnership

sociedad (f) [compañía] company
sociedad anónima (S.A.) Public Limited Company (Plc)
sociedad comercial trading company
sociedad cooperativa cooperative society
sociedad cotizada en bolsa quoted company
sociedad de cartera holding company *or* proprietary company (US)
sociedad de responsabilidad limitada (S.R.L.) limited (liability) company (Ltd)
sociedad en comandita limited partnership
sociedad ficticia (para la compra de acciones) shell company
sociedad financiera finance company
sociedad hipotecaria *o* de crédito hipotecario building society
sociedad limitada (S.L.) private limited company
sociedad matriz parent company
sociedad mercantil corporation
sociedades (fpl) industriales industrialized societies
socio (-cia) [asociado] partner *or* associate
socio (-cia) [miembro] member
socio comanditario *o* socio en comandita sleeping partner
socio (-cia) principal senior partner
socio subalterno *o* de menor antigüedad junior partner
socios: los socios membership
solar (m) site (n)
solicitación (f) de votos canvassing
solicitar apply for *or* ask for *or* request (v)
solicitar pedidos solicit orders
solicitar votos canvass (votes)
solicitar por escrito apply in writing
solicitar un trabajo apply for a job
solicitar una patente file a patent application
solicitud (f) application *or* request (n)
solicitud de empleo *o* de trabajo job application *or* application for a job
solución (f) solution
solucionar un problema solve a problem
solvencia (f) solvency
solvente solvent *or* credit-worthy
someter a prueba test (v)
sondeo (m) de opinión opinion poll
soporte (m) holder
soslayar get round (a problem)
sostener keep up *or* maintain
S.R.L. (= sociedad de responsabilidad limitada) Ltd (= limited company)
stand (m) stand (n)
status (m) status
statutario (-ria) statutory
sub judice sub judice
subalterno (-na) junior (adj)
subarrendador (-ra) sublessor
subarrendar sublease (v) *or* sublet (v)
subarrendatario (-ria) sublessee
subarriendo (m) sublease (n)
subasta (f) auction (n) *or* bidding (n)
subastar auction (v)
subcontratar subcontract (v)
subcontratista (mf) subcontractor
subcontrato (m) subcontract (n)
subdirector (-ra) assistant manager *or* deputy manager
subida (f) rise (n) *or* increase *or* appreciation
subir climb *or* increase (v) *or* raise (v) *or* mount up
subir [avanzar] rise (v)
subir [en valor] appreciate

subir de precio increase (v) in price
subproducto (m) by-product
subsidiario (-ria) subsidiary (adj)
subsidio (m) subsidy *or* benefit (n)
subsidio de carestía de vida cost-of-living allowance
subsidio de paro *o* **desempleo** unemployment pay
subvención (f) subvention *or* subsidy
subvención (f) [beca] grant (n)
subvencionado: no subvencionado unsubsidized
subvencionar subsidize
suceder succeed
sucursal (f) branch (office) *or* division
sucursal [tienda] chain store
sueldo (m) wage *or* salary
sueldo bruto gross salary
sueldo neto net income *or* net salary
sueldo por hora hourly wage
suelo (m) floor
suelto (-ta) loose (adj)
suelto (-ta) [desparejado] odd
suficiente sufficient
sufragar defray
sufrir daños suffer damage
sugerencia (f) suggestion (n)
sujetapapeles (m) paperclip
sujetar attach (v)
sujeto (-ta) a liable to *or* subject to
sujeto (-ta) a impuesto taxable
suma (f) sum *or* addition
suma global lump sum
suma total grand total
sumar add up *or* total (v)
sumar una columna de cifras add up a column of figures
suministrador (-ra) supplier
suministrar supply (v)
suministro (m) supply (n)
superar exceed (v) *or* top (v)
superávit (m) surplus (n)
superficie (f) area *or* surface
superficie útil floor space
superior superior (adj) *or* senior (adj) *or* top (adj)
supermercado (m) supermarket
supervisar supervise
supervisión (f) supervision
supervisión: de supervisión supervisory
supervisor (-ra) supervisor
suplemeneto (m) de póliza endorsement
suplementario (-ria) supplementary
suplemento (m) supplement
suplemento por el servicio service charge
suplente (mf) deputy (n)
suprimir delete *or* remove *or* lift (v)
suprimir [extirpar] excise (v) *or* cut out
suprimir controles decontrol (v)
surtido (m) choice (n) *or* range (n) *or* selection
suscribir una opción take up an option
suspender suspend *or* cancel
suspender [interrumpir] discontinue
suspender un acuerdo call off a deal
suspender pagos stop payments
suspender una cuenta stop an account
suspendido (-da) off *or* cancelled
suspensión (f) suspension *or* stoppage (n)
suspensión de entregas suspension of deliveries
suspensión de pagos suspension of payments *or* stoppage of payments
sustituir replace (v) *or* take over
sustituir a alguien deputize for someone
sustituto (-ta) replacement *or* substitute (n)

Tt

tablas (fpl) actuariales *o* **tablas de mortalidad** actuarial tables
tablero (m) panel
tablero de hojas sueltas flip chart
tabulación (f) tabulation
tabulador (-ra) tabulator
tabular tabulate
tachar cross out *or* cross off
tacógrafo (m) tachograph
talla (f) corriente stock size
talla muy grande outsize (OS)
taller (m) workshop
talonario (m) de cheques cheque book
talonario de recibos receipt book
tamaño (m) size
tamaño corriente stock size
tamaño normal regular size
tangible tangible
tanteo (m) trial and error
tanto (m) alzado flat rate
tanto por ciento percentage
taquilla (f) booking office
taquillero (-ra) booking clerk
tara (f) tare (n)
tara (f) [defecto] defect (n) *or* fault (n) *or* imperfection (n)
tarado (-da) damaged
tarde late (adv)
tarea (f) assignment *or* task *or* job
tarifa (f) tariff *or* rate
tarifa de horas extras overtime pay
tarifa de mercado market rate
tarifa horaria hourly rate *or* time rate
tarifa nocturna night rate
tarifa por horas time rate
tarifa postal postage

tarifa preferente *o* **tarifa preferencial** preferential duty *or* preferential tariff
tarifa reducida cheap rate *or* reduced rate
tarifas (fpl) de carga aérea air freight charges *or* rates
tarifas de flete freight rates
tarifas de seguros insurance rates
tarifas diferenciadas differential tariffs
tarifas postales postal charges *or* postal rates
tarifas publicitarias advertising rates
tarifas publicitarias regresivas graded advertising rates
tarjeta (f) card *or* business card
tarjeta de cajero automático *o* **tarjeta de dinero** cash card
tarjeta de crédito credit card *or* charge card
tarjeta de desembarque landing card
tarjeta de embarque embarkation card *or* boarding card *or* boarding pass
tarjeta de saludo compliments slip
tarjeta inteligente smart card
tarjeta oro gold card
tarjeta postal card *or* postcard
tasa (f) rate (n)
tasa de amortización depreciation rate
tasa de cambio exchange rate
tasa de conversión conversion price *or* conversion rate
tasa de crecimiento growth rate
tasa de descuento discount rate
tasa de errores error rate
tasa de impuestos normal standard rate (of tax)
tasa de inflación rate of inflation
tasa de interés interest rate
tasa de rendimiento rate of return
tasación (f) valuation (n)
tasación de acciones stock market valuation

tasador (-ra) valuer
tasar value (v)
tasas (fpl) de aeropuerto airport tax
techo (m) ceiling
techo crediticio credit ceiling
tecla (f) key
tecla de control control key
tecla de mayúsculas shift key
teclado (m) keyboard (n)
teclado numérico numeric keypad
tecleado (m) keyboarding
teclear keyboard (v)
tecleo (m) keyboarding
técnica (f) skill *or* technique
técnicas (fpl) de 'marketing' marketing techniques
técnicas de dirección de empresas management techniques
técnicas de sondeo canvassing techniques
técnico asesor *o* técnica asesora consulting engineer
Telaraña (f) mundial World Wide Web
telefax (m) fax (n)
telefonear telephone (v) *or* phone (v)
telefonista (mf) telephonist
teléfono (m) telephone (n) *or* phone (n)
teléfono celular cellular telephone
teléfono de conferencias conference phone
teléfono de tarjeta card phone
teléfono interno internal telephone
teléfono móvil mobile phone
teléfono público pay phone
teletarjeta (f) phone card
teletrabajo (m) teleworking (n)
télex (m) telex (n)
tema (f) subject (n)
temporada (f) season
temporada baja off-season
temporero (-ra) casual worker
temprano early
tendencia (f) trend

tendencia alcista upward trend
tendencias (fpl) del mercado market trends
tendencias económicas economic trends
tendero (-ra) shopkeeper
tenedor (-ra) holder
tenencia (f) tenure
tenencia de acciones shareholding
tener hold (v) *or* have *or* own
tener: sin tener en cuenta regardless of
tener como objetivo target (v)
tener en existencia carry *or* have in stock
tener existencias stock (v)
tener éxito succeed (v)
tener lugar take place
tener tiempo afford (the time)
tener una discusión hold a discussion
tercer trimestre (m) third quarter
tercero (m) third (n) *or* third party
terminación (f) termination *or* expiration
terminado (-da) finished
terminal terminal (adj)
terminal (f) de aeropuerto air terminal
terminal de contenedores container terminal
terminal del aeropuerto airport terminal
terminal (m) de ordenador computer terminal
terminar end (v) *or* terminate (v) *or* wind up
terminar de trabajar knock off *or* stop work
término (m) time limit *or* term
término: por término medio on average
términos (mpl) terms
terna (f) shortlist (n)
territorio (m) territory
Tesoro (m) treasury

testigo (mf) witness (n)
texto (m) text *or* wording
tiempo (m) time
tiempo: a tiempo on time
tiempo: a tiempo completo full-time
tiempo: a tiempo parcial part-time
tiempo: de hace tiempo long-standing
tiempo de preparación (de una máquina) make-ready time
tiempo invertido por el ordenador computer time
tiempo libre spare time
tiempo muerto down time
tienda (f) shop
tienda de barrio corner shop
tienda de fábrica factory outlet
tienda de rebajas cut-price store *or* discount store
tienda de regalos gift shop
tienda de una cadena chain store
tienda libre de impuestos duty-free shop
tiendas (fpl) al detall retail outlets
tierra (f) land (n)
timador (-ra) racketeer
timo (m) fiddle (n) *or* racket (n)
tipo (m) base de interés bancario bank base rate
tipo de cambio rate of exchange *or* exchange rate
tipo de cambio actual current rate of exchange
tipo de cambio cruzado cross rate
tipo de cambio desfavorable unfavourable exchange rate
tipo de cambio estable stable exchange rate
tipo de cambio para operaciones a plazo forward rate
tipo de descuento discount rate
tipo de gravamen tax rate
tipo de interés interest rate *or* rate of interest
tipo impositivo tax rate
tipo preferencial de interés bancario prime rate

tipos (mpl) de cambio flotantes floating exchange rates
tipos de interés money rates
tirada (f) circulation
tirar: de usar y tirar disposable
titulado (-da) certificated
título (m) deed
título (m) [acción] unit *or* share certificate
título (m) [bono] government bond
título al portador bearer bond
títulos (mpl) equities *or* securities
títulos del Estado government stock *or* gilt-edged securities
títulos profesionales professional qualifications
todo incluido all-in
todos los gastos pagados all expenses paid
toma (f) de decisiones decision making
tomar take (v)
tomar la iniciativa take the initiative
tomar medidas act (v) *or* take steps *or* make provision for
tomar nota take note *or* minute (v)
tomar posesión take over
tomar prestado borrow
tomar una decisión reach a decision
tomarse tiempo libre (durante el trabajo) take time off work
tonelada (f) ton
tonelada métrica tonne
toneladas (fpl) de peso muerto deadweight tonnage
tonelaje (m) tonnage
tonelaje bruto gross tonnage
total total (adj)
total (m) total (n) *or* sum (n)
total acumulado running total
total parcial subtotal
totalidad (f) total (n)
totalizar total (v)
trabajador (-ra) working (adj)

trabajador (-ra) worker *or* employee
trabajador (-ra) a domicilio homeworker
trabajador (-ra) a tiempo parcial part-timer
trabajador (-ra) eventual casual worker
trabajador (-ra) por libre freelance (n) *or* freelance worker
trabajadores (mpl) pagados por horas hourly-paid workers
trabajar work (v)
trabajo (m) labour *or* work (n) *or* job
trabajo: sin trabajo unemployed *or* out of work
trabajo a contrata contract work
trabajo a destajo piecework
trabajo a tiempo completo full-time employment
trabajo bien remunerado well-paid job
trabajo de campo field work
trabajo de oficina clerical work
trabajo en curso work in progress
trabajo eventual casual work
trabajo manual manual work
trabajo por horas part-time work *or* part-time employment
trabajo por turnos shift work
trabajo rutinario routine work
trabajo urgente rush job
traducción (f) translation
traducir translate
traductor (-ra) translator
traer bring
tramitación (f) procedure
tramitación del pago de un cheque clearance of a cheque
tramitar process (v)
tramitar el pago de un cheque clear a cheque
trámite (m) formality *or* procedure
trampa (f) fiddle (n)
transacción (f) deal (n) *or* (business) transaction
transacción en efectivo cash deal

transacción global package deal
transbordador (m) ferry
transbordo (m) transfer (n)
transferencia (f) transfer (n)
transferencia bancaria bank transfer
transferencia de fondos transfer of funds
transferible transferable
transferir transfer (v)
transigir compromise (v)
tránsito (m) transit
transmisión (f) de títulos de propiedad conveyancing
transportar transport (v) *or* carry
transportar en contenedores containerize
transporte (m) transport (n) *or* freight *or* carriage
transporte en contenedores containerization
transporte por carretera (road) transport *or* road haulage
transporte por carretera o por vía marítima surface transport
transporte por ferrocarril rail transport
transporte público public transport
Transporte Internacional por Carretera TIR (= Transports Internationaux Routiers)
transportista (mf) road haulier *or* carrier *or* shipper
trasladar transfer (v) *or* move to new place
trasladar temporalmente second (v) (member of staff)
trasladar(se) move (house, office)
traslado (m) transfer (n)
traslado (m) [mudanza] removal *or* move
traspaso (m) premium *or* transfer fee *or* key money
traspaso de bienes assignment *or* cession
tratamiento (m) de textos word-processing

tratante (mf) dealer
tratar handle (v)
tratar con alguien deal with someone
trato (m) bargain (n) *or* deal
trato difícil hard bargaining
tren (m) train (n)
tren de mercancías freight train *or* goods train
tren de mercancías de contenedores freightliner
tribunal (m) court
tribunal de arbitraje arbitration board *or* arbitration tribunal
tribunal de arbitraje laboral industrial arbitration tribunal
tribunal de justicia adjudication tribunal
tribunal de rentas rent tribunal
tribunales (mpl) de justicia law courts
tributación (f) progresiva progressive taxation
trimestral quarterly (adj)
trimestralmente quarterly (adv)
trimestre (m) quarter *or* three months *or* term
triple triple (adj)
triplicado: por triplicado in triplicate
triplicar triple (v) *or* treble (v)
trocar barter (v)
trozo: en trozos pequeños fine (adv) *or* very small
trueque (m) barter (n) *or* bartering (n)
turno (m) shift (n)
turno de día day shift
turno de noche night shift

UE (= Unión Europea) EU (= European Union)
último (-ma) last *or* latest
último (-ma) [final] final
último requerimiento (m) de pago final demand
último trimestre last quarter
últimos en entrar, primeros en salir last in first out (LIFO)
umbral (m) threshold
único (-ca) [exclusivo] sole
único (-ca) [fuera de serie] one-off
único (-ca) [sencillo] single
unidad (f) unit
unidad de almacenaje storage unit
unidad de producción production unit
unidad monetaria monetary unit
uniforme flat (adj) *or* uniform
unilateral unilateral
unión (f) aduanera customs union
Unión Europea (UE) European Union (EU)
unir join *or* unite
urgente urgent
urgente [correo] express (adj)
usado (-da) [de segunda mano] secondhand
usar use (v)
usar: de usar y tirar disposable
uso (m) use (n) *or* utilization
uso: de fácil uso user-friendly
uso: en uso used *or* employed
usual usual
usuario (-ria) user
usuario final end user
usufructo (m) vitalicio life interest
útil useful *or* handy
utilización (f) utilization

utilizado (-da) employed *or* used
utilizar use (v) *or* run (v)
utilizar capacidad ociosa use up spare capacity

vacaciones (fpl) reglamentarias statutory holiday
vacante (f) vacancy
vacante (adj) free (adj) *or* vacant
vaciar empty (v)
vacío (m) gap
vacío (-cía) empty (adj)
vagón (m) (de ferrocarril) railway wagon *or* truck
vale (m) voucher
vale de caja cash voucher
vale para un regalo gift voucher
valedero (-ra) valid
valer cost (v)
validez (f) validity
válido (-da) valid
valla (f) publicitaria hoarding
valor (m) value (n) *or* worth (n)
valor: sin valor worthless
valor a la par par value
valor actual present value
valor contable book value
valor de activo asset value
valor de escasez *o* **valor de exclusividad** scarcity value
valor de mercado market value
valor de reposición replacement value
valor de rescate surrender value
valor declarado declared value
valor neto net worth
valor nominal face value *or* nominal value
valor total de factura total invoice value
valoración (f) valuation *or* assessment *or* estimation
valoración (f) [apreciación] appreciation
valoración de daños assessment of damages
valoración de existencias stock valuation
valoración de resultados performance rating
valorar value (v) *or* assess *or* estimate (v)
valorar [apreciar] appreciate
valores (mpl) securities
valores convertibles en acciones convertible loan stock
variación (f) variation *or* variance
variaciones estacionales seasonal variations
vehículo (m) vehicle
vehículo de transporte carrier
vencer mature (v) *or* fall due *or* expire (v)
vencido (-da) overdue *or* due
vencimiento (m) expiration (n) *or* expiry (n)
vendedor (-ra) salesman *or* seller *or* vendor
vendedor (-ra) a domicilio door-to-door salesman
vendedor (-ra) de seguros insurance salesman
vender sell (v) *or* market (v)
vender: sin vender unsold
vender a futuros sell forward
vender a precio más bajo que un rival undercut a rival

vender con entrega aplazada sell forward
vender las existencias sobrantes dispose of excess stock
vender más barato undersell
vender un bono redeem a bond
vender un negocio sell out *or* sell one's business
vender(se) al por menor retail (v)
vendible saleable *or* marketable
vendido: más vendido top-selling
vendido: no vendido unsold
venirse abajo fall through
venta (f) sale (n) *or* selling (n)
venta: a la venta on sale
venta: en venta for sale
venta a domicilio house-to-house selling *or* door-to-door selling
venta a prueba *o* en depósito sale or return *or* see-safe
venta agresiva hard selling
venta al contado cash sale
venta al por menor *o* al detalle retail (n)
venta con tarjeta de crédito credit card sale
venta directa direct selling
venta en la bolsa bargain (n) (on Stock Exchange)
venta en subasta sale by auction
venta forzosa forced sale *or* distress sale
venta por correo direct mail
venta sin presionar al cliente soft sell
ventana (f) window
ventanilla (f) counter
ventas (fpl) sales
ventas a plazo forward sales
ventas bajas low sales
ventas estimadas estimated sales
ventas nacionales domestic sales *or* home sales
ventas netas net sales
ventas por teléfono telesales
ventas previstas projected sales
ventas registradas book sales
verbal verbal
verdadero (-ra) real *or* true
verificación (f) verification
verificado: no verificado unaudited
verificar verify
vetar una decisión veto a decision
vía via
viabilidad (f) feasibility
viable viable
viajar travel (v)
viajar diariamente al trabajo commute (v)
viaje (m) voyage (n) *or* journey (n) *or* trip (n)
viaje de negocios business trip
viaje de regreso homeward journey
viajero diario *o* viajera diaria commuter
videoconferencia (f) videoconference (n)
viejo (-ja) old
vigente ruling (adj)
vigilante (m) security guard
vigor (m) energy *or* strength
vigoroso (-sa) strong
vinculante binding
vínculo (m) connection *or* link
violación (f) de contrato breach of contract
violación de garantía breach of warranty
violación de patente infringement of patent
violar violate *or* infringe
violar una patente infringe a patent
visado (m) visa
visado de entrada entry visa
visado de entradas múltiples multiple entry visa
visado de tránsito transit visa

visita (f) visit (n) *or* call (n)
visita comercial sin cita previa cold call
visita de negocios business call
visitar visit (v) *or* call on
vista (f) sight
vitrina (f) display case *or* showcase
vitrina de exposición display unit *or* display stand
volumen (m) volume *or* bulk
volumen comercial volume of trade
volumen de ventas volume of sales *or* sales volume *or* turnover
volumen de negocios volume of business
voluminoso (-sa) bulky
volver a comprar buy back
volver a nombrar reappoint
volver a presentarse reapply
volver a telefonear *o* **volver a llamar** phone back
voto (m) de calidad casting vote
voto de gracias vote of thanks
voto por poderes proxy vote
vuelo (m) flight (n)
vuelo chárter charter flight
vuelo de correspondencia connecting flight
vuelo de larga distancia long-haul flight *or* long-distance flight
vuelo regular scheduled flight
vuelta (f) [cambio] change (n)
vuelta (f) [regreso] return (n)

Ww Zz

Web (f) Web (n)
website (f) website (n)
zona (f) zone *or* area [of town]
zona comercial peatonal shopping precinct
zona de libre cambio free trade area
zona del dólar dollar area
zona euro eurozone (n)
zona franca free (trade) zone
zona industrial industrial estate

Business correspondence

Sample Curriculum Vitae	196
Sample covering letter for job application	198
Sample letter making a job offer	200
Sample letter of complaint	202

La correspondencia comercial

Curriculum vitae	197
Carta de presentación	199
Oferta de empleo	201
Carta de reclamación	203

Sample Curriculum Vitae

CURRICULUM VITAE - Jacinta Terradas Bello
C/ Veza 3, 5° A, 28028 Barcelona
Teléfono: (020) 8868 9854   Móvil: (07914) 248553   E-mail: jterradasbello@hotmail.com

Objetivo:

Ser gerente de recursos humanos desempeñando el papel de responsable de equipo en una empresa puntera. En el futuro, gestionar las relaciones laborales a nivel nacional en España o a nivel internacional.

Experiencia laboral:

2000 - actualidad   **ONDEA Sociedad Mercantil, Barcelona**
Asesora del departamento de recursos humanos:
Asesoramiento profesional en todos los temas del departamento de recursos humanos, entre ellos las relaciones laborales y la formación de los empleados. Creación de un programa para España y puesta en práctica de cambios en el programa de la empresa.

1996 - 1999   **ONDEA Sociedad Mercantil, Barcelona**
Asesora de recursos humanos: navegación, transporte marítimo y aviación comercial
Asesoramiento en la selección de personal en tres departamentos del grupo TEASA: productos de navegación, transporte marítimo y aviación comercial. Coordinación de varios procesos de selección de personal internos y externos en todas las fases, desde el anuncio publicitario hasta la selección del candidato.

1993 - 1995   **ONDEA Producción, Barcelona**
Asesora de recursos humanos: ingeniería de explotación petrolera
Asesoramiento en una serie de temas, entre otros la gestión de una reubicación empresarial a gran escala.

Educación/Títulos:

1999 – 2001	Máster en Relaciones Laborales, *Universidad Autónoma de Madrid*
1996 – 1998	Graduada por la Facultad de Personal y Desarrollo
1990 – 1993	Licenciada en Psicología Experimental, *Universidad de Salamanca*
1982 – 1990	Bachillerato y COU (ciencias y letras), *Instituto de Bachillerato La Esperanza, Salamanca*

Curriculum Vitae

CURRICULUM VITAE for Ms. Josephine Catterall
5A, Hanton Street, London, SE13 1DF
Tel: (020) 8868 9854   Mobile: (07914) 248553   E-mail: jfcatterall@hotmail.com

Objective:

To become a professional HR manager with a team-leader role within a blue-chip company. Future positions to involve managing employee relations on a UK or global basis.

Work History:

Dec 1999 – present   GP International Trading and Shipping Company Ltd.,   London
Human Resources Policy Adviser
Provided professional advice on all HR policy matters including employee relations and training. Developed UK policy and implemented policy changes within the business.

May 1996 – Nov 1999 GP International Trading and Shipping Company Ltd.,   London
Human Resources Adviser: Marine, Shipping, and Aviation
Provided recruitment advice to 3 departments of the Global Businesses group: Marine Products, Shipping, and Aviation. Coordinated several internal and external recruitment processes through all stages from advertising to candidate selection.

Sept 1993 – April 1996   GP UK Exploration and Production, Southampton
Human Resources Consultant: Oil-well Engineering
Provided advice on a range of issues, including helping to manage a large-scale company relocation.

Education/Qualifications:

1999 – 2001	MSc in Employee Relations, *University of Westminster, London*
1996 – 1998	Graduate of the Chartered Institute of Personnel and Development
1990 – 1993	BA (Hons) Experimental Psychology (Class Iii), *University of Bristol*
1982 – 1990	'A' Levels: Biology (A), French (A), German (B), *St Stephen's School, Ely, Cambs*

Sample covering letter for job application

Adriana García Seoane
C/ Ramón Cabanillas, N° 20
28020 Barcelona

                                            Sra./Srta. Sonia Ibero Fernández
                                            Jefa de personal
                                            ALFATEC
                                            Columela 15
                                            28002 MADRID

                                            25 de marzo de 2003

Estimada Sra./Srta. Ibero Fernández:

Estoy muy interesada en el puesto de Jefa de ventas de ALFATEC que se ha anunciado el día 20 de marzo en el periódico *El País*.

Durante el año pasado en mi actual puesto de Delegada de ventas de InfoSoria he contribuido a aumentar en un 15% nuestra cuota de mercado. He podido apreciar en su página web y en su informe anual que ALFATEC también ha aumentado su cuota de mercado y pretende conseguir el mismo objetivo el próximo año fiscal. Creo que mis títulos y experiencia encajarían bien en este plan de desarrollo.

Tal como se indica en el anuncio, le envío adjunto una copia de mi Currículum Vitae en el que se incluyen todos los datos sobre mis títulos y experiencia laboral. Me sería muy grato poder ser considerada para este puesto.

Sin otro particular, quedo a la espera de sus noticias.

Le saluda atentamente,

Adriana García Seoane

Anexo

Carta de presentación

Adrienne Griffiths
20 Shakespeare Road
London
SE18 2PB

Jane Stevenson
Senior Personnel Officer
DataTech Ltd
Botley Road
Oxford
OX2 1ZZ

25 March 2003

Dear Ms Stevenson

I am very interested in the position of sales manager at DataTech Ltd as described in your advertisement of 20 March in the Guardian newspaper.

In my current position of deputy sales manager for Parker Smith Plc I have helped to increase our market share by 15% in the past year. I see from your website and annual report that DataTech have also increased their market share this year and are aiming to do the same in the next financial year, and I feel my track record and qualifications would fit in well with these plans for growth.

As requested in the advertisement, I enclose a copy of my CV which gives full details of my qualifications and work history. I would be very pleased to be considered for this position and I look forward to hearing from you.

Yours sincerely

Adrianne Griffiths

Encl.

Sample letter making a job offer

ALFATEC
Columela 15
28002 MADRID

Sra./Srta. Adriana García Seoane
C/ Ramón Cabanillas, Nº 20
28002 Madrid

10 de abril de 2003

Estimada Sra./Srta. García Seoane:

Asunto: Puesto de Jefa de ventas

Con relación a la entrevista mantenida la semana pasada, me complace poder ofrecerle el puesto de Jefa de ventas, dependiendo directamente de Francisco Aramburu Laguna, Director de ventas de la empresa.

Su salario inicial será de 31.600 euros, con una revisión del mismo al año de haberse incorporado a la empresa. Las demás condiciones serán según se han acordado en la entrevista.

Si desea aceptar esta oferta, le estaría muy agradecida que comunicara su confirmación por escrito. A continuación se podrán ultimar los detalles de su contrato, la fecha de comienzo y estudiar los gastos que pueda ocasionar el cambio a su nuevo puesto.

Sin otro particular, reciba un cordial saludo,

Sonia Ibero Fernández
Jefa de personal
ALFATEC

Oferta de empleo

DataTech Ltd
Botley Road
Oxford
OX2 1ZZ

Ms Adrianne Griffiths
20 Shakespeare Road
London SE18 2PB

10 April 2003

Dear Ms Griffiths

Re: Post of Sales Manager

Further to your interview last week I am pleased to be able to offer you the post of Sales Manager, reporting directly to David Wardlock, our Company Sales Director.

Your starting salary will be £29,635, with an annual salary review on the date of your joining the company. Other terms and conditions will be as outlined in the interview.

If this offer is acceptable to you I would be grateful if you could send me confirmation in writing. We can then finalize details of your contract and starting date and discuss any relocation expenses you may have to claim.

Best wishes

Yours sincerely

Jane Stevenson
Senior Personnel Officer
DataTech Ltd

Sample letter of complaint

C/ Labastida 3, 47
20010 San Sebastián

                                      Sra./Srta. Marina Blanco Requejo
                                      INFOTÉCNICA
                                      Avda. Sancho el Sabio, 30 Bajo
                                      20010 San Sebastián

                                      20 de marzo de 2003

Estimada Sra./Srta. Blanco Requejo:

Impresora de chorro de tinta defectuosa (número de modelo A1234)

El jueves 13 de marzo hice la compra de una impresora de chorro de tinta (número de modelo A1234) en su establecimiento (adjunto copia del recibo). Desafortunadamente, la impresora no funciona y dos de los técnicos de su establecimiento no han podido establecer la causa del problema. Por consiguiente, le agradecería que se procediese lo antes posible a realizar el reintegro completo del importe de la impresora defectuosa.

No dude en ponerse en contacto conmigo en la dirección arriba indicada para poder acordar una fecha para el reintegro del importe y la recogida de la impresora.

Sin otro particular, quedo a la espera de sus noticias.

Le saluda atentamente,

Isabel Sandoval Ochoa

Carta de reclamación

47 Highfield Road
York
YO2 3BP

Ms H Naughton
The Computer Shop Ltd
123 High Street
York
YO1 7HL

20 March 2003

Dear Ms Naughton

Faulty inkjet printer (model number A1234)

I purchased an inkjet printer (model number A1234) from your shop on Thursday 13 March (copy of receipt enclosed). Unfortunately, the printer appears to be faulty, and two engineers from your shop have not been able to isolate the cause of the problem. I would, therefore, appreciate a full refund on the faulty printer at your earliest convenience.

Please contact me at the above address so that we may arrange a time when the printer can be picked up and returned.

I look forward to hearing from you.

Yours sincerely

Elizabeth Kendall